国家社科基金青年项目
"基于信息不确定性视角下的中国股票市场公司特质风险研究"
（13CGL026）成果之一

公司特质风险研究

——基于中国股票市场的视角

花冯涛 ◎ 著

安徽师范大学出版社
·芜湖·

图书在版编目(CIP)数据

公司特质风险研究:基于中国股票市场的视角 / 花冯涛著.—芜湖:安徽师范大学出版社,2018.2

ISBN 978-7-5676-3378-0

Ⅰ.①公… Ⅱ.①花… Ⅲ.①公司-风险管理 Ⅳ.①F276.6

中国版本图书馆CIP数据核字(2018)第034774号

公司特质风险研究——基于中国股票市场的视角

GONGSI TEZHI FENGXIAN YANJIU
——JIYU ZHONGGUO GUPIAO SHICHANG DE SHIJIAO

花冯涛◎著

责任编辑:王一澜

装帧设计:任 彤

出版发行:安徽师范大学出版社

芜湖市九华南路189号安徽师范大学花津校区

网　　址:http://www.ahnupress.com/

发 行 部:0553-3883578　5910327　5910310(传真)

印　　刷:虎彩印艺股份有限公司

版　　次:2018年2月第1版

印　　次:2018年2月第1次印刷

规　　格:700 mm×1000 mm　1/16

印　　张:12.25

字　　数:218千字

书　　号:ISBN 978-7-5676-3378-0

定　　价:42.80元

如发现印制质量问题,影响阅读,请与发行部联系调换。

目　　录

第一章　导　论

2008年美国次贷危机引发的国际金融危机,对世界范围的资本市场形成了剧烈的冲击,使各国意识到对金融市场监管调控的重要性。一般认为,系统风险是导致股票市场波动的主要因素,但这次危机后,人们渐渐意识到公司特质风险对于资本市场所形成的冲击同样不容忽视,公司特质风险逐渐成为资产价格波动的重要组成部分和风险来源。Campbell等人以欧美发达国家证券市场为研究对象,运用资本资产定价模型(CAPM)模型,将股价波动按照市场、行业和公司三个层面分解为市场层面波动、行业层面波动和公司特质波动,发现前两者在1962—1997年的30多年间相对平稳,但公司特质波动却呈现出明显的上升趋势,并成为个股波动的主要构成部分。这一现象被称之为“特质风险”现象。同时,其他学者也发现特质波动的上升趋势对于公司的股利政策行为、公司投融资行为乃至整个宏观经济稳定存在显著的影响。另一方面,公司特质风险与市场收益、公司特质风险与个股收益在横截面上均存在显著的相关性,这与传统的金融学理论相违背。所以,有关公司特质风险的研究引起了学者广泛的关注,并成为金融学界的新兴研究领域。

目前,国内学者针对公司特质风险的研究刚刚起步,涉及公司特质风险定价、公司特质风险的影响机制,笔者通过搜集文献发现,除去笔者的成果以外,直接涉及公司特质风险的研究中,博士论文仅两篇,CSSCI级别期刊论文10篇,所以,有关公司特质风险的研究基础较为薄弱。根据传统微观金融理论,公司特质风险被完全分散掉,只有系统风险才能定价,但根据已有的文献研究结论,由于投资额限制、市场分割、投资者非理性等因素,公司特质风险实际上难以被分散掉,存在定价因素,同时对公司的经营行为乃至市场行为产生显著的影响。因此,有关公司特质风险的研究,有助于将研究视角从系统风险转移到非系统风险,对于认识股价波动的形成机制和影响因素、完善金融市场风险管理理论和发展资产定价理论具有重要作用。公司特质风险的信息内涵,是“股价信息含量”,还是“异质噪声”,一直以来存在争论,而对公司特质风险的影响因素研究有助于公司特质风险与市场信息环境的关系的分析。在金融市场实务方面,本研究有助于掌握证券市场波动的基本规律,有助于了解证券市场发展成熟度和制度建设的完善程度,有助于改善投资者结构,培育成熟的投资群体,改善市场信息环境。本研究以中国股票市场深沪A股为研究对象,在分析公司特质风险特征规律的基础上,分析其影响因素和形成机制以及其经济后果,具有重要的理论意义和现实价值。

第一节 研究背景与问题的提出

一、研究背景

上海证券交易所和深圳证券交易所分别于1990年12月和1991年7月成立。20多年来,尽管经历波折,但无论规模还是种类,证券市场的发展速度超乎世人想象。证券市场成立之初,上市公司只有13家①,截至2016年年底,深沪两市的上市公司总数3 052家、股票种类达到3 134家、总市值接近56万亿。在产品种类上,逐渐形成股票、基金、企业债券、国债等多种资产证券,为繁荣资本市场和国民经济发展起到了巨大的作用。但作为发展中的资本市场,我国股票市场无论在投资者结构、市场信息环境、上市公司质量等方面,与发达资本市场存在较大差异,具有典型的"新兴+转轨"特征。

首先,股价波动较为剧烈,远高于发达资本市场,市场投机性较为严重,资产价格经常出现异常波动。从2000年年初到2016年年底,标准普尔500指数的最低值为676.53点,最高值为2 395.96点,后者约为前者的3.54倍;而同期的深证综指的最低值为235.64点,最高值为3 156.96点,后者约为前者的13.4倍。用股价指数标准差来衡量,美国标准普尔500指数在这十几年间的股价波动率达到16.85%,即使波动性较高的纳斯达克指数,其收益波动率也从未超过28%,而上证综指和深证综指的收益波动率均超过70%。其次,我国上市公司盈利质量较低,资本市场泡沫严重。我国资本市场中的股价水平与上市公司的内在价值的偏离程度较大。以市盈率作为考察指标,从2000年至2015年,深沪A股的平均市盈率倍数超过30倍,而同时期的纽交所的市盈率倍数仅为18.24倍,香港联交所市盈率倍数仅为13.22倍,这说明我国上市公司的整体估值偏高。到目前为止,世界市值前十名的公司中有五家是我国内地企业。最后,市场投机现象严重,股价信息含量低,金融资源配置效率低。根据Morck等人的统计,我国资本市场的股价信息含量在新

---

① 上海证券交易所为8只股票,即所谓的"老八股";深圳证券交易所上市交易的股票数量为5只。

兴市场倒数第四。这无疑削弱了股票价格对公司价值的识别和反馈功能，弱化了股票价格的信号传递机制，使得资本市场运行效率低下。这些特征严重威胁到我国金融市场整体的稳定性和可持续性。

股票市场的基本功能是通过股票价格信号机制实现的。按照传统金融学理论的核心——有效市场假说（EMH）的观点，股价信息尤其是公司层面特质信息是影响股价行为的重要因素。简而言之，股价波动依赖于信息驱动。随着金融实务和理论研究的不断深入，学者发现，市场投资者的"噪声交易"对于股价波动也产生显著的作用。这表明股价波动幅度的大小和股价信息含量的高低受到信息融入效率和"噪声交易"干扰的双重影响，并对于市场效率、市场功能、宏观经济波动产生重要影响。因此，股价波动是金融学研究的重中之重。根据标准金融学的观点，在完美的资本市场中，投资者最终持有的资产都是"市场组合"，包括了证券市场所有的证券种类和按照各自的市值比重构建的资产组合。在此背景下，公司特质风险即非系统风险被完全分散，只有系统风险能够被定价，因此，相关研究多是从系统风险的角度进行的。但标准金融学理论难以解释出现的诸多金融异象，从而使学者的目光逐渐转向非系统风险。Campbell 等人研究发现，由于投资金额的限制、市场分割、投资者的非理性、交易成本的高昂，公司特质风险并不能被完全分散掉，并且在个股波动中逐渐居于主要地位，其幅度在较长的时间内呈显著上升趋势，即"特质风险现象"。公司特质风险的长期趋势，引发学者对于其一系列问题的关注。首先，在市场层面，平均公司特质风险与市场风险呈正相关性，这意味着公司特质风险非但不能分散，反而具有一定的定价功能。其次，在个股层面，公司特质风险与个股收益呈显著的负相关性，被学者称之为"特质波动之谜"现象，这对标准金融学理论形成强有力的冲击，以致学者将研究视角转向公司特质风险（非系统风险）。最后，公司特质风险的长期趋势也为资本市场带来显著的经济后果，Durnev 等人认为公司特质风险的相对水平提高时，有利于市场资源配置效率的上升；但 Panousi 和 Papanikolaou 认为公司特质风险上升时，抑制了公司的投资行为；Portes 和 Ozenbas 利用"金融加速器"原理，通过模拟检验，发现公司特质风险的上升降低了宏观经济的产出波动。基于此，公司特质风险的相关研究，有助于学者和实务界进一步加深对资本市场运行机制的了解和认知。

二、研究问题的提出

Campbell 等人提出的"特质风险现象"说明，随着资本市场和经济环境的变化,公司特质波动相对于市场层面波动和行业层面波动,呈现出不断上升的明显趋势,并成为个股波动的主要因素。因此,公司特质风险已经成为市场投资者和市场监管者不得不面对的风险因素,这种风险因素对于证券市场的发展有诸多影响。Campbell 等人认为,公司特质风险应该纳入资产定价的理论框架之中。随后,学者的研究支持了这一观点,如 Xu 和 Malkiel 发现证券市场的特质风险与市场预期收益间存在正相关性,说明公司特质风险能够被市场收益定价。那么,在中国股票市场上,公司特质风险的趋势特征是否和欧美发达国家市场具有类似性? 在中国股票市场上,公司特质风险与市场收益是否具有相关性,能否被市场收益所定价? 这是本书研究的第一个问题。

近20年来,中国股票市场的发展速度世人皆知,政府政策的干预、制度建设的不完善等因素,使得这个发展中的证券市场有诸多不尽如人意的地方,表现最为明显的是上市公司信息透明度低下,市场信息环境质量恶劣,存在严重的"齐涨同跌""板块联动"现象,说明证券市场中的股价信息含量较低。那么,公司特质波动与股价信息含量是否存在关系? 美国金融学会主席 Black 认为,特质风险的形成既可能与信息有关,也可能与"噪声"有关。这样便形成截然相反的两种理论:一种观点认为公司特质风险是公司层面特质信息通过私有信息套利交易融入股价的结果,是衡量股价信息含量程度的标准,即"股价信息含量说";另一种观点则认为公司特质风险与公司信息融入股价行为无关,而是由于公司信息质量恶劣,由投机盛行和投资者的"噪声交易"所致,即当市场交易中的"异质噪声"成分上升时,公司特质风险会随之大幅增加,它与"股价信息含量论"反其道而行之。Hong 等人发现,当证券分析师预测分歧愈大、盈余波动越大时,特质风险也会越高。因此,他们认为公司特质风险反映了公司信息不确定性的变化程度。那么,在我国证券市场上,公司特质风险与股价信息含量是否存在内在的必然联系? 这是本书研究的第二个问题。

投资者行为对于股价行为具有重要的影响,但不同类型的投资者,即散户和机构投资者在信息搜寻能力和专业判断能力等方面存在本质的差别,导致两者的投资行为截然不同,对股价行为的影响也不同,甚至是截然相反的。Brandt 等人的实证研究发现,在公司特质风险和机构投资者之间存在显著的负相关性,因为机构投资者作为知情交易者,对股价波动存在抑制作用,有助于降低股价波动中存在的"异质噪声"部分。而 Xu 和 Malikel 则提出不同的观点,即机构投资者是推动公司特质风险上升的重要力量。其理论来源认为,机构持股同样存在"羊群效应",出于维护声誉、搜寻成本等原因,也存在从众现象。因此,机构持股比例的上升,在一定程度上也会推动股价波动的加剧。那么,在我国股票市场上,机构投资者对于公司特质风险的影响作用是什么?两者的关系是否能够反映出公司特质风险的信息内涵?这是本书要研究的第三个问题。

公司治理水平作为企业制度的组成部分,对公司信息质量存在重要的作用,良好的治理机制有利于股东的知情权、投票权和收益权,改善公司透明度,企业经营信息融入股价的效率显著提高,能真实反映公司未来价值的变化。简而言之,公司治理机制的优化有助于股价信息效率的增进。李增泉的研究结果表明,股权结构安排对股价信息含量产生显著的作用,大股东持股行为、股权制衡度以及股权性质(即国有控股行为)均对股价波动存在显著的作用。袁知柱和鞠晓峰认为,内部治理因素机制的优化改善了公司信息质量,推动股价信息含量上升。蒋海和张博同样认为,产品市场竞争作为有效的外部公司治理手段,同样能够迫使上市公司为了维护自身良好的形象,尽量提高自身的信息披露行为,间接提升了公司信息质量。基于以上文献研究,公司内部治理和外部治理对于公司特质风险存在什么样的影响,其影响机制是什么?这是本书研究的第四个问题。

盈余管理分为两种方式:应计盈余管理和真实盈余管理。前者是基于财务报表的线上盈余操控行为,对公司信息披露的真实性存在直接的影响:盈余管理程度越高,公司透明度越低。众多学者将应计盈余管理看作衡量公司信息质量的重要指标。真实盈余管理是基于企业真实经营行为的线下盈余操控行为,改变了企业的经营轨迹,增加了企业的经营现金流波动性。不论哪种盈余管理方式,都对企业的信息环境产生了负面影响,降低了公开信息传播效率。另一方面,盈余管理程度增加,私有信息套利收益空间增加,刺激了套利效率的上升。从某种意义上讲,盈余管理程度的高低决定着股价融入私有信息程度的高低。但盈余管理对于公司会计信息的影响同样存在方向上的差别,即有正向盈余管理和负向盈余管理之分,两者对于私有信息交易存在一定差别。本书通过正、负盈余管理两种行为,分析私有信息交易对于公司特质风险的影响。我国从2010年开始引入卖空机制,由于市场存在卖空限制,通过其与公司特质波动的相关性分析公司信息质量对于公司特质风险的影响,是本书研究的第五个问题。

公司特质风险从本质上反映了企业经营过程中的"现金流波动"和"资本成本冲击",两者与环境的不确定性存在密切的联系。Cohen和林永坚等认为,较之应计盈余管理,真实盈余管理行为更具迷惑性和隐蔽性,因为管理层根据自身需要,在应计盈余管理和真实盈余管理之间进行相机抉择,使得市场监管面临新的挑战。顾明润发现,无论国内外,真实盈余管理对于公司的未来业绩存在长期的负面效应,降低了公司价值。真实盈余管理行为改变了公司经营现金流,其盈余水平所反映的信息偏离了自身真实的经营状况,影响了财务报告的可靠性。审计人员和公司监管者很难参与真实活动操控行为,这对于公司信息披露和传播效率存在影响。申慧慧等对于环境不确定性和盈余管理行为之间的联系进行深入分析,发现当企业经营环境的不确定性增加时,公司报告盈余波动随之上升,对公司价值存在负面影响,迫使管理者通过盈余管理降低其波动性,但以上研究仅限于应计盈余管理,尚无人对真实盈余管理和环境不确定性之间相关性进行分析。根据Zang的研究,与应计管理不同,真实管理活动通过盈余波动和资本成本变化对公司价值存在长期负面效应。这两个因素同样与环境不确定性密切相关,表明真实盈余管理与环境不确定性之间存在关系,厘清两者间的关系是解释真实盈余管理有关公司价值负面效应的关键所在。这是本书要研究的第六个问题。

基于"股价信息含量论"的观点,公司特质风险由公司特质信息融入股价的行为所驱动,特质风险越高,股价信息含量越丰富,对资本配置具有重要的作用。股价波动通过财富效应和企业投融资渠道效应对宏观经济存在影响。Durnev等人通过研究发现,公司特质波动与资本预算效率之间存在一定相关性。当公司特质波动水平较高时,意味着公司投资决策行为能够及时纳入股价波动之中,这样可以在某种程度上抑制公司管理层投资不足或过度投资的倾向,从而促使资本预算接近市场价值最大化的目标。

以上研究将学者的目光引向一个新的研究领域:公司特质波动的变动趋势是否会影响宏观经济以及如何影响宏观经济? 这是本书要研究的第七个问题。

第二节 研究思路和技术路线

一、研究思路

中国股票市场由于上市公司信息质量低下、投资者不成熟等因素导致股价波动频繁,幅度较大,股价信息含量较低,导致股票价格偏离上市公司内在价值,存在严重的股价偏差。有学者认为股价偏差是由公司特质波动所反映的信息不确定造成的,也有学者认为公司特质波动是反映公司特质信息纳入股价程度的高低,即股价信息含量的多寡。学者普遍认为公司特质波动对于股票市场的信息效率、资源配置效率、宏观经济稳定均具有重要的影响。本书在这样的研究背景下,沿着公司特质风险的信息内涵这条逻辑,通过测度中国股票市场中的公司特质风险,分析公司特质风险的特征、规律、影响因素,研究公司特质风险对于宏观经济稳定的影响机制。

第一,总结国内外学者对于公司特质风险的测度方法,在此基础上对直接分离法和间接分离法的优劣进行分析,并提出新的测度思路和方法。从欧美发达国家股票市场上存在的"特质风险现象"出发,全面了解公司特质风险的行为特征。从上市公司信息环境、投资者行为等对公司特质风险的影响因素进行文献回顾,从公司价值、股利政策等角度分析公司特质风险对于宏观经济稳定的影响,并为本书的进一步研究提供研究思路和研究框架。

第二,以深沪A股市场上市公司作为研究对象,通过"非资产定价模型分解法"对于中国股票市场的公司特质风险进行测度,运用GARCH模型和滤波分析等手段对于公司特质风险的行为特征和波动特征进行分析。并在此基础上,对于公司特质风险与预期市场收益的关系进行实证。

第三,学者对于公司特质风险到底是由股价信息含量所推动的,还是由信息不确定性所决定的,争论纷纷,观点不一。为了检验其信息内涵的特征,本书从两个方面进行实证检验:一方面,就公司特质风险和上市公司信息质量的关系进行理论假设和实证分析;另一方面,从公司特质风险对于个股超额收益和未预期盈余相关性的影响进行实证分析,观察公司特质风险的变化是否能够影响盈余公告后漂移现象和价格引导盈余能力。

第四,公司特质风险受上市公司信息不确定性影响。作为上市公司信息环境的影响主体,投资者行为与公司特质风险之间存在相关性。本书运用机构投资者持股行为探讨两者间的相关性,以机构投资者持股比例和机构投资者跟随数量作为机构投资者持股行为代理指标,通过单变量和多变量模型对两者进行实证分析。

第五,运用面板回归分析所有权结构、产品市场竞争和公司特质风险之间是否存在相关性,对其影响机制的形成进行实证检验和分析。所有权结构指标选取第一大股东、股权制衡度和国有股权比例三个变量,而产品市场竞争则选用上市公司的主营业务收入比重变量,分别构建与公司特质波动的面板回归模型,构建所有权结构和产品市场竞争的交互项,考察两者对公司特质风险的联合影响。

第六,将公司特质风险作为衡量环境不确定性的代理指标,构建面板回归模型,考察真实盈余管理对环境不确定性的影响,考察真实盈余管理与公司信息质量的相关性,考察真实管理行为对公开信息传播效率的影响,将公司信息质量和公司特质风险构建交互项,据此考察公司信息质量对于真实盈余管理和环境不确定性之间的关系。

第七,运用结构向量自回归模型,构建动态一般均衡模型,考察公司特质风险变化对我国宏观经济稳定的影响机制,通过构建"非资产定价模型"对我国证券市场公司特质波动进行计算,进而构建特质波动和宏观经济产出波动之间的向量自回归模型。

二、技术路线

本书基于中国股票市场现实的环境和独特的制度背景,实证分析公司特质风险的信息内涵,并在此基础上探讨影响公司特质风险的影响因素。本书主要采用规范研究和实证研究两种方法,以实证研究为主。

(一)规范研究

规范研究是指以特定的价值判断和理论假设作为研究的出发点,根据设定的研究行为标准,针对所研究问题制定相应的分析方法和研究路径,探讨行为标准和理论假设在问题研究中的合理性。本书运用金融学、经济学等相关学科理论,对于公司特质风险的信息内涵、影响因素进行系统分析。

(二)实证研究

实证研究是针对研究问题进行观察、调查,从而获得客观数据和分析材料,并且在对所获资料不断实验、分析的基础上,从个别到一般,归纳出问题的本质属性和一般发展规律。实证研究是在对所获资源的不断深入剖析过程中,对规范研究的理论假定和观点的一种支撑。本书针对公司特质风险的实证研究,主要以我国股票市场中A股上市公司为研究对象,根据A股上市公司的交易数据和财务数据,运用面板回归分析、时间序列分析等计量方法,针对公司特质风险的信息内涵、影响因素进行多种角度的验证并取得相关结果。通过数据和计算方法的变换,确保实证结果具有相当的稳健性。如在公司特质风险的计算过程中,除采用"非资产定价模型"之外,还采用国外已有的间接分离法和直接分离法,以确保公司特质风险的时间趋势以及其影响因素和影响机制具有稳健性。

本研究的技术路线图如下:

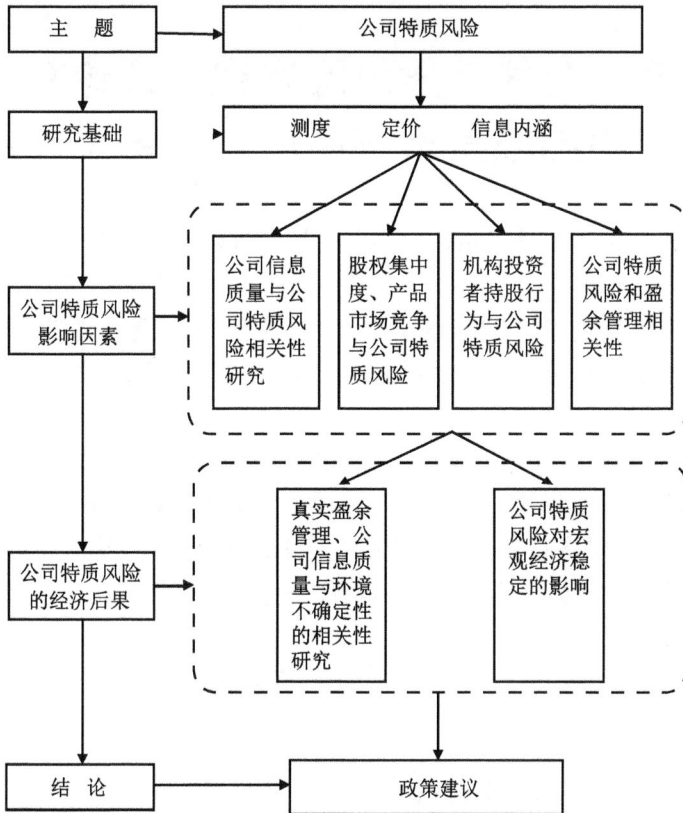

图1.1 本研究的技术路线

第二章　公司特质风险研究的理论基础与中国股票市场制度建设背景

　　股票价格作为信号机制是股票市场基本功能实现的重要手段之一,这一手段的有效与否取决于股价行为传递公司信息程度高低。当股票价格包含公司真实信息较多时,市场的定价效率较高,资源配置效率较优。但除了信息是影响股票价格变动的主要因素之外,投资者的"噪声"成分也是扰动股票价格变动的推动力量之一。当"噪声交易"越严重时,股价越偏离公司价值,股票市场效率越低。因此,信息和"噪声"成为市场有效与否的重要原因之一。在这样的背景下,公司特质风险成为金融学界日益关注的热点,正如前文所述,公司特质波动日益成为个股波动的主要构成成分,其影响因素和经济后果都对证券市场发展具有重要影响。

第一节　公司特质风险概述

一、公司特质风险的概念

　　按照标准金融学理论,股价风险按照因素来源分为两个部分。一是不能够由公司本身控制的因素带来的资产价格波动,即系统风险。该层面的股价波动来源于市场层面的外部信息,如货币政策、财政政策、市场制度、宏观经济波动等,这些信息难以通过交易者的组合投资行为加以规避,可以影响市场所有证券或某些行业的证券价格波动。二是能够由公司本身特质引起的风险因素,如公司经营业绩、财务状况等导致的资产价格波动,即非系统风险。公司特质风险属于非系统风险,它与公司自身特有的风险成分相关。例如,企业财务状况、公司治理、行业竞争、成长性以及企业社会关系等,均能对公司特质风险产生重要作用。其测度方法根据资产定价模型的误差项计算标准差所得。例如,在F-F三因子模型或其他多因子模型中,如果市场有效,所有影响个股收益的因素都可以被定价,定价模型的误差项包涵了与公司特质相对应的、所有不能被定价的影响因素,误差项所对应的波动即被定义为"特质波动"。

　　按照经典的资产定价理论,资本市场是完美的,投资者可以通过持有充分分散的投资组合,即市场组合来抵消公司特质风险。因此,公司特质风险不能影响资产均衡价格,公司特质波动与股票收益应该是无关的。但资本市场中存在种种客观原因,如交易成本、税收成本、信息不完备、流动性需求、卖空限制、证券资产不可分等因素,很难存在真正意义上的市场组合。Campbell认为,这种市场组合在股票的随机组合下有可能实现。若要达到与完全市场组合相似的分散效果,任何一个随机组合数量要在50个以上。那么,这种随机组合的股票数量应该是多少才是充分的,就取决于组成投资组合的股票的特质波动的水平。而Goetzman和Kumar对1991到1996年的62000个家庭投资者进行了研究,发现超过25%的投资者持有1支股票,超过50%的投资者持有3支股票以下,5%~10%的投资者持有10支股票以上。这促使人们开始意识到在资产定价过程中,系统风险已经不能解释收益的波动性问题。仅仅依靠市场风险来解释投资组合的收益波动在理论上和实践中难以站稳脚跟,在对资产组合进行定价时,公司特殊风险因素成为人们越来越关注的对象。Levy、Merton、Xu和Malkiel提出,在现实中难以存在真正意义上的市场组合,投资者完全分散掉特质风险,在资产定价过程中,投资者所持有的特质风险也应该得到相应的风险溢价。

对于公司特质风险和非系统风险的对应关系,学者各有见解,陈健、游家兴和蒋殿春认为,公司特质风险和非系统风险只是翻译的不同,本质上没有区别,包含了无法被定价的股价波动;黄波、丛建波等认为,公司特质风险仅仅属于非系统风险的一部分,是与公司特征相联系的风险因素。本书从资产定价模型的定义出发,认同后一种观点。

另外,公司特质风险与股价非同步性$(1-r^2)$之间在数量上有关系:两者都是描述股价波动的行为特征,前者描述了个股波动中公司特质波动的绝对水平,后者描述了公司特质风险在个股中的相对水平。按照Roll的观点,将股票收益分为来自市场层面的共同收益和来自公司层面的收益,这样便形成下列资产定价CAPM模型:

$$R_{it} = \beta_0 + \beta_1 \cdot R_{mt} + \varepsilon_{it} \tag{2.1}$$

其中,ε_{it}表示残差,代表了市场信息无法解释的收益率。r^2为个股的拟合优度,表示股价波动中能够被市场收益解释的部分。$(1-r^2)$表示公司收益中不能被市场收益所解释的部分,即股价非同步性。我们用式(2.1)中的总离差平方和作为权数进行计算,则$\sigma^2_{e,i}$表示为式(2.1)中的残差平方和,即本书的研究对象——公司特质风险。$\sigma^2_{m,i}$表示回归平方和,即市场层面波动,则总离差平方和则为 $\sigma^2_{m,i} + \sigma^2_{\varepsilon,i}$。对于个股而言,拟合优度系数为:

$$r_i^2 = \frac{\sigma^2_{\varepsilon,i}}{\sigma^2_{m,i} + \sigma^2_{\varepsilon,i}} \qquad (2.2)$$

那么,股价非同步性($1 - r_i^2$)表示公司特质风险的相对水平:

$$1 - r_i^2 = \frac{\sigma^2_{\varepsilon,i}}{\sigma^2_{m,i} + \sigma^2_{\varepsilon,i}} \qquad (2.3)$$

而对于市场层面股价同步性 r_m^2 则为:

$$r_m^2 = \frac{\sum_{i \in m} \sigma^2_{\varepsilon,i}}{\sigma^2_{m,i} + \sigma^2_{\varepsilon,i}} \qquad (2.4)$$

$$1 - r_m^2 = \frac{\sum_{i \in m} \sigma^2_{\varepsilon,i}}{\sigma^2_{m,i} + \sigma^2_{\varepsilon,i}} \qquad (2.5)$$

通过式(2.2)至式(2.5),可知股价非同步性与公司特质风险均反映了股价波动性,在数量关系上,股价非同步性描述了公司特质风险在个股波动中的相对成分。学者往往将股价同步性作为股价信息含量的衡量指标,Morck、Durnev 认为,股价同步性 r^2 与股价信息含量之间呈现负相关性,即当同步性 r^2 越高时,股价信息含量越低。学界对上述观点一直存在争论,即股价波动是与"信息含量"有关,还是由"噪声交易"决定的。在这样的背景下,研究公司特质风险的信息内涵及其影响因素具有重要的意义。

二、公司特质风险与资本市场发展

(一)公司特质风险与股价信息含量

已有文献认为,公司特质风险的高低代表着股价信息含量高低,并以此提出"股价同步性"的概念。所谓的"股价信息含量",是指投资者对于企业未来收益的预期值对股票交易前后的改变程度,如果改变程度越高,股价所具有的信息含量就越大。上文提到,公司特质风险与股价同步性呈负相关,意味着它与股价信息含量呈正相关。Morck 提出一种观点,即制度建设越完善的资本市场,公司特质风险程度越高。他们发现,发达资本市场的投资者保护程度较高,内幕交易很难带给交易者丰厚的利润,反而带来较高的法律成本和市场风险。完善的产权保护制度使得知情交易者充实套利行为,将企业特质信息以较高的效率融入股价之中。因此,公司特质风险高的市场,其市场制度建设更为完善。Jin 和 Myers 构造了基于企业信息质量的特质风险模型,发现当市场中的公司特质风险程度越高时,代表着市场交易者拥有的企业信息越多,其理性决策有助于稳定市场波动,预防股价崩盘风险。他们通过实证检验,也发现企业透明度与公司特质风险之间呈正相关性。当这种相关性上升时,市场的股价崩盘效应就会越小。另有文献研究表明,企业的多元化经营、技术创新行为均与公司特质风险之间的关系存在显著的正相关性。

(二)公司特质风险与资本配置效率

所谓"资本配置效率",是指金融资本通过资本市场的重新分配,流动到生产效率更高的企业经营活动中去。这是资本市场的根本任务之一,基于"股价信息含量"的观点,市场交易者通过公司特质风险的变化充分套利。套利行为牵引着股票价格逐渐回归价值本身,而市场投资者的资本则通过交易行为流动到最需要它的企业之中,这一过程本身使得整个社会金融资源得到最有效的配置。Durnev发现,公司特质风险分别和企业内部的资本配置效率、社会资本的配置效率之间存在较强的关联性,即公司特质风险增加,资本配置效率就会上升。他们认为,是公司特质风险所包含的股价信息含量引导投资者将资本进行"无意识"有效配置。如机构投资者通过公司特质风险的变化,更加充分地参与企业治理,股东大会通过股价波动对企业管理层施压,以促进企业提高投资效率,稳定企业经营现金流,增强市场占有率。他们还基于行业差别,发现成长性较好的行业,其特质风险往往高于成长性较差的行业,其资金在两者之间流动,有效提高了资本的流动性和配置效率。游家兴等通过对深沪A股的实证检验,也认为公司特质风险的上升能够在很大程度上提升企业的资本配置效率。

三、公司特质风险的信息内涵

(一)公司特质风险的"信息含量说"

一般而言,当股价信息含量越高时,即股票价格中的公司特质信息量越多时,它越能衡量一个公司的实际价值,它对于市场资本配置的效率提升起到关键的作用。一个证券市场中股价信息含量的高低标志着这个市场的成熟度和市场运行效率的高低。公司特质风险和股价信息含量之间存在什么样的关系,一直没有定论。French和Roll针对美国股市一周内个股收益的波动特征分析,发现个股收益在交易期和非交易期的不均衡性,认为是套利交易者的套利活动将私有信息传递到股价中,导致了公司层面收益的波动性。Roll最早将公司特质波动和股价信息含量联系在一起考察,再回到式(2.1),其中残差项在Roll看来,要么反映私有信息融入股价的效率,要么由投资者的"噪声交易"行为所致。但他更倾向于前者,即套利交易将私有信息融入股价中形成公司特质波动,即公司特质风险意味着股价信息含量的高低。随后,Durnev通过个股收益与未来会计盈余的相关性分析,发现公司特质风险越高,股价反映出的公司基本面的信息量越多,他们认为公司特质风险与股价信息含量具有密切的联系。因此,公司特质风险被学者作为股价信息含量的衡量指标,他们认为发达证券市场的成熟度较高,其标志就是公司特质风险的相对比重较高,即所谓的公司特质风险的"信息含量说"。Wurgler和Durnev认为,市场的特质波动较大时,资本预算效率和资本配置效率也较高,说明公司的决策质量就越高;Ferreira和Laux认为,公司的反收购策略成功与否与公司特质风险程度有着密切的关系,当公司特质风险越高时,企业的特质因素更加复杂,并购方难以掌握企业内部经营信息,成功并购的概率下降。能证明这一观点的,还有来自国家之间的比较。Morck发现市场平均公司特质风险和该国单位资本的GDP存在负相关性,这也说明,当该市场的特质风险较低时,该市场的资本配置功能就降低。Li等人也发现,当资本市场的开放度较高时,市场的特质风险也会相应升高。Jin和Myers也指出,当市场的政府管制程度较高时,市场信息环境较差时,往往也就意味着市场特质风险较低。这些都说明公司特质风险是由基本面信息流纳入股价的行为引起的,对上市公司乃至市场的诸多功能具有重要性。

(二)公司特质风险的"异质噪声论"

虽然Roll认为私有信息纳入股价的行为是公司特质风险的形成因素,但他不可否认,投资者的非理性行为也是公司特质风险变化的重要因素。因此,有学者对于公司特质风险的"信息含量说"提出了质疑,认为公司特质波动并非由于套利交易使得私有信息融入股价,而是与信息不确定性,即公司信息质量恶化有着显著的相关性。West通过理论分析,认为公司特质波动与公司基本面信息无关,与"噪声交易"行为存在密切关联,新信息的出现反而使得公司特质风险下降。在这些文献研究的基础上,学者将特质风险的决定因素转移到信息不确定性的思路上来。Campbell等人认为,公司特质风险和企业经营现金流波动、折现率波动存在显著的正相关性,表明公司特质风险反映的是企业经营前景的不确定性。两者的关系表现在以下方面。第一,公司年龄和公司特质波动之间存在显著的负相关性。Hong等人在对股价同步性(r^2)的研究中发现,新上市公司与上市时间较长的公司相比,其公司特质风险往往较高,即"新上市效应"。之所以如此,Pastor和Veronesi认为,刚上市公司的未来盈余存在着较大的信息不确定性,这种不确定性来自公司规模较小、股利分配政策不稳定、固定资产占低等因素,导致新上市公司的未来盈余预测准确度较低。第二,公司信息环境与公司特质风险存在显著的负相关性。Danielsen和Socescu的实证研究发现,当证券分析师预测分歧越大时,企业的盈余波动显著增加,未来一期的公司特质风险出现明显上升,这表明企业前景的不确定性越强时,市场的信息不对称性程度越高,显著推动公司特质风险的增加。Wei和Zhang将上述现象归因为公司信息质量下降,市场投资者对于公司发展前景的预测的偏差明显增加,在无法判断企业未来价值的情况下,投资者的投资行为趋于非理性。信息质量恶化带来的是公开信息质量的下降,同样也导致私有信息套利空间下降,私有信息融入股价效率下降。第三,股价水平与公司特质风险之间呈显著的负相关性。Brandt等发现股价越低,公司特质风险反而较高,因为股价水平较低的公司,持股者主要以散户为主,他们存在较强的投机性和较多的泡沫。第四,公司特质风险与金融异象之间存在密切联系。如果公司特质波动的"信息含量说"成立,那么股票价格应及时反映公司的真实价值,其定价效率更高。Ang等人所发现的"特质波动之谜",即公司特质风险与个股收益间所呈现的负相关性,应该不存在。Hou等人发现公司特质波动较大的股票,往往股价收益惯性和反转效应较为显著,因此它与公司特质风险的"信息含量说"相违背。而Hsin对新兴国家证券市场的实证结论认为,至少在新兴国家中,公司特质波动不能作为股价信息含量的指标,而应作为反映公司特质信息不确定性的衡量标准。之所以如此,他们认为新兴国家证券市场特征和发达国家证券市场具有较大的差别,比如较高的样本平均收益、与发达国家较低的相关性以及较高的股价波动等。

四、公司特质风险定价行为与影响因素

(一)公司特质风险与资产定价

1. 对于定价模型适用性的挑战

根据资本资产定价模型的观点,加入市场有效,投资者具有预期同质性,那么市场有效边界只能是一条,而投资者能够在无风险利率下获得资金投资。此时,对于投资者来说,有效组合只能是"市场组合",而市场组合中的非系统风险,包括所有的公司特质风险都应该被分散掉。因此,对于资产收益的解释只能根据系统风险进行定价,而非系统风险则无法定价,公司特质风险则无法获得风险溢价的波长。但这一观点遭受诸多学者的实证研究结论的质疑。如Gibbons和Stambaugh基于时间序列回归方法,对于系统风

险和资产预期收益关系进行检验,发现模型回归的常数项并不等于零,说明对于资产的预期收益,除了系统风险,还有其他影响因素存在。Basu发现,市盈率与资产收益间存在相关性,市盈率高的股票往往预期收益也较高。而Banz则发现,公司规模、公司杠杆以及账面市值比均能够影响到资产的预期收益。因此,大部分学者对于CAPM模型在现实世界中的适用性提出了质疑,同时也为套利模型及其理论做出了铺垫。Ross在总结了CAPM模型的缺陷之后,提出了APT模型。该理论的建立,尤其是F-F三因素模型的构建为金融市场定价研究提供了更为广阔的空间。但与CAPM模型类似,APT模型也认为非系统风险难以获得风险补偿。最为典型的是F-F三因素模型,用市场风险、公司规模和账面市值比来解释资产收益。F-F三因素模型作为经验性的定价模型,相对于CAPM模型,不但除了市场因素,也将其他影响因素纳入模型的解释变量当中,但不可否认的是F-F三因素模型无法排除仍有其他影响因素的存在。尽管APT模型得到了众多学者的实证结论的支持,但APT模型存在两方面问题。一方面,难以确定收益因子个数的问题。如Roll和Ross针对美国证券市场在1962—1972年十年间的股票收益的影响因素的考察,认为这些风险因素并不固定,个数应大于三个以上;而Gibbons认为资产组合收益的风险因子的确定依赖于组合的资产种类。另一方面,定价模型的风险因子具有不确定性。Chen等人发现工业增加率、通货膨胀率和资产风险溢酬波动变化率对于资产收益具有显著影响,但Poon和Taylor在英国证券市场的实证研究中,却发现这三个研究变量并不显著。同时,Martikainen等人在针对芬兰证券市场不同时段(1977—1981年以及1982—1986年两个阶段)的实证分析过程中,发现两个阶段的股票收益的影响因子并不相同,而且不同时段内风险因子的个数也发生了变化。

2. 公司特质风险与市场收益的相关性

按照经典的资产定价理论,只要投资者无法持有充分分散的投资组合,即市场组合,就不可避免地承受公司层面的特质风险因素,因此,需要相应的风险补偿。Campbell等人发现,美国证券市场上的平均公司特质风险从20世纪六十年代到九十年代呈现出明显的上升趋势后,公司特质波动成为个股波动非常重要的组成部分之一。同时,他们通过分解个股波动率,将特质波动分离计算,说明特质风险能够进行定价处理。经过实证检验,特质风险与股票资产收益率之间存在正相关性。证券市场中,平均公司特质风险能否解释市场收益,目前仍然没有定论。Goyal和Santa-Clara根据美国证券市场中1963—1999年的交易数据,发现个股波动和市场收益间具有相关性,而市场波动与市场收益间不具有相关性,由此得出公司特质风险和个股收益具有相关性。Malkiel和Xu在此基础之上,通过运用Fama-MacBth模型和F-F三因素模型直接分离个股的特质波动,发现特质风险和平均收益是正向关系,并且特质风险能够反映股票的未来收益。但是他们的研究结果并不是建立在个股特质波动的基础上,而是建立在将股票按照规模和β系数分成200个组合,对每个组合的特质波动进行估计的基础上。Bali等人的研究结果却否定了Goyal和Santa-Clara的观点,认为公司特质风险和市场收益间并没有关联,Wei和Zhang也持有相同结论。有趣的是,Guo和Savickas利用美国证券市场1963—2002年的交易数据,分别采用不同的测度方法和权重测度个股不同层面的波动,结果发现按照市值权重计算出的市场风险和市场收益之间呈现正相关性,而公司特质风险则并没有表现出相应的关系,但基于权重等的计算结果则表明公司特质风险与市场风险同样表现出相应的关系。因此,他们将公司特质风险的定价异象归咎于测度方法的差异性。

国内学者对于公司特质风险与市场收益间的关系,也是相互矛盾的。如黄波等的研究结果认为,我国证券市场总体公司特质风险与市场收益间不存在相关性,但市场层面风险则与市场收益间存在权衡关系。陈健则持有相反观点,认为市场层面风险在回归模型中的系数显著性不稳健,公司特质风险具有显著的市场收益预测能力。上述两个研究文献存在一定的局限:如黄波等虽然根据投资者风险偏好的不同建立基于风险偏好的资产定价模型,但所选取的样本期间过短,不足以反映出两者的相关性;陈健则是将非系统风险等同于公司特质风险,没有考虑公司特征等因素,采用CAPM模型的间接分解法进行测度,因此计算结果难免有误差,妨碍了公司特质风险与市场收益的相关性研究。我根据深沪A股的交易数据,采用"非模型测度法"计算公司特质风险,发现特质风险与市场收益之间仍然存在显著的正相关性,总体上支持了陈健的观点。

3. 特质风险与个股收益的横截面关系

Ang等人针对美国股票市场的研究发现,公司特质风险与个股收益在横截面上呈现出显著的负相关性。Ang等人以1963年7月至2000年12月的纽约证券交易所、美国证券交易所、美国全国证券交易商协会自动报价表的股票数据为样本,利用F-F三因素模型残差项的标准差来估计特质波动,用前一个月的股票特质波动从低到高把股票分为五等分的投资组合并持续一个月,在控制了相关的公司特征值后,特质波动最高的组合每月平均收益为−0.02%,特质波动最低的组合每月平均收益为1.04%;他们根据特质波动程度的高低进行分组,发现特质波动最高组的预期横截面收益反而和最低组相差1.06%,美国股市中具有高特质风险的股票的平均预期回报较低。这种现象违背了标准金融学有关"风险收益相权衡"的观点,被称之为"特质波动之谜"。随后,Ang 等人对23个发达证券市场的实证分析,再次验证了这种现象的确存在,成为公认的"金融异象"。Ang 等人认为,他们的研究结果之所以和以前不一样,主要在于前人既没有对公司层面的特质波动进行估计,也没有将股票按照这种估计值进行分类组合排序。随后,有学者按照Ang等人的思路,对这一现象在不同样本期间、不同样本选择以及不同市场进行检验,如 Hirt 和 Pandher 等,均发现特质波动与股票收益间的关系呈负相关,并在改变了特质波动率的样本期和投资组合的持有期后,这一结论仍然成立。如 George 和 Hwang 在剔除低股价样本和盈余亏损样本之后,发现公司特质风险和个股收益的横截面关系仍然呈现显著的负相关性,这种关系并不因为权重、数据频率、组合期限的变化而改变。但也有学者认为,Ang 等人用滞后一期的公司特质风险作为代理变量,没有考虑到特质波动具有时变特征,其理论基础存在一定缺陷。因此,Eiling 和 Fu 运用 EGARCH 回归模型测度公司特质波动,并检验它和个股收益之间的横截面的相关性,结果发现两者在横截面上的相关性并不显著,而市场风险与个股收益的横截面之间存在显著的正相关性。Kuntara 和 Nuttawat 的研究结果也得到类似的结果,他们将公司特质风险分解为期望特质波动和未期望特质波动两个部分,在控制未期望特质风险的基础上,实证结果发现在个股收益和期望特质风险的横截面关系显著为正。Jornhagen 和 Landelius 选取瑞典资本市场2004—2007年的面板数据做样本,运用直接分离法估计特质波动,通过横截面回归分析特质波动与机构投资者之间的相关性。在控制了规模等公司特征变量后,发现在特质波动和机构投资者比例之间(他们认为机构投资者存在的"羊群效应")存在正相关性,这一发现支持了 Malkiel 和 Xu 的观点。

尽管各方针对特质波动与股票收益的横截面关系是否为负各持己见,但有学者提出自己独特的观点主张。Bali 等人认为,之所以形成所谓的"金融异象",是和样本、样本期的选择有关。他们选用不同的交易数据频率,即日度数据和月度数据,选择不同的权重计算方法,如平均权重、市值权重、风险权重等,选择不同的证券市场,如纽约证券交易所、美国证券交易所、美国全国证券交易商协会自动报价表的交易数据,选择不同的标准设立投资组合,如按照市值等,获得的结论各不相同。如按照日度数据测度公司特质风险,采用不同证券交易所的样本,按照CRSP分界点分组检验结果表明,公司特质风险和个股横截面收益之间呈显著的负相关性;而选用月度数据,选择纽约证券交易所为样本,采用股票市值分组,进行检验的结果表明,两者的相关性反而不显著。

目前,国内就特质波动进行研究的学者不是很多。杨华蔚和韩立岩以1994年12月至2005年12月间沪深两市A股为样本,发现公司特质风险与横截面预期收益间呈现显著负相关性。根据这一结论,他们认为在我国的证券市场中,同样存在"特质波动之谜"现象,它不仅存在小市值公司之中,而且存在大市值公司中,这说明公司特质风险在我国的证券市场中也是不能被忽略的。陈国进、涂宏伟、林辉同样以1997—2007年4月沪深两市A股为样本进行研究,结果也表明"特质波动之谜"的存在,而且这种现象不能通过市场风险、公司规模、账面市值比和动量等因素解释。

4. 基于卖空限制的解释

众多学者在面临这一"金融异象"时,从各种角度予以解释。Miller最早提出了"卖空限制"的概念,即当投资者的信念分歧上升时,由于持悲观态度的投资者选择退出市场,只剩下持乐观态度的投资者,股价容易被高估,从而导致未来股价波动不断上升。Boehme等人根据卖空限制理论,认为当投资者的信念的分散度升高,市场排斥悲观投资者,股价的乐观情绪进一步加重,导致投资者对公司前景过度乐观,折现率下降,从而导致股价波动与未来收益之间呈显著的负相关性。Johnson根据Miller的卖空限制模型,发现模型参数的时变性致使股价升高,而预期收益降低,他对此的解释是具有高特质波动的公司会为投资者提供纳税时机选择权,如果要获得这种期权价值,需要股票的期望收益降低,因此,两者之间呈现负相关性。

Cao认为套利行为是影响特质波动与横截面收益间关系的重要因素,他通过实证研究发现,特质波动可以被看作市场中重要的套利成本,特质波动使得投资者无法通过买入低估股票或者卖空高估股票进行套利。因此,在低估股票无法通过套利行为回归到理性价格水平的情况下,特质波动与横截面收益间是正相关关系;而在高估股票无法通过套利行为回归到理性价格水平的情况下,特质波动与横截面收益间则是一种负相关关系;如果市场中不存在套利行为,则特质波动与横截面收益间不存在相关性。因此,Cao认为这解决了很长时间以来是否存在特质波动异质性现象的问题。

有学者从股价波动非对称性的角度解释"特质波动之谜"现象。所谓的股价波动非对称性是指股价变化趋势并非呈正态分布,正的收益(负的收益)常常和条件方差的向上(向下)修正有着显著的相关性。尤其当股票市场大幅波动时,非对称波动现象尤为明显。股价非对称性波动存在两种理论:杠杆效应假说和波动反馈效应假说。杠杆效应假说认为,股价收益的上升提高了投资者的需求,投资者的财务杠杆大幅增加,使得投资风险上升,进一步加剧了股价波动。当股价收益的下降降低了投资者的需求,投资者的投资意愿大幅下挫,为了降低自身的损失,投资者加速出售股票,这种情况被称之为波动反馈效应假说。Kapadia 的实证研究发现,当股价波动的非对称性程度越高时,特质风险程度越高。当市场上出现反馈效应时,由于存在卖空限制,投资者无法有效出售股票,导致投资者的收益下降。因此,偏斜率和个股低收益之间存在相关性;当个股波动存在非对称性时,公司特质波动和个股收益之间呈现负相关性。Mitton 和 Vorkink 的实证检验发现,股价波动的非对称性对特质波动与未来收益之间的关系存在显著的调节效应。当股价非对称性程度越高时,两者之间的负相关性的显著性逐渐增强。而投资者,尤其个股投资者喜欢持有正偏性质的投资组合,这种组合"能够使他们所有的投资分布更像一个彩票式的投资"。这种正偏性质的投资模式,使得相应的股票出现过度投资,供求关系的变化导致投资收益下降,从而形成特质风险和横截面收益呈现负相关。

5. 基于信息不对称的解释

证券市场作为"信息"市场,信息披露质量对于个股波动具有重要的影响。Fishman 和 Hagerty 认为,企业的信息披露信息较少时,投资者分歧增加,个股价格波动和交易量随之上升。标准金融学的一个基本观点认为,市场之所以产生交易行为,是因为投资者对于个股收益的预期不同。He 和 Wang 建立了一个股票交易多阶段理性预期模型,假定投资者对股票的未来价值有着不同的信息,即投资者的异质信念,经过实证检验,异质信念与市场交易量以及个股波动之间有着显著的正向关系。简而言之,信息披露质量和个股波动之间存在负向关系。那么,信息如何融入股价之中? 如前文所述,信息分为两种:公开信息和私有信息,而信息披露质量则反映着公开信息的传播效率,当披露质量下降时,公开信息传播效率下降。此时,在企业和市场之间的信息不对称性上升,企业管理层和知情交易者通过私有信息套利交易方式,将企业价值信息融入股价之中。

Ang 等人认为,由于盈余是股票收益的重要决定因素,因此股票盈余中所包含的信息因素将是影响特质波动异质性现象的重要因素。在这一观点的启发下,Jiang 等人将公司信息披露中存在的逆向选择行为同特质波动联系起来,探讨特质波动异质性现象的形成原因。他们通过三组实证研究来支持基于信息披露的解释。首先实证检验表明特质波动与公司信息披露质量之间的关系呈现负相关性，即当公司的信息披露质量较低时，特质波动反而较高，同时未来盈余也较低，而将未来盈余作为控制变量，发现特质波动异质性现象消失了，这也表明特质波动对未来收益的预测能力消失。同时，他们的研究还发现，在将未来盈余作为控制变量后，规模因素、账面价值比和动能效应依然显著，因此特质波动异质性和这三个经典的异质性现象是完全不同的。在第二步实证检验中，考虑了公司的销售增长、分析师对公司的预测、资本支出、分析师对盈余预测的下调（作为公布坏消息的代理变量）等因素后，特质波动对收益和盈余的预测能力并没有受到影响，因此进一步证实了特质波动所包含的信息中有管理层拥有的私人信息。而第三个实证研究则表明，公司信息披露对股票的交易量以及流动性都会产生影响，而逆向选择行为会导致流动性与未来股票收益间的负相关性。当交易成本较高，流动性较低时，特质波动异质性现象更加严重，这就说明交易摩擦无法使特质风险通过套利行为消除错误定价。因此，他们认为这种异质性现象主要是由于未来收益所包含的信息导致的，较差的收益表现往往诱导投资者意见分歧增高，而这种异质信念在实际投资过程中转变为交易容量的增加，进一步形成较高的股票价格波动，而且这种波动性具有一定的持续性。

George 和 Hwang 认为资本市场的信息完备程度是影响公司特质波动存在"异质性现象"的重要因素，他们将上市公司的分析师报告作为衡量公司信息披露的变量，发现特质波动异质性现象主要存在于分析师很少关注的公司股票。这些公司所能提供的信息较为有限，往往"噪声"信息驱使投资者理念分歧愈加突出。在这种情况下，在股票持有者中投机者的比例较高，加剧了交易量进一步增加，而未来收益则下降。Diamond 和 Verrechia 认为，不断改进财务报告质量会减少关于公司业绩的信息不对称行为，而财务报告质量的提高可以降低股价波动的程度。

Berrada 和 Hugonnier 建立了一个基于 CAPM 模型，在不完全信息下的公司投资模型，用来解释特质波动和股票收益的相关性。他们发现这种相关性完全是由不完全信息对称所引起的，当商业周期为不可观测的状态变量时，该模型显示出在商业周期的扩张期和衰退期并非对称时，所模拟出的结果就像 Ang 等人的实证结果一样，特质波动与期望收益间的关系为负相关，而且这种负相关还会随着未预期盈余的变化而变化。当好消息出现时，两者间为正相关；当坏消息出现时，两者间的关系为负相关。最后，模型在控制了未预期盈余或者盈余预测误差这个状态变量后，特质波动异质性现象将会大大减弱。

6. 基于行为金融学的解释

Kahneman 和 Tversky 提出前景理论和框架效应理论,用来分析投资者心理对非理性投资行为的影响。他们发现个人投资者往往关注小概率事件,如在确定收益条件下,面对小概率的损失表现出过度厌恶;而在确定的损失下,面对小概率的巨额收益表现出过度偏好。它违背了标准金融学有关"风险收益相权衡"和马科维茨的"均值方差理论"的基本观点。事实上,个人投资者往往不遵守均值最优和效用最大化原理,散户投资者往往表现出对高特质波动股票的过度需求,尽管获得高收益的机会非常小。这是因为个人投资者投资行为容易形成"启发式模式",当投资者对风险的敏感性高于对收益的敏感性时,他们会选择风险性很大的赌博行为。Baker 和 Stein 通过对澳大利亚股市上的大量的散户投资行为的实证检验发现,散户投资者喜欢从事负反馈式的交易模式,即价格下降后买入,价格上升后卖出的投资模式。当这种投资行为形成主流时,个人投资者和股价波动之间形成一种有趣的相关性:即个股波动较高时,个人投资者往往成为该股的净买入者。这是因为个人投资者投资行为容易形成"启发式模式",即投资者对风险的敏感性高于对收益的敏感性时,他们会选择风险性很大的赌博行为。

Tan 和 Henker 用行为金融学的有关理论解释了特质波动异质性现象。他们基于前景理论的有关数据提出假说:由于这些股票具有"彩票的特质",其高特质波动也就意味着散户的交易偏好,散户对高特质波动的偏好容易高估这些股票的价格,导致了未来收益水平的降低。经过在澳大利亚股市上的实证检验,发现特质波动异质性现象更集中于散户持股比例较高的股票上,它和散户持股的程度有着直接关系,尤其当用日交易数据时,如日收益率、日已实现波动等,这种现象更加严重。因此,他们认为这种结果和个人投资者日交易偏好有关。Han 和 Kumar 用散户的交易习惯来解释特质波动异质性现象,他们提出一种假说,认为这些高特质波动股票虽然能够使投资者获得很高收益,但概率很小,而根据前景理论,仍然能够使投资者进行"赌博"以期获得巨大收益。Kahneman 和 Tversky 通过观察发现,风险厌恶的决策者,面对小概率高收益的投资时,会改变它的预期。根据他的理论,散户投资者将高特质波动股票看作彩票类型的投资,而这将会产生过度投资,降低未来收益。Goetzmann 和 Massa 认为个人投资者的投资模式更倾向于投资这类高特质波动的股票。Odean 认为,由于对损失和收益的敏感性不同导致的投资者效用的下降,可能引起投资者并不会卖掉造成损失的股票,而是卖掉盈利的股票。大量文献研究表明,大量的投资者行为的非理性导致投资的次优选择,进一步导致了对高特质波动股票的需求大量增加。Kumar和Lee发现,个人投资者交易行为是系统相关的,即当其他投资者买入时,个人投资者也跟着买入相同的股票。Colwell等人的进一步研究表明,个人投资者交易行为和市场收益是负相关的,而且是一种截然不同的交易习惯,这种交易习惯被交易行为的认识偏差所影响,这种偏差是建立在价格变化(即反馈式交易)的基础上,而不是公司的基本面。同样,机构投资者也存在这种理性偏差行为。Hwang假设一旦市场对高特质风险的股票错误定价,散户仍然持续其错误的定价行为,那么,机构投资者可以通过逆向操作,即"伪羊群行为"实现套利行为。但由于卖空限制的存在,机构投资者的套利行为受到限制,难以从高特质波动股票中获利,从而形成"特质波动异质性"现象。

(二)公司特质风险的影响因素分析

1. 公司特质风险的时间趋势

20世纪八十年代以来,由于欧美发达国家的宏观经济运行平稳,产出波动日益趋小,证券市场表现相对稳定,但股市中的特质波动持续增加。Campbell等人运用间接分离法将股价波动分离为市场、产业和公司三个层面的波动率,发现尽管市场层面和产业层面波动较为平稳,但公司层面的特质波动率有显著增加的趋势,其增长率高达60%。随后,他们进一步对非美国的发达国家股票市场,如加拿大、德国、英国等23个国家采用类似方法进行股价分解,发现公司层面特质波动率也存在明显的上升趋势,学者将这一现象称为"特质风险现象"。在宏观经济波动下降传导至股票市场系统风险整体趋势降低的宏观背景下(这一现象被称之为"现代市场经济之谜"),特质波动上升引起众多学者关注,成为21世纪金融经济学的新兴研究领域。随后,有学者对这一现象进行深入研究。Xu和Malkiel利用1952—1998年的纽约证券交易所的数据,采用直接分离法对公司特质波动进行测度,其结果与Campbell等人的结论相似,而且其上升趋势更加明显,升幅高达65%,其中20世纪八十年代的上升最快,他们认为这应该与美国金融市场金融创新加速有关。Wei和Zhang在研究1976—2000年的美国个股波动时,发现特质波动存在明显上升趋势。Vox和Daly根据Campbell等人的波动间接分解方法,选取道琼斯欧盟50指数上的样本公司股票在1992—2001年的收益数据,发现公司层面的特质波动率趋于上升。另外,Colm和Valerio以1974—2004年欧盟12国股市中的3515支股票交易数据作为样本,分析结果为特质风险成为典型股票方差的主要构成部分,而且特质波动存在一个明显的长期趋势。

　　还有一些学者选取了不同的研究方法、研究样本和窗口期进行研究,得出了不同的结论。Frazzini 和 Marsh 在 Campbell 等人提出"特质风险现象"两年之后,对美国股市和英国股市做了对比研究,发现尽管美国股票市场上的确存在特质波动上升趋势,但集中于小规模公司,而英国股市并不存在这种上升趋势,上升趋势仅仅是一种偶然现象。Savickas 和 Guo 对 G7 国家的股市进行了研究,他们在 Campbell 等人的基础上,将样本期间扩展到 2003 年,发现直到 20 世纪九十年代末,特质波动在 G7 国家的股票市场中呈现出显著的上升趋势,但随后却呈现出下降趋势。另外,他们将 G7 国家中最大 500 家上市公司作为样本,不论采用等权重还是市值权重估计特质波动,都没有明显的上升趋势。Brandt 等人采用和 Campbell 等人相同的方法,但将样本数据延长到 2007 年,发现从 1962—1997 年的特质波动趋势的确是上升过程,但之后,特质波动趋势开始反转,不断下降,到 2007 年,特质波动的幅度下降到了20 世纪九十年代以前的水平。因此,他们认为 20 世纪九十年代美国股市的特质波动上升现象只是一个偶发现象,而不是一个时间趋势。这种观点进一步被 Jonasson 和 Karakitsios 证实,他们运用 Campbell 等人的研究方法对1982—2005 年的瑞士股市的数据进行研究,研究结果并没有显示出特质波动在整个样本期间的单调上升趋势,在 20 世纪九十年代末和 21 世纪初逐渐进入相对平稳的状态。Bekaert 等人运用自适应 AR 模型和体制转换模型对23 个发达国家的股票市场做了研究,认为 Campbell 等人、Malkiel 和 Xu 都没有分析不同国家的特质波动的时间相关性,发现特质波动上升趋势现象并不存在,只是一个静态的自回归过程,而且表现出较高的相关性。Hamao 等人通过研究日本股市在 1975—1999 年不同市场的风险和公司特质风险的变化趋势,发现 1990—1996 年公司特质波动呈现巨幅下降可能与公司收益同质化和缺乏公司重组有关。事实上,20 世纪九十年代日本股价表现出市场波动加剧,"齐涨共跌"现象显著,市场波动是股票波动的主要原因。

　　国内对特质波动的发展趋势的研究是从近几年才开始的。宋逢明、李翰阳利用 1990—2001 年沪深股市 A 股的日收益率数据,以月为窗口长度,运用移动平均法和确定性趋势检验法,检验系统波动和非系统波动的趋势,结果表明系统波动有下降趋势,而非系统波动在样本期的下降趋势并不明显,因此非系统波动对股价波动的解释力相对增强。黄波、李湛、顾孟迪以1996—2003 年沪深股市日(月)收益数据为样本检验特质波动的变化趋势,结果表明在样本期内,市场波动表现为下降趋势,这一结论与美国股市特质波动的变化趋势相反,而与日本股市20世纪九十年代的变动趋势一致。

2. 基于信息环境的解释

有效市场假说成立的关键假设之一就是市场是完美的,主要表现为市场信息完全,信息的传递和搜寻没有成本,投资者对于信息的接受、处理均是同质化。但在现实的股票市场中,信息传递并非是有效的、瞬间完成的,市场参与者之间信息传播受到阻碍。另外,投资者对于信息的处理存在异质性,两种因素的结合导致股票价格在横截面上存在差异,即股价偏差。

企业与市场的信息不对称导致公司层面特质信息不能及时通过信息披露向外界投资者传播,导致股价融入特质信息的效率下降,称之为信息不确定性。股价预测漂移现象、股市中存在的"价格惯性"、盈余公告后漂移现象,均说明信息不确定性对于股价存在系统的影响。Zhang针对股价波动的实证分析,发现在横截面上,股价偏差是由信息不确定性引发的,更大的信息不确定性导致更大的股价偏差,并且在市场信息不确定性程度较高时,个股收益的波动性存在不对称性,利好消息导致更高的预期收益,而利空消息导致更低的预期收益。Campbell等人提出,公司特质风险取决于三个因素:公司经营现金流波动率、现金流折现率以及两者的协方差。经营现金流的波动性预示着企业的经营行为的不确定性,这种不确定性带来折现率的上升,进一步加剧了公司特质风险的变化。因此,Campbell等人认为,公司特质风险正是由于公司基本面信息的不确定性上升导致特质波动本身呈现出不断上升的趋势。

沿着这一思路,有学者从公司信息质量的角度分析公司特质风险的影响机制。Bartram等人通过研究1991—2006年的非美国证券市场的公司样本,发现与美国证券市场上的样本公司相比,前者的公司特质风险程度低。他们认为这种现象与公司所在地的政治稳定、法律完善程度、投资者保护等要素呈正相关,与所在国证券市场的成熟度呈正相关,与所在国信贷市场规模呈负相关。更为重要的是,公司特质风险与企业的信息披露质量、程度呈显著的正相关。根据这一逻辑,Mork等人将公司特质风险在总风险中的比重,即股价非同步性看作证券市场股价信息含量乃至市场成熟度的重要标志。他们认为,公司特质风险的形成被公司特质信息融入股价的效率所决定,而在成熟度较低的证券市场,对投资者的保护较弱,企业通过交叉持股和相互融资等手段"封锁"了有关企业经营的内部信息。在这样的条件下,市场模型更具有解释力,而公司特质风险则大幅下降。

Rajgopal和Venkatachalam对1962—2001年的样本进行分析后,发现在

控制了股票收益、现金流变化、公司增长、财务杠杆和公司规模等因素后,财务报告质量和投资者对盈余预测分歧是导致特质波动从1962—2001年不断上升的主要原因。这种情况甚至在新上市公司、高科技公司、亏损公司、并购以及处于财务困境中的公司中的表现依然明显。他们使用盈余质量和分析师预测分析两个财务报告质量的代理变量检验与收益波动的相关性,发现在1962—2001年盈余质量不断恶化,分析师预测分歧程度会不断上升,并且这两个代理变量与股票收益波动间的时间序列关系表现为显著的正向关系,这种关系在新上市公司、高科技公司、亏损公司、并购以及处于财务困境的公司样本中,表现得更加明显。在全球范围内,股价波动愈演愈烈,财务报告的透明度是和股票收益波动的趋势息息相关。如著名的"詹金斯委员会"认为,由于美国经济由制造业向高科技企业和信息服务业转型,传统财务报告正在失去它应有的价值。

Diamond 和 Verrechia、Leuz 和 Verrechia 从横截面回归分析中发现,用盈余质量和预测分歧作为财务报告质量的代理变量后,财务报告质量和特质波动之间有着强烈的相关性。上述结果是在控制了股票收益业绩、经营业绩、现金流波动、账面价值比、财务杠杆和公司规模等因素后得到的。更重要的是时间序列回归分析结果认为特质波动的上升和盈余质量的下降以及预测分歧的增加有关。Pastor 和 Veronesi 发现股票的特质波动和股权收益的方差的同期关系呈正相关,他们认为股价波动的增加会引起由于信息不对称导致的资本成本增加,因此,企业的财务报告质量能够影响到信息环境质量的变化,并进一步对公司特质风险存在显著的影响。Francis 等人运用会计盈余质量作为信息风险的代理变量,认为盈余质量和预期收益有关。他们以德国 GAAP(德国公认会计原则)、美国 GAAP(美国公认会计原则)或者 IAS 标准(国际会计准则),探讨了信息披露质量改进对公司买卖差价、交易量和股价波动的影响。研究结果发现,由于信息不对称现象的降低,买卖差价开始下降,交易量开始上升,资本成本开始下降。另外,财务报告质量的下降同样意味着企业利润不确定性的增加,间接导致公司特质波动呈上升趋势。而市场势力较大的企业,企业利润波动较低,公司特质风险的波动程度同样较小。他们将这种原因归咎于发达资本市场的会计制度更透明、审计质量更高、分析师预测分歧度较小。

游家兴等人承袭了 Mork 等人的研究方法,运用资产定价模型的拟合系数(r^2)研究股价的特质波动。他们的研究结果表明,伴随中国证券市场制度建设的不断完善,股价的同步性趋于减弱,股价所反映的公司特质信息越来越丰富。但这种信息是私有信息还是公开披露信息,多有争论。多数学者认为私有信息对于公司特质风险的驱动存在本质的作用。Shin建立了一个多阶段信息披露模型,检验信息披露和信息隐藏对于企业的效应。他们会在各自行为的成本和收益之间做出衡量,如果产生外部性收益超过外部性成本,管理层便会进行相应的选择。模型检验发现,往往信息隐藏形成的私有信息套利空间会大于信息披露带来的外部收益。因此,信息掩盖或者信息隐藏成为管理层首要选择的行为目标。简而言之,他们是在私有信息收益和公开信息披露之间比较,而管理者更倾向于私有信息套利行为,这会进一步对股价波动、公司特质风险产生重要影响。

3. 基于公司内部特质的解释

随着对特质波动研究的深入,学者逐渐从公司自身的"内在特质"因素,如业务分拆、公司结构、行业竞争等因素去解释公司特质风险逐步上升的现象。Campbell等人认为现金流波动、资本成本冲击和两者的协方差是构成公司特质风险变化的根本因素。据此,他们提出一种"业务分拆理论",认为随着竞争激烈程度日益加深,企业被迫由原先的"多元化"经营模型,逐步转向"专业化"经营,企业大量出售、分解非核心相关业务。其结果导致多元化带来的分散风险的功能被弱化,企业的经营现金流的波动性增加,未来前景的不确定性进一步上升,最终导致企业经营过程中存在的特质性风险暴露在证券市场之中。

一些学者从上市公司的结构出发,发现随着资本市场的发展,金融管制的不断放松等因素,使得上市公司中发展不成熟的公司越来越多,公司构成比例的变化成为股市特质波动变化的重要因素。Fink等人的研究发现,进入资本市场的公司在IPO时的企业上市年龄从20世纪六十年代的40年左右下降到九十年代的5年左右,而新上市企业年龄的下降,意味这些公司自身特有的经营风险、财务风险更大,随着新上市公司的比例越来越大,导致特质风险的趋势不断增强。他们认为,新上市的年轻公司的风险倾向更加严重,再加上公开上市公司的数量在过去30年间大量增加,导致了特质波动的增加;而在将股市中年轻公司数量作为控制变量后,特质波动的时间序列就不再呈现出上升趋势。而且他们发现在将公司成熟度作为控制变量后,特质风险呈现出下降趋势。有趣的是,Browm和Kapadia认为,特质波动上升的原因是在1966—2006年的40年间,大量的高风险公司不断上市交易,改变了上市公司的结构。他们认为上市年龄本身并不是问题的原因,而是随着经济的发展,出现大量自身特质引起的高风险企业,如高科技公司等,随着资本市场管制的放松,公司结构发生变化,引起公司特质风险的上升。他们把这种现象称之为新上市效应。这些公司往往处于生命周期的早期阶段,经营风险、技术风险、市场需求风险均较高,导致未来现金流的不确定性。沿着这个研究线索,Wei 和 Zhang 试图从公司基本面的变化去探寻特质波动不断上升的本质原因。他们选取两个财务变量,即平均每股收益和每股收益的平均方差,结果发现,等权重的平均每股收益在过去一段时间内不断下降,而每股收益方差却表现出明显的上升趋势。这说明上市公司未来收益的折现率不断加大,同时方差的上升趋势也意味着公司前景不确定性增加,这在新上市公司中表现尤为明显。这些都说明新上市公司首次公开募股时的年龄在不断下降,这种"年轻"的公司往往在其企业发展周期的早期阶段,财务状况并不稳定,财务风险较高,当他们进入股市后,就会使得整个股市上市公司的平均盈余状况恶化,导致了公司特质波动的上升,而实证结果恰恰证明了这点。

Irvine 和 Pontiff 对"特质风险现象"提出假设,认为公司特质波动与企业的经营现金流波动有着直接联系,其原因在于企业所处的产品市场竞争的激烈程度不断上升。他们对 1963—2003 年的美国证券市场的样本进行实证分析,采用三个变量,即每股盈余、每股现金流和每股销售额作为现金流波动的代理指标,结果发现每股现金流的波动趋势与特质波动非常相似,也呈上升趋势。他们认为这种间接的证据表明公司所处的市场竞争日益激烈,导致了公司特质波动不断上升,行业竞争的无序和外国竞争者的不断进入,又加剧了特质波动上升的趋势。但他们并没有对新公司的不断进入和企业集团的拆分对特质波动的影响进行解释。Gaspar 和 Massa 的研究也得出类似观点,认为公司特质风险与公司的竞争环境有着直接的关联。他们通过 1962—2001 年的美国股市收益的数据分析,发现公司的竞争优势对公司特质风险的影响具有显著性。随着产品市场竞争大幅上升,顾客的搜寻成本越来越低,商品比较能力日益提高,顾客对公司产品的忠诚度日益下降,公司销售收入大幅波动,导致公司现金流和盈余出现波动,推动公司特质风险上升。

4. 基于投资者行为的解释

有学者从股票流动性的视角解释"特质波动之谜"现象。Chordia 等人发现,当个股的交易量增加时,公司特质风险也呈现上升趋势,个股换手率与投资者行为有着直接的联系。信息不确定性对于股价的影响是通过投资者行为进行传递,导致股价波动的。投资者面对市场信息透明度较差,公司层面信息不确定性程度较高时,往往会形成自身独特的投资信念,而这种独特的投资信念导致投资行为的多样化或者异质化。Kenynes的股票价格的"选美比赛"理论、Kaldor对于投机行为的定义,便是在金融市场不完全、信息存在不确定性的条件下作出的理论假设。Fousseni用随机折现因子检验特质波动溢价的来源,发现投资者的风险厌恶和公司非系统协偏差能够使特质风险存在收益定价。公司非系统协偏差是指个股收益相对于系统风险的看涨和看跌β的函数。当学者控制了非系统协偏差因素之后,公司特质风险和个股收益之间的相关性消失,并且该结论在不同样本和不同的期间均存在稳健性。进一步而言,公司特质波动的定价和个股看涨看跌期权β之间有着直接的联系,而看涨看跌期权β与散户的投资特征有着密切的联系,因为散户更偏好于"彩票类型"的样本公司,所以这类股票虽然风险较高,亏损几率较大,但一旦获利,其收益足以覆盖相应投资的损失。

Campbell等人发现的"特质风险现象",即欧美证券市场上公司特质波动从20世纪六十年代以来不断上升,他们认为这一趋势和机构投资者不断发展有着密不可分的关系,因此他们认为机构投资者的持股行为和公司特质波动存在负相关性。随后,Brandt等人得出机构持股比例与公司特质风险呈负相关性的结论。因此,他们认为,机构投资者作为理性投资者能够改善市场的信息环境、公司信息质量,这样有助于公司特质波动的降低,说明公司特质风险的形成与投资者的非理性行为存在密切的关联。Xu和Malkiel从股权结构的角度,探讨了公司特质波动的影响因素。他们选取了1989—1996年的标准普尔500指数股票样本的股权结构数据,在控制公司规模等因素后,他们发现机构投资者的持股比例上升时,能够解释公司特质波动发展趋势的变动,特质波动和预期盈余增长有着明显的正相关性。Dennis和Strickland尽管选择了不同的计量模型,但在他们的横截面回归模型中,仍然发现股权结构和特质波动之间存在着正相关性。同时,他们的时间序列回归模型也表明,特质波动不但和股权结构相关,还和财务杠杆、公司业务集中度有着密切的关系。他们认为在过去二三十年间,上市公司的业务范围和业务种类不断增加,公司规模日益庞大,形成企业集团似的经营模式,由于法律对垄断的限制和对投资者的保护,企业集团总是被迫或主动分拆。这样原本能够在企业集团内部分散掉的特质波动,在资本市场上表现出来,形成市场上总体特质波动不断增加。这一点与Campbell等人的研究具有相同之处。

Brandt等人的研究结果显示,1997年后特质波动的趋势开始下降,到了

2003年特质波动率下降到20世纪九十年代以前的水平,他们将这种趋势的反转现象与低股价和较高比例的散户持有者联系在一起,认为在样本期间(1962—1997年)的特质波动上升现象并不是一个时间趋势,它只是一个和散户投机行为相关的现象而已。他们的研究表明,散户投资者由于资金量等原因,比较关注低价位股票,在交易中居于主要地位,而低价位股票的特质波动往往较高。因此,他们认为越是受散户投资者关注的股票,特质波动的上升趋势越明显,高特质波动现象一般存在于那些散户投资者占据主导地位的低价股票中。除此以外,投资者对于信息的选择和反映也会影响股价波动和特质风险的变化。例如,Kothari等人发现一个有趣的现象,即利好的盈余公告往往比利空的盈余公告提前一周左右公布。同时,企业发布利空消息后,股价波动的市场反应的强度明显超过了利好消息的延迟发布。这是因为管理层倾向于不断隐藏利空消息,而喜欢及时发布利好消息。而且,利好消息发布的翔实程度往往也超过了利空消息,造成投资者在面临利空消息时,反应的差异性较大,导致股价波动大幅上升。

5. 基于文献的思考

回顾前人的理论研究成果,我们可以确信对于公司特质波动,尤其在测度方法、时间趋势方面的研究还有很长的路要走。我对未来研究的发展方向和前景做出了一点推测,以供抛砖引玉之用。

首先,特质波动测度方法是依赖于资产定价模型的选取,Bali和Cakici认为方法的不同导致结果往往也不相同。对于这种由于不同模型而导致的差异,至今还无人在理论上做出合理解释。另外能否寻找到不依赖于模型的测度方法,比如按照标准金融学的观点,在市场组合条件下,公司特质波动应该被完全分散掉,只有系统风险存在,但现实世界并不存在市场组合,那么针对一个投资组合,只需要将组合总体波动水平与系统风险进行处理便得到该组合的平均特质波动水平,从而不再依赖于模型而造成误差。具体如何处理是测度方法需要进一步研究之处。其次,在研究样本范围方面,有待扩展。目前特质波动研究集中在欧美发达国家的股票市场,针对新兴证券市场的特质波动水平变化趋势的研究较少,国内学者虽然对我国A股市场特质波动水平做出研究,但由于研究方法不同,导致结果不一,颇有争论。另外,针对B股市场特质波动、债券市场以及交叉上市公司特质波动水平的研究目前无人提及,它们都涉及证券市场非系统风险研究的重要组成部分。最后,就国内研究来看,还无人对国内市场特质波动的影响因素以及形成机理进行系统研究,其主要原因还是A股市场特质波动水平的测度结果不一。这也是该领域将来重要的研究前景。

(三)公司特质风险的经济后果

Morck 等人和 Roll 从股价信息含量的角度对公司特质风险的经济影响进行了解读,他们认为公司特质波动的高低意味着公司层面特质信息纳入资产定价之中的信息含量的多寡,公司特质波动越低意味着股价波动的同步性越高,使得公司之间的个性化差异严重趋同化,损坏了公司价值的甄别、筛选和反馈功能,破坏了公司信号的传递机制。因此,公司特质风险的变化往往会产生诸多经济后果,对于社会经济运行效率产生非常深远的影响。公司特质风险对于宏观经济波动的影响机制研究颇为引人注目。

1.公司特质风险对宏观经济波动的影响

McConnell 和 Perez-Quiros 的研究发现,从 20 世纪五十年代以后,美国经济产出的波动日益平稳,表明波动率呈现下降趋势,并称之为"现代经济波动之谜"。对于这种趋势,Blanchard 和 Simon 进一步发现,产出波动平稳的25%来自货币政策的施行带来的效果,另外 25%来自生产率和价格冲击下降的效果,但剩下的 50%至今仍未找到真正的来源,这引起了众多学者的研究兴趣。Campbell 等人的研究发现,美国股票市场的平均公司特质波动在1962—1997 年呈现明显上升趋势的过程中,美国宏观经济产出波动却逐年下降,两者间呈现明显的负相关性。他们认为,这是由公司层面特质信息的不确定性增加导致公司价值的改变而引起的。Chaney 等学者支持这种假说,因为他们发现这一期间内,公司层面的特质信息,如公司销售量、雇用人数等变量的波动性均出现大幅上升。这种不确定性导致公司价值的下降。Xu 和 Malikel、Campbell 等人将公司特质风险看作公司信息不确定性的代理变量,当公司特质风险上升时,则意味着公司层面信息不确定性增加。Bernank 等人则通过融资渠道,对特质风险与宏观经济稳定的关系在理论上进行了分析。他们通过"金融加速器"理论的分析,认为公司特质波动通过公司资本结构的渠道会改变公司投融资决策,对宏观经济产出的波动能够产生一定影响。

Bernank 等人的"金融加速器"认为,公司对外借债的能力是依据公司本身的资产净值决定的,资产净值较高的公司其外部融资的意愿往往较小,这样"金融加速器"产生了一个内生的反周期外部融资溢价。例如,如果经济下滑,公司投资和产出不仅仅因为较低的生产率而下降,公司资产净值的减少导致外部融资利率提高,而外部融资利率的提高进一步影响到公司投资和产出。Mishkin 在纽约联邦储备局的一次讲话中,从金融危机的角度解读了"金融加速器"：当经济下滑时，导致资产价值产生的不确定性增加，使得金融市场信贷紧缩，限制了经济的恢复；而这一现象反过来又会导致资产价值不确定性的进一步上升和金融市场的进一步紧缩，这一紧缩又会进一步影响宏观经济的复苏。上述两者相互作用不断恶化，这种金融现象被称之为"金融加速器"。具体而言，公司特质波动的改变意味着公司经营风险的变化，导致公司外部融资成本进一步变化。例如，当公司特质波动上升时，公司特质风险上升，其公司资产净值上升，杠杆比例下降，导致公司外部融资成本上升，促使公司转向内部融资，减少外部融资的比例，从整个证券市场上看，会降低信贷市场摩擦，这样公司投资与产出更加持续和稳固。Portes 和 Ozenbas 根据模型对美国经济数据进行了模拟计算后认为，在美国证券市场上，公司特质波动率上升一倍时，会导致美国宏观经济产出波动下降40%，资产负债率下降16%左右。Ozenbas 和 Portes 在他们的理论分析的基础上，对1987—2006年美国证券市场上76422家上市公司样本进行计量分析，认为无论资产负债比还是短期利率，都和公司特质波动之间在横截面上存在显著为正的统计关系，这在实证检验上证实了他们的理论分析结果。

2. 公司特质风险对股利政策的影响

股利政策是公司管理层向外界，尤其是向投资者传递内部经营状况和财务状况信号的一种手段。公司特质风险变动对于上市公司股利政策存在重要的影响机制。Fama 和 French 的研究发现，在美国证券市场上，20世纪九十年代以后上市公司支付股利的倾向逐渐下降，这种现象被称之为"股利消失之谜"现象。尽管 Baker 和 Wurgler 用"迎合理论"来解释股利不断消失之谜，但这种理论只能解释股利支付倾向方差的30%。Hoberg 和 Prabhala 从公司特质风险的角度对股利支付倾向进行解释，发现公司特质波动能够解释股利支付下降倾向40%的原因。之所以公司特质风险对于公司管理层的股利支付政策有影响，是因为管理层的保守。Brav 等人提出令人瞩目的研究结论，认为风险因素能够影响股利政策。这些研究结果认为，"股利消失之谜"的主要原因是管理者面对股利分红时持保守态度。在选择股利水平时，管理者在支付股利时，是根据未来盈余的水平来确定的，而且对预期的未来盈余的确定并非易事。就像 Brav 等人认为的，管理者只有在能够确定风险因素降低的情况下，才有可能保证股利根据盈余的情况逐步上升。因此，两者间存在负相关性。

3. 公司特质风险对企业投资行为的影响

根据传统的标准金融理论，股票价格由企业的未来价值所决定，股价波动对企业投资行为具有理性的引导作用,即使得管理层按照企业未来价值最大化的目标调整自己的决策行为。简而言之,股价波动本身不应成为影响企业投资行为变化的因素。但问题是,现实中的资本市场,由于市场制度、投资者、信息不对称等因素,并不具有完备性。因此,股价波动具有较强的非理性。那么资本市场的变化对于企业的投资行为存在实际的影响。如股票价格低于其内在价值,即在被低估的情况下,投资项目的机会成本上升,管理层放弃原有计划,进而寻求资本市场的并购行为;反之,在企业股价被高估的条件下,新增投资项目在企业和市场之间存在较高的套利空间,诱使管理层的投资规模扩张。这种差异和企业管理层的激励目标的设定有关,因为管理层出于股权激励的需要,要迎合短期内的市场投资者的观点。因此,当市场投资者的预期过度乐观时,管理层倾向于扩大投资规模;当市场投资者的预期过度悲观时,管理层倾向于降低投资水平。Stein通过构建理论模型发现,当股票价格偏离企业内在价值时,如果管理层激励和企业长期目标一致,股价高估时,发行股价所得用以增加企业的现金持有水平或者偿还债务,不会扩大投资规模;反之,也不会降低投资规模。但在融资约束的条件下,股价的非理性行为则可能会影响到企业的投资行为,因为依赖外部股权投资的企业,当股价被低估时,要尽量避免发行定价过低的股票,其投资规模降低;反之,股价被高估时,管理层的投资决策对现金流的敏感性进一步增强,推动了投资规模的上升。Baker等人为这一理论观点提供了实证支持。公司特质风险的变化通过公司投资行为影响公司价值的改变,两者间也同样呈现负相关性。Panousi和Papanikolaou发现股票收益的特质波动对公司投资行为具有负面影响,并且他们用公司的客户集中度作为另一种方法来度量公司特质波动,进一步证实了这种关系。他们认为公司特质波动对公司投资行为之所以产生负面影响,是管理层的风险规避态度造成的,因为公司特质波动影响了公司管理者对公司投资机会的估价行为。公司投资行为和特质波动之间呈现负向关系。

第二节　公司特质风险研究的相关理论

本书从企业信息环境、机构投资者、股权结构、产品市场竞争等角度分析公司特质风险的影响因素,并进一步探讨特质风险对宏观经济波动、环境不确定性的影响,因此,涉及有效市场假说、公司治理机制、机构投资者行为、不确定性机制和宏观产业波动等相关理论。本节就相关理论的基本脉络做一个梳理,以便为后续研究提供可靠的理论依据。

一、有效市场假说理论

有效市场假说作为现代金融学的理论基础,首次由Samuelson提出,并由Fama和Jensen形成针对金融市场的理论分析框架。EMH理论为股票价格的形成机制提供了一个强有力的分析工具,许多金融学理论,如资本资产定价模型、套利定价模型等理论均是在EMH的基础上形成和完善的。

有效市场假说的核心思想是,如果股票价格能够充分反映所有可以获得的信息,那么这样的市场就是有效的。这种假设建立在三个条件下:首先,投资者行为理性,这种理性体现在投资收益最大化的目标和投资者独立完成公司价值的判断;其次,股票市场是一个完美的证券市场,这种完美包含了投资者同质性、不存在交易成本、市场参与者均为价格接受者等条件,这也是有效市场假说作为关键的假设;最后,市场信息传递在瞬间完成,投资者信息成本为零。当股票价格能够包含所有与市场、公司有关的信息时,这个市场就是一个有效的市场,其定价效率最高、资源配置效率最优。但在现实的证券市场中,所有投资者并非均为理性,市场并非完美,信息传递并非瞬间完成,信息搜寻成本并非为零,因此股票价格的变化很难包含所有信息。Robert将证券市场中的信息分为历史信息、公开信息和内幕消息三种类型,其中:历史信息包括公司过去的股价和相应成交量的变化、历史财务信息等;公开信息包括公司的三大财务报表、证券分析师盈利预测公告、公司并购公告、股利分配等反映当前以及未来公司经营状况和影响公司盈利能力的、能够公开的信息;而内幕消息则意味着无法通过公开渠道获知的有关公司经营状况、盈利能力的相关信息,或者说由内幕人员控制和掌握的相关信息,如公司的并购意向、公司高管变更的预兆、公司的战略发展规划等。信息是投资者借以获得超额收益的利润源泉。根据超额收益的可获得性,Fama将有效市场分为三种形式(见图2.1)。

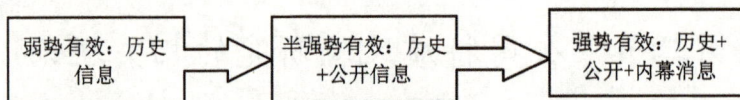

弱势有效:历史信息 → 半强势有效:历史+公开信息 → 强势有效:历史+公开+内幕消息

图2.1 有效市场的三种形式

弱势有效市场,即股票价格反映了所有的历史信息,投资者无法利用相关的历史信息获取超额收益率,而此时的股票价格行为具有随机游走模型,即每一个时刻的股价变化与过去价格没有关联性,因此,证券投资分析手段中的技术分析方法失效。

半强势有效市场,在包含历史信息的基础上,股票价格包含了所有的公开信息,这就意味着投资者无法利用公开信息获得超额收益,那么证券分析技术中的基本面分析方法将失去效力,而对于半强势有效市场的判断,一般采用事件研究方法进行检验。

强势有效市场,在半强势有效市场的基础上,股票价格包含了所有的内幕消息,此时,任何人员都无法通过任何信息获取超额收益,它也是市场有效的最高层次。但Fama认为,强势有效市场在现实世界中很难达到。

从上面对于有效市场的三种形式的解释,可以看出弱势有效市场、半强势有效市场和强势有效市场所包含的信息程度是逐渐增强的,后一种形式的有效市场是以前一种的有效市场作为成立基础,即某个股票市场若达不到有效市场,则不可能成为半强势有效市场。因此,Malkiel将Fama的有效市场含义进一步拓展:若股价包含所有与公司价值相关的信息,则市场有效;若任何信息披露不可能给投资者带来超额收益,则市场有效;若任何内部信息不能够给投资者带来超额收益,则市场有效。正是基于市场有效理论,股票价格行为以及股价波动才被信息扰动所形成。

二、股票价格的形成机制——基于信息和"噪声"的角度

(一)股票价格影响的两要素——信息和"噪声"

根据信息经济学的相关理论,认为信息是根据条件概率原则有效改变后验概率的任何结果,投资者根据这一结果可以有效改正某一事件的后验信念。如果概率是客观的,信息能够解释客观事物的某一方面,增强对某一事物的一般性认识。信息往往是以消息的形式存在,是一个存量关系,或者说是存量的增量。Fama认为信息是能够反映公司未来收益能力的相关消息,如果股价行为能够充分反映所有相关信息时,则市场是有效的,那么按照有效市场假说的观点,股票价格只是由于公司基本面信息的变化导致的,与股票市场本身的供求关系无关,而信息的发生与变化是随机的,股票价格的变化也应是随机的。

袁知柱等人认为,"噪声"是与信息相对立的一个概念,它并不反映公司基本面的变化,但对于股票价格却形成一定程度的影响,使得股票价格偏离了股票的基本价值。按照信息经济学的观点,"噪声"是一种信息,是一种虚假失真的、与公司价值无关的干扰信号,它往往是由市场参与者或主动或被

动制造出来,而股票市场中的信息不对称现象的存在,使得"噪声"长期在市场中传播,股票价格长期偏离股票本身的基本价值。正如 Black 所说,"噪声"的存在,使得我们的观察能力下降,对于某支股票或者投资组合的预期收益的判断力变弱,并促使投资者用不相关的因果关系解释市场中的事件。市场中的"噪声"使得股票价格偏离基本价值,使市场中资产交易的流动性得到增强,市场交易不至于中断,出现"Grossman-Stiglitz 悖论"。Black认为,"噪声"虽然让金融市场变得不完美,降低了信息效率,但让金融市场的连续运行成为可能,没有"噪声"存在,整个行为金融理论体系将倒塌。

市场中的投资者因为专业分析能力和信息渠道存在差别,对于信息搜寻和处理存在异质性,我们将他们分为理性投资者和"噪声"投资者,而他们的投资行为分别为理性交易和"噪声交易"。理性投资者是基于信息完全的基础,以预期效用最大化为目标,对于未来资产收益的判断进行客观分析;而"噪声"交易者无法对信息和"噪声"区分,存在认知偏差,甚至助长虚假信息在市场中的传播。一般而言,个人投资者由于专业分析能力有限,对风险缺乏足够认识,存在趋众心理,仅仅凭借历史信息进行次优化的投资行为,因此被称之为"噪声"交易者。而机构投资者,如证券公司、投资基金,拥有大量资金、信息渠道畅通、专业分析能力较强、能较好控制风险的机构,一般被认为是理性投资者。

(二)信息对于股票价格的影响机制——基于 Grossman-Stiglitz 模型的解释

信息纳入股价的渠道主要有两种形式:一是通过公开途径,使信息直接纳入股票价格中,如宏观层面的政策法律的颁布、宏观经济数据的发布、微观层面的公司财务报告的定期披露等;另一个是私有信息通过理性投资者的套利交易方式,将信息纳入股票价格之中。而后一种信息传递渠道,即私有信息纳入股价行为的方式更为重要。Grossman 和 Stiglitz 通过建立单一风险资产、同时期、带"噪声"的理性预期均衡模型,显示了理性交易者在传递私有信息进入股票价格过程中具有重要的作用。当市场中理性投资者的数量越来越多时,占投资者的比重越来越大时,股票价格对于私有信息的吸收程度则越高。在实证研究的层面上,Roll 和 French 也认为公司特质层面信息在股价中反映渠道,主要是通过理性投资者的套利交易行为完成的,因此后一种信息渠道更为重要。

(三)"噪声"对于股票价格的影响机制——基于噪声交易模型的解释

如前所述,"噪声"投资者的交易行为迫使股票价格偏离其基本价值,形成价偏差。De Long 等人借用 Black 的"噪声"概念,探讨了"噪声交易"的行为特征对于股票价格的影响机制,并构建了噪声交易模型予以解释。该模型假设市场中同时存在理性投资者和"噪声"投资者以及存在支付相同鼓励的两类资产,即无风险资产 s 和风险资产 u,通过简单的跨期两代模型推导,获得风险资产 u 的最终价格 p 为:

$$p_t = 1 + \frac{\mu(\rho_t - \rho^*)}{1+d} + \frac{\mu\rho^*}{d} - \frac{(2\gamma)\mu^2\sigma_\rho^2}{r(1+d)^2} \qquad (2.6)$$

其中,d 为支付固定红利,属于无风险利率;μ 为"噪声"交易者在投资者中所占比例; p_t 则表示"噪声"交易者在第 t 期对于风险资产 u 的期望价格的估价误差,这个误差属于独立同分布的随机变量: $\rho_t = N(\rho^*, \sigma_\rho^2)$; ρ^* 代表"噪声"交易者对于风险资产平均的"看涨"程度; σ_ρ^2 为风险资产期望收益估价误差的方差; ρ_t 的内在涵义为"噪声"交易者是根据他们对风险资产 u 下一期价格比实际价格高 ρ_t 的错误投资信念来指导其投资行为,以此最大化期望效用;γ 为投资者的绝对风险规避系数。

从式(2.6)中可以看到,风险资产价格 p_t 除了 d、r 之外,还取决于"噪声"交易者对于风险资产的看涨程度 ρ^*,对于下一期风险资产期望收益误差的方差 σ_ρ^2 以及"噪声"交易者在投资者中的比重。当 $\rho^t - \rho^* > 0$ 时,说明"噪声"交易者对于风险资产的价格变化比上一期的"看涨"程度进一步上升,此时迫使风险资产价格随之上升;当 $\rho^t - \rho^* < 0$ 时,这种"看涨"下跌,迫使风险资产价格随之下降。当"噪声"交易者比例 u 上升时,这种上升和下降的幅度进一步加大,这说明当市场中"噪声"交易者的比重较高时,股票价格偏离基本价值的程度越高。因此,式(2.6)的 $\frac{\mu(\rho_t - \rho^*)}{1+d}$ 描述了"噪声"交易者估价误差导致风险资产 u 价格波动的情况。式(2.6)中的第三项 $\frac{\mu\rho^*}{d}$ 则表述了"噪声"交易者的投资行为使风险资产价格 p_t 偏离基本价格的程度大小。式(2.6)中的第四项 $\frac{(2r)\mu^2\sigma^2}{r(1+d)^2}$ 作为噪声交易模型的核心部分,表述了理性投资者和"噪声"交易者在第 t 期的价格 p_t 存在错误估价,下一期的价格 p_{t+1} 具有不确定性 σ_ρ^2,因此,理性投资者不愿再通过套利进行"纠正"行为,而"噪声"交易者则只能通过扩大风险资产持有量,通过边际收益的递增消减错误股价所带来的风险损失。因此,错误估价行为会在市场中一直持续下去。

三、公司治理机制

公司治理机制作为一个系统结构,通过董事会、股权结构、企业管理层和利益相关者等,对企业经营管理进行综合性控制和引导。其目的在于,通过合理的制度性安排,帮助企业树立良好的市场信心,激励企业管理层和董事会尽最大努力去实现股东利益最大化,最终实现企业资源利用效能的最优化。一般而言,公司治理机制包括四个方面:第一,企业首先确保股东权利,实现股东利益最大化,尤其是中小股东的权益最大化;第二,确认企业利益相关者的合法权益,并积极为利益相关者创造财富和工作机会,以此为企业的可持续发展构建良好的发展环境;第三,为确保股东和利益相关者的利益,公司治理机制安排必须确保企业能够及时、准确地披露与公司有关的任何重大问题,包括财务状况、生产经营、所有权结构和公司治理状况的相关信息;第四,合理的公司治理机制能够有效地监督企业管理层、董事会,确保管理层和董事会对企业股东的切身利益负责。因此,公司治理机制在实质上是协调企业中相关要素所有者和其他利益相关者相互关系契约的综合。

企业之所以需要良好的机制,在于现代企业有着特殊的两权分离特征,即企业所有者和使用者并非如同家族企业,合二为一,而是通过委托代理关系实现对企业的经营管理的控制。两权分离意味着所有者仅拥有企业资源的所有权,不参与实际的企业经营活动;企业管理者则是企业的经营者,虽然不拥有资源的所有权,但拥有使用权。因此,当所有者和管理者存在利益冲突,两者之间存在信息不对称的条件下,管理者的资源调配行为可能损害到所有者的利益,形成代理成本。简而言之,公司治理安排的根本目的是尽量降低企业的代理成本。我国企业的委托代理问题具有自身的独特性,即除了股东和企业管理者之间存在委托代理问题之外,大股东和中小股东也存在利益冲突,即双重代理问题。双重代理问题形成的代理成本更为巨大,对企业未来价值的影响更为突出,同时对企业的资本市场表现也更为明显。

公司治理机制的框架包括三个部分:资本结构、委托代理关系和股权结构。委托代理关系通过相应的治理机制协调股东、董事、经理之间的委托代理关系。例如,独立董事制度有利于监督企业管理层和大股东的私利行为,充分保护中小股东的切身利益。资本结构机制是指债券形成的企业外部现金流约束和股权形成的企业内部现金流约束之间的关系,从而衍生出的债权和股权对企业的控制权分配。通过这种现金流控制权的分配,在企业内部形成最优资本结构,促成全体股东和债券人的利益最大化。股权结构则有利于大股东与中小股东之间的利益平衡。如中小股东通过"用脚投票"和"用手投票"对大股东进行约束,而独立董事则是中小股东利益的代言人。再如,股权制衡机制有利于大股东和中小股东通过博弈方式实现双方的利益最大化。因此,公司治理机制通过企业各要素之间实行的相互制衡和激励相容目标,实现资本结构、委托代理关系和股权结构利益最优(见图2.2)。

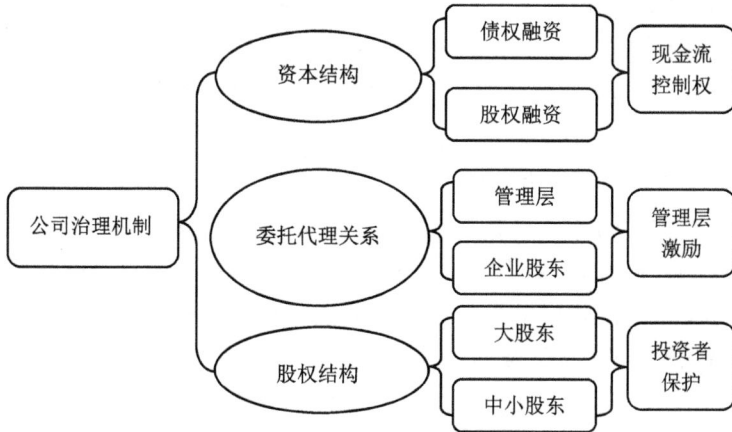

图2.2 公司治理机制安排

四、机构投资者行为

(一)机构投资者的界定

《新帕尔格雷夫货币金融大词典》里对"机构投资者"的解释是,在发达的资本市场中,长期从事资金管理的专业化金融机构,如养老基金、证券投资基金、信托基金等,其运营管理均由专业人士完成。根据国际经济合作与发展组织(OECD)的定义,机构投资者是相对于个人投资者,使用个人或者其他机构的资金在资本市场上从事投资行为的金融机构。其所包含的范围根据不同的认定标准而各不相同,如国际经济合作与发展组织将机构投资者界定在养老基金、保险基金和投资公司,除上述机构外,国际货币基金组织将共同基金、对冲基金、信托公司、商业银行、证券公司也包含在内。国内学者对机构投资者的定义,主要是相对于个人投资者而言,如在严杰主编的《证券词典》中这样定义"机构投资者":所谓机构投资者,又称团体投资者,是个人投资者的对称,是指以自有资金或信托资金进行证券投资活动的团体。不论哪种定义,机构投资者现在已成为资本市场的主导力量,在欧美发达资本市场,其投资额已经超过70%。据经济合作与发展组织金融事务部的统计,2011年,美国机构投资者拥有的资产总额高达24.5万亿美元,占资本市场的72.3%左右。自从1987年建立深圳经济特区证券公司,1990年法国东方汇理银行组建"上海基金",1992年中国农村发展信托投资公司私募"淄博基金"以来,我国资本市场中的机构投资者发展迅速。尤其是1997年的《证券投资基金管理暂行办法》和2003年的《中华人民共和国证券投资基金法》颁布以来,机构投资者不论规模、还是种类都呈现超常发展趋势,逐渐形成了以券商、基金、合格境外机构投资者(QFII)、保险公司、社保基金、信托公司、财务公司等为主体的机构投资群体。机构投资者的快速发展,极大地提高了证券市场的信息效率和资产管理的规模经济。

(二)机构投资者行为特征

机构投资者的基本目标是通过适当分散资产合理配置投资组合,完成风险收益的最佳权衡,努力达到最有效的投资组合边界。机构投资者基于投资目标必须制定相应的投资策略。如确定性组合中的资产种类和权重,通过交易数据监控、宏观波动分析以及行业市场变化的预测,对相应资产种类和权重进行适当调整。投资过程一般分为战略性资产配置、战术性资产配置和证券选择。战略性资产配置是对整个投资组合部署上的长期决策;战术性资产配置是根据短期市场动态进行资产周期性调整,如美林时钟理论;而证券选择是在资产组合中针对具体资产的调整过程。

机构投资者的行为特征主要有两类策略模式。第一类为反馈策略模式,即跟随资产价格的过去表现做出相应的投资决策,分为正反馈策略和负反馈策略。正反馈策略是指当资产价格上升时买入,资产价格下跌时卖出,又称之为惯性交易或栋梁交易策略;而负反馈策略则恰恰相反,卖出强势资产,买入弱势资产。第二类为"羊群效应",即机构投资者往往会跟随其他机构投资者从事相同金融资产的交易行为。两类交易策略对于资本市场的价格稳定是否存在作用,争论不一。有学者认为机构投资者的正反馈交易和羊群效应不利于股票市场的价格稳定功能。DeLong等人认为,由于股票市场存在正反馈交易者,无法使理性交易者发挥稳定股价的功能,导致市场进一步动荡。Nofdinger和Sias的实证检验发现,机构持股比例与个股收益之间呈正相关,其原因在于机构持股的资金规模和正反馈交易对股价波动产生更大的影响。也有学者持有不同的意见,虽然他们也承认正反馈交易对于市场稳定性的破坏,但不同类型的机构投资者会持有不同交易策略,相互之间存在抵消的作用。Gompers和Merick在分析机构持股水平和滞后一期个股收益的相关性时,发现并不存在反馈效应。同时,Badrintath和Wahal的研究发现,不同的机构持股行为的交易策略的差异性较大,相互间存在显著的抵消作用。

机构持股的"羊群效应"对于市场稳定是否存在影响机制,也存在争论。Froot等人认为,机构投资者之间接收到相同的信息、相近的分析模型、类似的组合策略,具有较高的同质性,因此,他们之间也存在羊群现象。从基金管理人和基金持有人的委托代理关系中,前者的报酬是基于两者之间所签订报酬合约所规定的基准收益率,这种基准收益率是根据基金经理人的平均业绩所推断出来的。基于这种报酬合约结构,基金管理者往往会推断、模仿并跟随其他基金的买卖行为,以免自身业绩落后于同行。更有学者指出,机构持股的"羊群效应"本身就是破坏市场稳定,因为他们同时买卖相同的股票,买卖压力超过市场所提供的流动性,导致股价大幅波动。但也有学者提出不同的意见,机构投资者的"羊群效应"实际上是一种"伪羊群效应",因为个人投资者的"羊群效应"在信息不对称的条件下,无法掌握有效信息,只能采取一种"从众行为"或者"众从行为",从本质上而言,是一种"噪声交易"行为。而机构投资者相对于个人投资者而言,具有信息优势,基于真实信息判断股票的真实价值,他们的集体行动所形成的"羊群效应"实际上是买入价值低估资产,卖出价值高估资产,促使资产价值向其真实价值回归的过程,因此,他们的"伪羊群效应"真正促进了市场稳定,而非市场波动。

(三)机构投资者与股价波动

机构投资者与市场价格稳定之间的关系多有争论,其关键问题在于,机构持股行为对于股价波动,甚至公司特质波动到底存在什么样的影响。Chang和Sen基于日本资本市场在1975—2003年的交易数据,发现机构持股的"羊群效应"对公司特质波动存在正向推动作用;而Werners以1975—1994年纽约证券交易所的共同基金为研究对象,发现样本基金中存在一定程度的"羊群效应",但这种行为加速了股价吸收现金流信息的融入速度,抑制了股价的非理性波动。因此,这种羊群效应实际上是一种理性行为。机构持股投资策略与资本市场稳定的逻辑关系见图2.3。

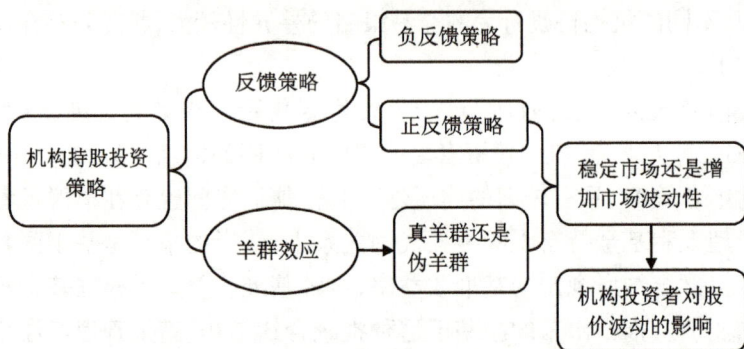

图2.3　机构持股投资策略与资本市场稳定

五、行为金融学

标准金融学体系的发展基于两个条件：市场有效和预期效用。如上文所述，市场有效假设建立在三个理论假设之上，即投资者理性、随机交易和有效套利。但现实很难满足这三个条件，如金融市场中不存在完全的替代品和投资期限有限，导致市场套利交易的有效性被削弱；Kahneman 和 Tversky 基于"框定概念"，认为投资者在面临决策的过程中，可能受到不同参考点的影响，并非完全理性，即投资者是有限理性。例如，对待风险的态度，投资者不仅关注终点收益的状况，往往对过程中的输赢带来的心理感受更为在意。简而言之，投资者并非依据标准金融理论中的最优决策模型，而是按照贝叶斯过程不断修正自己的判断，或者依靠直觉进行预测和决策。

在市场有效假设条件下，理性投资者的决策目标是基于预期效用最大化，即投资者在不确定性条件下，按照"均值方差"理论选择相应的投资行为。但在现实的金融市场中，预期效用理论也受到质疑。例如，Paradox 基于彩票实验发现的"阿莱悖论"，即结果相同，但偏好不一致，亦称为"同结果效应"，对预期效用理论形成挑战。与此类似的还有"同比率效应"，即同一组彩票中收益概率进行相同比率的变换，投资者的选择反而并不一致。Lichtenstein 和 Slovic 发现"偏好反转效应"，即投资者面对收益和损失时的风险态度并不一致：面对收益时，风险厌恶大幅上升；面对损失时，风险厌恶大幅下降。这表明，投资者的决策依据有时并不完全是最终的预期效用，而是不同参考点对财富的心理感受。

在金融市场中，同样存在大量"金融异象"违背标准金融学的基本假设和基本观点。"金融异象"主要分为三种类型。一是"价值异象"，是指非系统风险因素同样能够被定价。Fama 和 French 的研究表明,成长性因子对个股收益存在系统性影响,违背了非系统风险完全分散的基本原理。因此,学者将研究的关注点从标准金融学逐渐转向行为金融学。二是"时间异象",是指特定时间内的个股收益异于其他时间段,它违背了市场有效假说。例如,一月效应(对于小规模企业,在一月份往往会产生不寻常的高额收益),星期一效应(星期一个股收益往往低于其他交易日)。三是"公告后异象",是指盈余公告后,个股价格往往会持续已有的趋势:已经升值的股票继续升值;已经贬值的股票继续贬值,即盈余公告后漂移现象。无疑标准金融学的相关理论在现实世界中受到种种质疑,学者无疑会将研究的目光转向行为金融学。

行为金融学的理论基础主要包括三个方面:期望理论、有限套利和行为组合理论。期望理论在分析投资者面对不确定性如何进行投资决策时,提出不同于期望效用理论的几个结论。首先,投资者更具有确定性效应:即面临正的收益时,风险厌恶程度上升;面临负的收益时,风险厌恶程度下降,甚至偏好风险。或者当面临一个确定性的收入和更高的不确定性收入时,投资者更倾向于前者;而当面临一个确定的损失和更高的不确定损失时,投资者更偏好后者。因此,投资者是依据收益损失的状态来确定自身的风险态度的。其次,在不确定的环境中,投资者的决策依据依赖于财富的边际而非总量,此时的决策函数并非效用函数,而是依赖于财富边际的价值函数。在此假设条件下,人们对损失的敏感度超过了对收益的敏感度,这被 Kahneman 和 Tversky 称之为"损失规避"。在行为金融学中,传统效用函数被取代为价值函数,表现为决策变量与财富正增量的相关性为凹函数,与财富负增强的相关性为凸函数。再次,Kahneman 和 Tversky 用决策权数函数替代期望效用函数的概率。决策函数不遵从传统概率原理,即取决于以前事件发生的贝叶斯概率,同时也受到投资者对财富愿景的影响。除此以外,Thaler 提出了"机会成本原赋效果",即投资者对拥有资产价值的评价往往会超过机会成本的评估,即低估机会成本的作用,基于此,他提出了一个重要的概念——沉没成本,即人们如果为某种商品支付过成本,往往会增加该商品的使用频率;还有 Shefrin 和 Statman 提出的"处置效应",即股票价格在下跌过程中,投资者往往会继续持有,而不是卖出,以期待翻本的时机。

有限套利是行为金融学对标准金融学进行的重大改进和修正,也是分析金融市场异象的重要工具之一。标准金融学理论认为,市场有效并非否认投资者非理性,而是理性投资者能够通过无限套利行为,修正非理性投资者的"噪声交易",最终引导市场回归理性均衡状态。但Shleifer和Vishny认为,由于套利成本、模型风险等因素,理性投资者无法对非理性行为进行有效对冲,因此,市场并不总是有效,这种情况被称之为"有限套利"。

行为组合理论是基于修正的投资者假设和有效套利原理,并在标准金融学体系中的现代组合管理理论的基础上,提出行为套利理论和行为资本资产定价模型。BPT模型是建立在现代资产组合理论的基础上,由于投资者无法做到完全理性,所构建的组合配置无法处在均值方差有效前沿上,而是基于对不同资产的风险态度和认知,所形成的金字塔式的行为资产组合。处在金字塔上各层的资产或资产组合均与特定的风险态度和收益目标有关,但各层之间的相关性被忽略。而BAPM模型则是对CAPM模型在行为金融学领域的扩展,该模型强调"噪声"交易者在决策过程中的作用,非理性投资者出现的认知偏差无法被理性投资者有效对冲。理性投资者和非理性投资者相互作用,对资产价格形成交互影响。

无可否认,行为金融学仍然难以对标准金融学形成有效的替代,其根本原因在于,行为金融学发展至今,尚未建立起类似于古典经济学的研究框架和扎实的理论假设。例如,标准金融学认为理性投资者的决策行为是建立在"风险收益相权衡"的基本假设下,但行为金融学认为投资者的偏好倾向于多元化,且在决策过程中存在时变性,随着决策过程和决策环境的变化而变化。同时,投资者的决策目标并非最优而是满意。因此,复杂的假设条件使得行为金融学理论缺乏必要的科学性和严谨性。另外,行为金融学的研究领域涉及面较为宽泛,甚至包括人类基因、社会规范,涵盖经济学、生物学、心理学、物理学等,难以建立一个统一的分析框架和标准。因此,行为金融学的未来发展必将经历一个漫长的过程。初拟行为金融学分析框架(见图2.4),供参考。

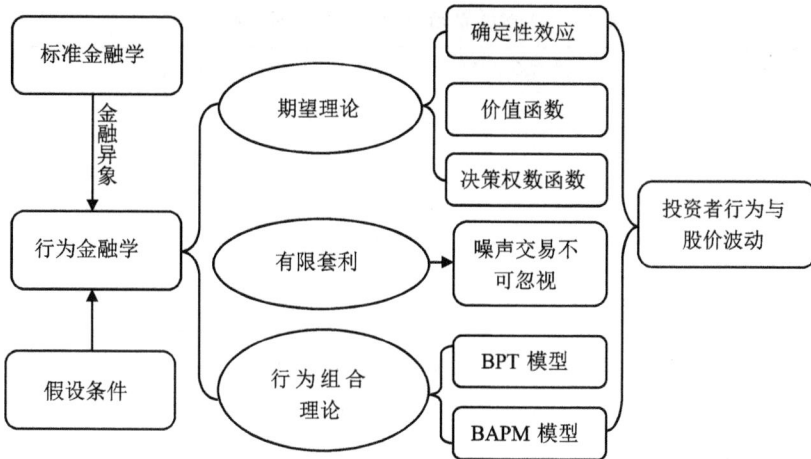

图2.4　行为金融学分析框架

第三节　中国股票市场制度建设背景

上海证券交易所和深圳证券交易所成立以来,中国股票市场建设成绩斐然,发展非常迅速。到2007年10月份,上海证券交易所市值规模全球排名第六,中国股票市场在全球资本市场中的地位显得日益重要。2012年,沪深两市A股家数超过2000只,股市市值由1990年12月19日上海证券交易所创建时的23.82亿元发展到2012年7月6日的26.13万亿元。在多层次资本市场建设方面,2004年5月,深交所的中小企业版成立;2009年10月,创业板成立,被誉为"东方的纳斯达克"。2010年4月,深沪300估值期货合约上市交易意味着我国金融期货与衍生交易市场进入一个新的发展平台;2011年3月,融资融券交易的正式推出意味着我国股市单边交易格局的突破。

伴随着中国股票市场的快速发展,市场制度建设也在逐步推进,从中国人民银行颁布《证券公司管理办法》和《中国人民银行关于设立证券交易代办点有关问题的通知》,到中国证券监督管理委员会发布《关于进一步深化新股发行体制改革的指导意见》,中国的股票市场初步形成了以《中华人民共和国公司法》和《中华人民共和国证券法》为核心,以形成法规和部门规章为主体的证券市场法律法规体系。中国股票市场部分重要法律、法规见表2.1。

表2.1 中国股票市场部分重要法律、法规

发布单位	通过/施行时间	法律法规名称
中国人民银行	2002年	证券公司管理办法
中国人民银行	1990年	中国人民银行关于设立证券交易代办点有关问题的通知
国务院	1993年	股票发行与交易管理暂行条例
国家国有资产管理局	1994年	股份制试点企业国有股权管理的实施意见
国务院证券委员会	1997年	上海证券交易所股票上市规则
国务院证券委员会	1997年	深圳证券交易所股票上市规则
国务院证券委员会	1997年	证券投资基金管理暂行办法
全国人民代表大会常务委员会	1999年	中国人民共和国证券法
中国证券监督管理委员会	2001年	关于在上市公司建立独立董事制度的指导意见
中国证券监督管理委员会	2002年	上市公司治理准则
全国人民代表大会常务委员会	2003年	中华人民共和国证券投资基金法
国务院	2004年	关于推进资本市场改革开放和稳定发展的若干意见
中国证券监督管理委员会	2004年	关于加强社会公众股股东权益保护的若干规定
中国证券监督管理委员会	2005年	关于上市公司股权分置改革试点有关问题的通知
中国证券监督管理委员会	2005年	关于规范类证券公司评审和监管相关问题的通知 规范类证券公司评审暂行办法
全国人民代表大会常务委员会	2006年	证券法修正案
中国证券监督管理委员会	2006年	上市公司信息披露管理办法
中国证券监督管理委员会	2009年	首次公开发行股票并在创业板上市管理暂行办法
中国证券监督管理委员会	2012年	关于进一步深化新股发行体制改革的指导意见

注:资料来源为中国证券监督委员会(www.csrc.gov.cn)和中国证券业协会(www.sac.net.cn)。

中国股票市场用20年的时间走完了西方发达国家两三百年走的道路。今天,中国的股票市场不论在市场规模、市场层次体系、市场的组织结构和交易清算效率等方面均可与发达国家的股票市场相匹敌。但不可否认,两种市场在发展历程和市场环境等方面存在巨大差别,欧美发达国家的股票市场是在市场经济土壤中自然生长起来的"天然产品",而中国股票市场作为国有企业股份制改革的产物,其制度建设水平仍亟待提高。Jin 和 Myers 针对40个国家市场制度建设水平的研究结果表明,中国的市场制度建设水

平得分为15.5分,位居全球第34名,甚至比东南亚新兴市场国家要低。上市公司的信息质量低下,虚假披露、内幕交易行为时有发生。根据国泰安经济金融研究数据库的统计结果,中国证监会从1999年到2011年公布的有关上市公司违约处理公告超过1000起,这些违约的上市公司使得外部投资者权益受到伤害。

一、上市企业信息披露质量现状

(一)上市企业信息披露的基本概念

Bushman等人认为,"上市公司信息质量"是指外部投资者对于公司层面特质信息的可获得性,反映了公司经营活动和业绩表现对外部投资者的明晰程度,也称之为"公司透明度"。巴塞尔银行监管委员会(BCBS)在"增强银行透明度"的研究报告中,将其定义为"公开披露可靠与及时的信息,有助于信息使用者准确评价一家银行的财务状况和业绩、经营活动、风险分布和风险管理实务"。《中华人民共和国证券法》要求上市公司依法披露信息,所披露信息必须真实、准确和完整,不得存有虚假记载、误导性陈述或者重大遗漏。从1993年首次对上市公司信息披露作出明确要求以来,证监会已经出台83个政策法规对上市公司的信息披露行为逐步规范。目前,上市公司信息披露的整体状况仍不尽如人意,信息披露制度的执行力度差强人意。

(二)我国上市企业信息披露的现状

南开大学公司治理研究中心按照信息披露的真实性、及时性和完成性进行分类,编制了六级信息披露指数:Ⅰ级、Ⅱ级、Ⅲ级、Ⅳ级、Ⅴ级和Ⅵ级。其中,Ⅰ级的信息披露质量最高,随后依次下降,最后两级Ⅴ级和Ⅵ级的信息披露质量属于不合格范畴。而经过该中心针对2003年深沪A股上市公司财务报表的整理、分析后,发现有49.41%的样本属于后两级信息披露等级,属于不合格范畴,只有1.18%达到最高等级。在Jin和Myers的研究报告中,对40个国家的信息披露质量水平进行了调查,中国上市公司信息披露质量分值为3.8,仅高于委内瑞拉(3.7),位居倒数第二。普华永道于2001年发布了一份"不透明指数"报告,从腐败、法律、财经政策、会计准则与实务、政府管制五个方面编制不透明指数,并针对35个国家进行调查,其结果发现中国的"不透明指数"为87,位居35个国家之首。同时,在分项中,中国的"会计不透明指数"达到86分,仅次于南非(90)。上述情况均说明我国深沪A股上市公司信息质量相对于国外较低,市场信息环境较差,公司层面信息不确定性较高,公司与外部投资者的信息不对称现象较为严重,导致投资者的投机行为盛行。

二、投资者群体发展现状

(一)证券市场投资者分类

资本市场投资者分为个人投资者和机构投资者两类,个人投资者主要是指以自然人身份从事股票交易的投资者,不论其拥有资金量多少,都称之为"散户"。而机构投资者主要是以法人身份参与市场交易行为的投资者,如银行、证券公司、国有企业或者其他法人机构。机构投资者在信息搜寻渠道、信息处理能力、专业分析能力方面,相对于个人投资者具有专业优势和规模优势。因此,其投资时更关注公司基本面信息的变化,其理性行为较强,其"羊群效应"程度较低,并且机构投资者的"羊群效应"是基于公司基本面信息的变化作出的,机构投资者对于新信息的吸收将增加股价的信息效率,而且当个人投资者与机构投资者非理性行为反向操作时,机构投资者的投资行为对股价具有稳定作用,机构投资者的"羊群效应"使得股价行为更趋近公司价值。因此,机构投资者的发展将有利于减少市场中投资者"噪声交易"的程度,扩大套利者形成的影响程度。

(二)我国证券市场投资者现状

根据深圳证券交易所完成的《2011年个人投资者状况调查报告》,2011年证券投资者仍以中小投资者为主,超过八成受访投资者证券账户资产量在50万及以下,平均账户资产量为41.3万元,说明个人投资者资金控制量大幅上升,有能力进行组合方式投资;从投资者年龄分布上看,35~44岁的投资者占受访者总人数的28.1%,相对于往年,中年投资者比重有所上升;从投资者教育背景看,本科学历及以上的投资者在受访者中达到78.2%,相较于2010年上升11.91%,大专学历投资者比重较去年上升近3个百分点,说明投资者理性程度有所提升;从投资者所在地域看,有近90%的投资者生活在地级以上城市,说明投资者的信息搜寻渠道和搜寻能力有所提升。但个人投资者由于在信息搜寻能力和处理能力方面存在天然缺陷,其非理性行为仍然严重。如该报告中提到,只有15.9%的投资者通过技术分析指导自己的投资行为,说明他们在专业分析能力方面仍然有待提高。个人投资者的投机行为仍较多。如该报告显示,16.31%的投资者平均5天换手一次甚至更短,27.91%的投资者平均1个月换手一次,23.82%的投资者平均1至3个月换手一次,15.36%的投资者平均3至6个月换手一次,平均投资周期在6个月以上的投资者仅占16.6%,说明多数投资者持股时间较短,长期投资者较少。而且2008年之后入市的投资者平均持股时间较其他时间入市的投资者更短，平均持股时间3个月及以下的投资者占2008年以后入市的投资者总数的74.73%，说明入市晚的投资者由于经验的缺乏，其投机行为更为盛行。该调查显示，80.9%的投资者的投资行为存在"追涨杀跌"现象，有68.84%的投资者认为自己是"风险中性"，只有17.37%的投资者认为自己是"风险厌恶"，而认为自己是"风险偏好"的投资者仅为13.79%，说明个人投资者对于市场的风险程度以及风险管理的认识不足。

相对于个人投资者，机构投资者的发展异常迅速。尤其在2000年，证监会提出"超常规发展机构投资者"的战略后，以证券投资基金为代表的机构投资者逐渐成为我国资本市场的主导力量。截至2011年底，自然人持有流通A股市值占比为26.5%，企业法人占比为57.9%，专业机构投资者占比为15.6%。机构投资者的崛起和壮大，推动了证券市场从繁荣向成熟转变，而证券市场的成熟也将会促进机构投资者的发展。2002年初，基金资产规模仅为800亿元。截至2011年底，全国69家基金管理公司管理的基金资产净值总规模达2.2万亿，基金持股市值约占沪深股市流通市值的7.7%。2012年6月12日，我国公募基金总数突破1000只。随着我国经济总量持续扩大及资本市场的不断发展，境外机构投资我国资本市场的需求日益增加。2002年，中国证监会与中国人民银行共同颁布了《合格境外机构投资者境内证券投资管理暂行办法》，开始实施合格境外机构投资者试点。2006年，在总结试点经验的基础上，中国证监会、中国人民银行和国家外汇管理局共同颁布了《合格境外机构投资者境内证券投资管理办法》。2007年，根据第二次中美战略经济对话成果，QFII额度从100亿美元增加到300亿美元。自QFII制度实施以来，截至2011年底，已有172家境外机构获得QFII资格，其中145家QFII累计获批272.63亿美元额度，累计净汇入资金1254亿元，QFII账户资产合计约2713亿元，持股市值约占A股流通市值的1.1%。

三、公司治理结构现状

(一)公司治理的基本概念

公司治理结构是指用来协调现代公司制度下公司内部不同利益相关者之间的利益和行为的一系列法律、文化、习惯和制度的统称。公司治理结构包括内部治理结构和外部治理结构两部分。基于组织结构角度，内部治理是指所有者、董事会和经理人员等组成监控机制针对公司营运起到监督和激励作用，外部治理机制主要指通过竞争和外部市场对公司的营运进行相关的监控和激励。公司治理与会计信息质量和市场信息环境之间存在密切的相关性,如Kannlan和Smith认为,持股权对于经营绩效具有激励效应,但与之伴随的是会计信息披露质量的下降。因此,伴随着中国股票市场的快速发展,监管层对于公司治理水平的提高做出了不懈努力,如《中华人民共和国证券法(修订草案)》对公司治理结构的各层次作出了更为详尽的规定。但就目前而言,我国公司治理水平仍然较低,如南开大学公司治理研究中心推出的上市公司治理评价指数CCGINK(南开治理指数),从股权结构、经理层、利益相关者、信息披露等六个维度对我国上市公司的治理水平进行评价,结果表明中国上市公司样本公司的治理总指数平均值仅为49.62%,且公司治理水平差异较大。

(二)我国上市企业的公司治理现状

第一,股权结构不合理,国有股权代表人缺位。中国上市公司大部分由原国有企业改制而来,为了维护公有制的主体地位,形成相对集中的股权结构,这一结果对于公司价值产生负面影响。控股股东和地方政府为了维持母公司利益和经济社会发展目标,存在天然地掏空上市公司资源的冲动,同时也存在官员腐败行为,利用权力转移国有企业的财富。这种现象的产生是由于国有股权主体缺位导致内部控制机制缺失,从而引发内部人控制,引起上市公司会计信息失真。

第二,我国上市公司产品市场竞争程度在行业间差距较大。产品市场竞争作为外部治理手段,当内部治理机制失效时,也能够实现最优的公司治理。我国自改革开放以来,各行业市场化发展迅速,但是行业间产品市场竞争程度差距较大,如制造业的市场化程度较高,而石油、电力等公共事业单位的竞争程度较低。但是,这种差距却为研究产品市场竞争治理机制对个股波动,乃至公司特质波动的影响机制提供了一个良好的背景。

第三章　公司特质风险测度与特征分析

第一节　公司特质风险测度方法的构建

学者对于股价波动的研究多以市场风险作为研究对象,忽略了非系统风险在个股波动中的作用,而Campbell等人发现的"特质风险现象"则意味着个股波动中,公司特质波动已经成为发达资本市场中股价波动中的重要组成部分。对于中国这样的新兴市场,证券市场发展历程短,制度建设不完善,投资者行为受到诸多限制,对于绝大多数投资者而言,非系统风险实际上成为不可承受之重,基于此,它在资本市场上的定价,已经成为投资者必要的风险补偿的组成部分。因此,公司特质风险的定价、影响因素和经济后果研究对于我国这样的新兴市场的重要性不言而喻。同时,国内文献对于非系统风险,尤其是公司特质风险的研究仍较为缺乏。本书在股价波动分解与公司特质风险测度研究文献综述的基础上,方差均值组合理论和组合分散收益原理的思想,借鉴Bali等人的方法,提出"非资产定价模型分解法",通过对个股波动进行分解,测度市场层面波动、行业层面波动和公司特质波动。

一、公司特质风险测度方法的文献回顾

如何从股价波动中分离并测度公司特质风险是本书研究的基础,其计算结果直接影响到研究内容和研究结果。根据其内涵概念的界定,公司特质风险与公司的特质因素有关,在资产定价模型中,凡是属于不能被定价的股价波动均属于公司特质风险的范畴。基于这样的界定,测度方法和测度结果依赖于定价模型的选取。

(一)间接分离法

间接分离法由Campbell等人根据资本资产定价模型计算市场平均公司特质风险。其根据"风险收益相权衡"的原则,认为影响股价波动的因素源自三个层面:市场层面因素、行业层面因素和公司层面因素。因此,将个股波动按照三个层面分解为市场风险、行业风险和公司特质风险。计算过程

为:将个股超额收益率按照不同影响层面进行分解,然后计算不同层面收益率之差,并求其方差。其中,行业层面和公司特质层面超额收益之差对应的波动率即为特质波动。简而言之,就是利用资本资产定价模型,把股票收益与市场投资组合收益的差值作为股票的特质收益,然后以此特质收益来计算公司特质波动以及市场平均公司特质波动。

首先,Campbell 等人将个股超额收益(R_{jit})分解为市场超额收益(R_{mt})、行业收益(R_{it})和公司特质超额收益(ε_{jit})三个部分,其中,对收益的计算均采用超额收益的形式,因此,行业残差(ε_{jit})和公司残差(ε_{it})分别为:

$$\varepsilon_{it} = R_{it} - R_{mt} \tag{3.1}$$

$$\varepsilon_{jit} = R_{jit} - R_{it} \tag{3.2}$$

其中,行业收益 R_{it} 由行业内股票 j 及其权重(w_{it})的加权平均计算所得:

$$R_{it} = \sum_{j \in i} w_{jit} \cdot R_{jit} \tag{3.3}$$

市场超额收益 R_{mt} 计算方法与行业超额收益计算方法相同,由各行业的超额收益加权平均计算所得:

$$R_{mt} = \sum_i w_{it} \cdot R_{it} \tag{3.4}$$

本书的目的是依据个股超额收益波动,计算市场层面收益波动、行业层面收益波动和公司特质收益波动。根据资本资产定价模型,三个层面的收益之间存在相关性。因此,在计算波动率的过程中必须考虑到三者之间的相关性:

$$R_{it} = \beta_{im} \cdot R_{mt} + \tilde{\varepsilon}_{it} \tag{3.5}$$

$$R_{jit} = \beta_{ji} \cdot R_{it} + \tilde{\varepsilon}_{jit} \tag{3.6}$$

$$R_{jit} = \beta_{ji} \cdot \beta_{im} \cdot R_{mt} + \beta_{ji} \cdot \tilde{\varepsilon}_{it} + \tilde{\varepsilon}_{jit} \tag{3.7}$$

在(3.5)式中,β_{im} 为行业 i 相对于市场收益的 beta 值;$\tilde{\varepsilon}_{it}$ 代表行业层面的残差。(3.6)式中的 β_{ji} 为公司 j 相对于行业 i 的 beta 值,而 $\tilde{\varepsilon}_{jit}$ 为公司层面的残差。我们可以将公司 j 对于市场收益的 beta 值简化为:

$$\beta_{jm} = \beta_{ji} \cdot \beta_{im} \tag{3.8}$$

个股超额收益分解为市场超额收益、行业超额收益和公司特质收益后,

各组成部分均为正交关系,相互之间的协方差均为0。至此,保证了方差分解过程的简洁:

$$\mathrm{var}(R_{it}) = \beta_{im}^2 \cdot \mathrm{var}(R_{mt}) + \mathrm{var}(\tilde{\varepsilon}_{it}) \tag{3.9}$$

$$\mathrm{var}(R_{jit}) = \beta_{jm}^2 \cdot \mathrm{var}(R_{mt}) + \beta_{ji}^2 \cdot \mathrm{var}(\tilde{\varepsilon}_{it}) + \mathrm{var}(\tilde{\varepsilon}_{jit}) \tag{3.10}$$

由式(3.10)可以看到,个股日超额收益分解为市场层面波动($\beta_{jm}^2 \cdot \mathrm{var}(R_{mt})$)、行业层面波动($\beta_{ji}^2 \cdot \mathrm{var}(\tilde{\varepsilon}_{it})$)和公司特质波动($\mathrm{var}(\tilde{\varepsilon}_{jit})$)。但需要注意,$\beta_{jm}^2$和$\beta_{ji}^2$的估计值难以获得,并且具有时变性。处理上述两个变量成为Campbell等人测度过程中的关键所在,他们将Campbell的"市场修正模型"进行了分解:

$$R_{it} = R_{mt} + \varepsilon_{it} \tag{3.11}$$

其中,R_{mt}和ε_{it}并不存在正交关系,两者之间的协方差不等于0,由式(3.11)计算的行业收益方差为:

$$\begin{aligned}
\mathrm{var}(R_{it}) &= \mathrm{var}(R_{mt}) + \mathrm{var}(\varepsilon_{it}) + 2\mathrm{cov}(R_{mt}, \varepsilon_{it}) \\
&= \mathrm{var}(R_{mt}) + \mathrm{var}(\varepsilon_{it}) + 2(\beta_{im} - 1)\mathrm{var}(R_{mt})
\end{aligned} \tag{3.12}$$

式(3.13)的分解过程将公司层面的β值转化为行业层面的β值。进一步,在整个证券市场内,跨行业的加权平均方差计算能够将行业层面β值消除:

$$\sum_i w_{it} \cdot \mathrm{var}(R_{it}) = \sum_i w_{it} \cdot (2\beta_{im} - 1)\mathrm{var}(R_{mt}) + \sum_i w_{it} \cdot \mathrm{var}(\varepsilon_{it}) \tag{3.13}$$

由于$\sum_i w_{it} \cdot \beta_{im} = 1$,因此,式(3.13)则转变为:

$$\sum_i w_{it} \cdot \mathrm{var}(R_{it}) = \mathrm{var}(R_{mt}) + \sum_i w_{it} \cdot \mathrm{var}(\varepsilon_{it}) = \sigma_{mt}^2 + \sigma_{\varepsilon t}^2 \tag{3.14}$$

至此,跨行业收益波动被分解为市场层面波动(σ_{mt}^2)和行业收益波动($\sigma_{\varepsilon t}^2$),表明这种分解过程不再需要参数β的估计值。同样,对个股超额收益的分解采用Campbell等人的"市场修正模型",消除股票j相对于行业的β值:

$$R_{jit} = R_{it} + \varepsilon_{jit} \tag{3.15}$$

根据式(3.15),将个股超额收益方差分解为:

$$\begin{aligned}
\mathrm{var}(R_{jit}) &= \mathrm{var}(R_{it}) + \mathrm{var}(\varepsilon_{jit}) + 2\mathrm{cov}(R_{it}, \varepsilon_{jit}) \\
&= \mathrm{var}(R_{it}) + \mathrm{var}(\varepsilon_{jit}) + 2(\beta_{ji} - 1)\mathrm{var}(R_{it})
\end{aligned} \tag{3.16}$$

与上述分析类似,对行业 i 中个股超额收益方差进行加权平均计算:

$$\sum_{j\in i} w_{jit} \cdot \text{var}(R_{jit}) = \text{var}(R_{it}) + \sum_{j\in i} w_{jit} \cdot \text{var}(\varepsilon_{jit}) = \text{var}(R_{it}) + \sigma_{jit}^2$$

(3.17)

将(3.14)式的结果代入式(3.21),就可以得到个股超额收益分解为市场层面波动(σ_{mt}^2)、行业层面波动($\sigma_{\varepsilon t}^2$)和公司特质波动(σ_{jt}^2)三个构成部分:

$$\sum_i w_{it} \sum_{j\in i} w_{jit} \cdot \text{var}(R_{jit}) = \sum_i w_{it} \cdot \text{var}(R_{it})$$
$$+ \sum_i w_{it} \cdot \sum_{j\in i} w_{jit} \cdot \text{var}(\varepsilon_{jit})$$
$$= \sigma_{mt}^2 + \sigma_{\varepsilon t}^2 + \sigma_{jt}^2$$

(3.18)

这样,就产生了一种不需要估计beta值的公司特质波动在市场内的加权平均值的测度方法。另外,Colm等人基于Campbell等人的方法,同样将个股收益分解为三个组成部分:无风险利率、组合收益和公司特质收益。投资组合为"市场组合"。他们将个股总收益分解为两个层面,即市场组合收益和特质波动收益,而收益波动也相应分解为两个部分:系统方差和特质成分(此处之所以不能称之为特质方差,是因为其本身仍含有行业层面方差和公司层面方差),在扣除行业层面方差因素后,可得到公司层面的特质波动估计值。与Campbell等人的研究相比,这样的好处有三点:一是在无风险利率不清楚的条件下,估计公司特质波动的方法非常简洁;二是和Campbell等人一样,避免估计具有时变性的 β 值;三是可以通过市场方差和股票特质波动之比获得股票平均相关系数。

(二)直接分离法

直接分离法利用各种资产定价模型的残差项计算公司特质波动,测度公司特质风险。Xu和Malkiel利用F-F三因素模型的残差项,计算其标准差值为公司特质波动;Goyal和Santa-Clara则利用资本资产定价模型计算模型残差的标准差,即为公司特质波动;Fu分别采用GARCH模型和EGRACH模型,将F-F三因素模型作为均值方程,通过计算残差来预期公司特质波动。

1. 基于F-F三因素模型的直接分离法

该方法中,公司特质风险为F-F三因素模型或其他多因素模型的残差标准差,F-F三因素模型包括市场收益因子(MKT)、规模因子(SMB)、账面市值比(HML):

$$R_{i\tau} - R_f = \alpha_{it} + \beta_{i,MKT,t}(MKT_\tau - R_f) + \beta_{i,SMB,t}SMB_\tau$$
$$+ \beta_{i,HML,t}HML_\tau + \varepsilon_{i\tau} \tag{3.19}$$

式(3.19)中, $R_{i\tau}$ 为股票 i 在第 t 月的第 τ 日的收益, $R_{f\tau}$ 为第 t 月的第 τ 日的无风险收益率, MKT_τ、SMB_τ、HML_τ 分别为第 t 月的第 τ 日的市场组合收益、基于规模组合收益和基于账面市值比的组合收益。$\beta_{i,MKT,t}$、$\beta_{i,SMB,t}$、$\beta_{i,HML,t}$ 分别为市场因子、规模因子和账面市值比的系统性风险。α_{it} 为股票 i 在第 t 月的常数项, $e_{t\tau}$ 为股票 i 在第 t 月的第 τ 日的回归残差项, 被定义为个股特质性收益部分。基于此, Ang等人将股票 i 的公司特质风险(iv_{it})定义为 e_{τ} 的标准差:

$$iv_{it} = Std(\varepsilon_{t\tau}) \tag{3.20}$$

该方法在测度公司特质风险过程中, 将市场收益因子、公司规模因子和账面市值比因子都分离出来, 因此, 其测度值更为精确, 但其缺点在于所需要的估计变量较多, 尤其是公司的 β 值的估算较为困难, 计算过程较为复杂。

2. 基于CAPM模型的直接分离法

为了克服F-F三因素估算方法中存在的缺陷, Goyal 和 Santa-Clara 利用因子模型的思路, 将个股收益分成两个成分, 即由共同因子引起的部分和由公司特质因子引起的部分, 这样, 个股总体波动分解成共同冲击因子引起的波动和公司特质因子冲击引起的波动, 并通过两者之差计算特质波动。对于股票收益形成因素的划分, Goyal 和 Santa-Clara 提到, 这样做也是简单处理模型, 只假设两种成分, 当模型进行推广一般化时, 可以将更多的影响因素加入, 让模型更加接近实用。利用Campbell等人提出的市场修正模型, 定义股票 i 在 t 交易日的特质收益率为:

$$\varepsilon_{it} = R_{it} - R_{mt} \tag{3.21}$$

其中, e_{it} 为股票 i 在 t 交易日的特质收益, R_{it} 和 R_{mt} 分别为个股收益和市场收益, 则股票 i 在 t 月的公司特质波动率(iv_{it})为:

$$iv_{it} = \sum_{t=1}^{T}\varepsilon_{it}^2 + 2\sum_{t=1}^{T}\varepsilon_{it}\varepsilon_{it-1} \tag{3.22}$$

其中, T 代表月份内交易的天数, e_{it} 同样为个股的特质收益, 若仅利用股票 i 的特质收益方差测度公司特质风险, 容易忽略个股特质收益的自相关性, 测度结果的误差增加。因此, 右边第二项 $\sum_{t=1}^{T}\varepsilon_{it}\varepsilon_{it-1}$ 对个股特质收益的自相关进行调整, 其效果有限, 说明这种方法相对于基于F-F三因素模型的测度方法而言, 计算过程虽然较为简洁, 但是以精确度作为代价换来的。基

于此,市场平均公司特质风险是市场内所有个股公司特质风险算数平均计算所得:

$$iv_{it} = \frac{1}{N}\sum_{i=1}^{N}\sum_{t=1}^{T}\varepsilon_{it}^{2} + 2\sum_{t=1}^{T}\varepsilon_{it}\varepsilon_{it-1}$$

(3.23)

如上述分析,基于CAPM的测度法,计算方法简单,规避F-F三因素模型测度需要较多的估计变量的难处。但两种方法都存在一个问题,即没有考虑股价波动具有时变性。

3. 基于时变性特征的模型估计法

Engle提出ARCH模型,它为描述经济变量,尤其是金融市场交易数据的时间序列特征提供了有效的工具。ARCH模型之所以能够有效描述具有时变性特征的时间序列,是因为它将方差和均值结合起来进行估计。应用到股票市场收益方面,则表现为投资者根据上一期收益的表现,随时更新对下一期收益均值和方差的估计值。Bollerslev将ARCH模型拓展到GARCH模型,该模型能够对条件方差的动态结构特征的描述提供一个更好的工具。之后,Nelson提出了EGARCH模型,刻画了波动的非对称性,即价格下跌时的波动率大于价格上涨时的波动率,这种现象被称之为"杠杆效应",因为股价的下跌意味着增加了杠杆比例,并且也相应增加了公司风险。

GARCH模型已经广泛应用于具有时变性的风险定价过程,例如French等人采用GARCH(1,2)模型对交易数据的分析,发现市场收益和时变性的市场风险呈现正向关系。Bollerslev采用多元变量的GARCH模型用以刻画市场风险收益的时变性。GARCH模型有多个延伸模型,本书选用合适的GARCH模型刻画个股收益的公司特质波动率的时变性。Pagan和Schwert利用多种测度模型描述美国证券市场中的个股收益波动率,认为Nelson的EGARCH模型的适用性最优。Engle和Mustafa利用期权模型计算个股的隐含波动率,作为估计时间序列的基准。经过众多文献采用具有时变性测度的估计和计算,学者认为GARCH模型和EGARCH模型能够更好地刻画股价波动在新信息融入过程中的非对称性。其中,Nelson的EGARCH模型很好地描述了个股波动的非对称性——EGRACH模型避免了ARCH模型或GARCH模型中可能存在的负方差或者参数值限制的情况。Fu使用EGARCH(1,1)模型对个股收益的特质波动进行估计和预测:

$$R_{i\tau} - R_f = \alpha_{it} + \beta_{i,MKT,t}(MKT_\tau - R_f) + \beta_{i,SMB,t}SMB_\tau$$
$$+ \beta_{i,HML,t}HML_\tau + \varepsilon_{i\tau} \tag{3.24}$$

$$\varepsilon_{i\tau} = \sqrt{h_{i\tau}}\, v_{i\tau} \tag{3.25}$$

$$h_{i\tau} = \alpha_i + \delta_i \cdot h_{i\tau-1} + \omega_i \cdot \varepsilon_{i\tau-1}^2 \tag{3.26}$$

其中,式(3.24)为EGARCH模型的均值方程;$v_{i\tau}$服从独立的标准正态分布;式(3.26)为均值方差方程,其中,残差项$e_{i\tau-1}$的条件均值为0,基于残差项的条件方差$h_{i\tau}$服从正态分布。Fu运用EGRACH(p,q)模型对公司特质波动率进行测度,其中,$1 \leqslant p \leqslant 3$,$1 \leqslant q \leqslant 3$,$e_{i\tau-1} \sim (0, \sigma_{i\tau}^2)$,而条件方差方程为:

$$\ln\sigma_{it}^2 = \alpha_i + \sum_{l=1}^{p} b_{i,l} \cdot \ln\sigma_{it-1}^2$$
$$+ \sum_{k=1}^{q} c_{i,k} \left\{ \theta \cdot \left(\frac{\varepsilon_{i,t-k}}{\sigma_{i,t-k}}\right) + \gamma \cdot \left[\left| \frac{\varepsilon_{i,t-k}}{\sigma_{i,t-k}} \right| - \left(\frac{2}{\pi}\right)^{1/2} \right] \right\} \tag{3.27}$$

本书在这里用F-F三因素模型,即式(3.24)—(3.27),对个股日度交易数据进行处理。其中,残差$\varepsilon_{i\tau}$服从于均值为零,方差为σ_{it}^2的条件分布函数,本书所求则是估计条件方差σ_{it}^2,它是p期的残差方差和q期的收益冲击的函数。分别对残差方差和收益冲击的阶数均取值为3,则产生9个EGARCH模型:EGARCH(1,1)、EGARCH(1,2)、EGARCH(1,3)、EGARCH(2,1)、EGARCH(2,2)、EGARCH(2,3)、EGARCH(3,1)、EGARCH(3,2)、EGARCH(3,3)。为了选取最佳的EGARCH(p,q)模型,根据SIC准则和AIC准则,由于我国证券市场经历时间较短,并在剔除交易日不足的月份后,可供分析的股票数量较少、研究区间较短,难以估计月度预期特质波动率。因此,选择EGARCH(1,1)模型估计公司特质波动率。

(三)基于国内文献的公司特质风险测度方法

由于国内的文献研究刚刚起步,因此,有关测度方法基本上是借鉴和采用国外已有的方法。丛剑波等人在估计市场平均特质风险过程中,认为由于我国证券市场的特殊性,很难满足直接分离法的多变量要求,如无风险收益率等,因此,他们采用了Campbell等人的基于CAPM模型的间接分离法。而杨华蔚采用1年的定期存款利率作为无风险利率,采用基于F-F三因素模型度量深沪A股的公司特质波动率。黄波等人认为传统的测度方法以方差作为度量计算的理论基础,不符合投资者的风险偏好存在的非对称性,而基于F-F三因素模型的直接分离法的窗口期较短,估计效果欠佳。另外,他们认为公司规模因素和账面市值比因素应属于公司特质风险范畴。因此,他们根据投资者对投资收益分布的非对称性偏好,针对传统意义上的表征风险的方差进行二元分解,投资者对于上侧风险是喜好的,对于下侧风险则是规避的,投资者效用函数在目标收益两侧呈现"S"型。在此基础上,他们提出了"基于代表性投资者风险偏好的资产定价模型",用以测度公司特质风险。

(四)"直接分离法"和"间接分离法"的区别

公司特质风险依赖于所选取的定价模型进行测度,其误差各不相同。在早期的文献研究中,如Campbell等人、Xu和Malkiel将个股i的总风险定义为:$\sigma_i^2 = f(M) + g(\varepsilon_i)$,其中$f(M)$作为总方差的重要组成部分能够由模型M来解释。根据市场有效理论,如果模型$f(M)$能够将个股波动的风险因素全部纳入其中,那么,残余部分$g(e_i)$应呈现独立同分布特征,此时测度的公司特质波动具有较强的随机性。模型不同,如$f(M_1)$、$f(M_2)$、$f(M_3)$等,导致测度方法各不相同,计算的精度各异。从理论上而言,最优的模型则是"市场组合",其前提在于市场具有完备性、投资者具有同质性等等,但现实的因素,如交易成本、信息不对称、制度约束、流动性限制等是客观存在的。因此,在测度过程中,不论是间接分离法还是直接分离法,计算的误差都依赖于模型的设定。

基于CAPM模型的间接分离法与基于F-F三因素模型的直接分离法特点各异:间接分离法最主要的优点就是简单实用,很少需要较为复杂的模型,不需要考虑变量间的协方差和估计行业与公司的β值。但它的缺点也是来自它的优点,正是由于不需要考虑变量间的协方差和公司的β值,或者说"过于简单",导致误差较大。

基于F-F三因素模型的直接分离法最大的优点是精确度较高,Xu和Malkiel认为,除了市场因素之外,该模型也剔除了规模因素和成长性因素。因此,该测度方法的结果往往低于直接分离法,存在着"高估"倾向。但其适用性较差,所需变量较多,计算较为复杂,同时对上述两个风险因素的剔除与否,也存在争议,因为在各文献的实证研究过程中,两者与公司特质风险之间呈显著的相关性。直接分离法的测度主要用于市场平均特质波动率,而间接分离法主要用于个股特质风险。因此,两种方法在适用性、计算变量和公司特质因素等方面,存在差异性。

二、非资产定价模型测度法

（一）"非资产定价模型测度法"的基本原理

本书借鉴 Bali 等人的方法,根据方差均值组合理论和组合分散收益原理的思路,引入"非资产定价模型测度法",即不需要估计行业或者公司层面的 β 系数即可测度公司特质风险。假设一个投资组合中,个股间的相关性等于 1 时,风险资产收益波动完全呈正相关,不存在分散收益。那么,该组合既包括了系统风险,又包含了个股的特质风险,被称之为"无分散组合";再假设有另一种投资组合,风险资产之间的收益波动完全呈负相关,该组合中的特质风险将被完全分散掉,只包含系统风险,即理论上的"市场组合",被称之为"完全分散组合"。在实际中,如上证综合指数、深沪 300 指数则代表了这种"完全分散组合"的收益波动。更为重要的是,"完全分散组合"和"无分散组合"的差额则代表了市场中的特质风险总量。本书用该方法计算特质波动时,分为两种途径:其一,将个股总体风险分解为公司层面特质方差和市场层面方差;其二,将个股总体风险分解成三个层面,即公司层面、行业层面和市场层面。尽管这种方法和 Campbell 等人的分解方法看似相似,但在本质上存在明显不同。

（二）"非资产定价模型测度法"的构建过程

假设在证券数量为 n 的投资组合中,根据 Markowitz 的思想,组合期望收益和组合方差分别为:

$$R_{p,t} = \sum_{i=1}^{n} w_{i,t} \cdot R_{i,t} \tag{3.28}$$

$$\sigma_{p,t}^2 = \sum_{i=1}^{n} w_{i,t}^2 \cdot \sigma_{i,t}^2 + 2\sum_{i=1}^{n}\sum_{j=1}^{n} w_{i,t} \cdot w_{j,t} \cdot \rho_{ij,t} \cdot \sigma_{i,t} \cdot \sigma_{j,t} \tag{3.29}$$

其中, $\rho_{ij,t}$ 是指个股 i 与个股 j 超额收益的相关系数, $\sigma_{i,t}$ 和 $\sigma_{j,t}$ 分别是指股票 i 和 j 超额收益的标准离差,而 $w_{i,t}$ 和 $w_{j,t}$ 则代表着股票 i 和 j 在组合中的权重。那么,基于给定权重,当个股间的相关系数 $\rho_{ij,t}$ 越小时,组合方差 $\sigma_{i,t}^2$ 就会越小,投资组合分散效果越好;反之,投资组合的分散效果则越差。当 $\rho_{ij,t}=1$,该组合为"无分散组合"时,投资组合没有分散效果,此时的投资组合既包括系统风险,又包括公司特质风险。我们可以将 $r_{ij,t}=1$ 代入上式,即:

$$\sigma_{p,t}^2 = (\sum_{i=1}^{n} w_{i,t} \sigma_{i,t})^2 \tag{3.30}$$

式(3.30)为"无分散组合"的方差,即个股权重平均标准差总和的平方值。而"完全分散"组合只包含了系统风险,可采用股价指数收益($R_{m,t}$)计算其波动率作为系统风险的衡量指标。"无分散组合"和"完全分散组合"的差额则衡量市场公司特质风险的总量:

$$\sigma_{\varepsilon,t}^2 = \left(\sum_{i=1}^{n} w_{i,t} \cdot \sigma_{i,t}\right)^2 - \text{var}(R_{m,t}) \tag{3.31}$$

其中,$\sum_{i=1}^{n} w_{i,t} \cdot \sigma_{i,t}$ 为个股权重平均标准离差,$\sigma_{\varepsilon,t}^2$ 为证券市场公司特质风险总量。

"非资产定价模型测度法"与 Campbell 等人的测度方法虽然类似,但仍存在重要的差别。在 Campbell 等人的方法中,未分散组合的标准差为 $\sum w_{i,t} \sigma_{i,t}^2$,而"非资产定价模型测度法"则为 $\left(\sum w_{i,t} \sigma_{i,t}\right)^2$。两种方法均用未分散组合方差减去市场风险,即 $\text{var}(R_{m,t})$,两个差额相比,"非资产定价模型测度法"的计算结果相较于 Campbell 等人的计算值要小,因为,当 $0 \le w_{i,t} \le 1$,$\sum w_{i,t} = 1$ 时,$\sum w_{i,t} \sigma_{i,t}^2 \le \left(\sum w_{i,t} \sigma_{i,t}\right)^2$。

基于 Campbell 等人的分解过程,本书运用"非资产定价模型测度法"将个股总风险分解为市场风险、行业风险和公司特质风险。假设证券市场存在 n 个行业,市场超额收益为:

$$R_{m,t} = \sum_{i=1}^{n} w_{i,t} \cdot R_{i,t} \tag{3.32}$$

其中,市场风险采用 Campbell 等人的方法:

$$MKT_t^n = \text{var}(R_{m,t}) = \sum_{s \in t} \left(R_{m,t} - \mu_m\right)^2 \tag{3.33}$$

式(3.33)中,u_m 为第 t 月内市场超额收益 $R_{m,t}$ 的平均水平,与 Campbell 等人类似,MKT_t^n 统一标准为20个交易日年化波动率。

式(3.32)中,$R_{i,t}$ 为行业 i 的超额收益,$w_{i,t}$ 为行业 i 的权重,若行业间的超额收益完全相关,那么,市场组合不存在分散效果,即"无分散组合",其组合方差为 $\left(\sum_{i=1}^{n} w_{i,t} \cdot R_{i,t}\right)^2$,$\sigma_{i,t}$ 为行业 i 的标准差;行业风险的计算过程,同样构造"无分散组合"和"完全分散组合",并计算两种组合波动率的差额。其中,市场组合超额收益 $R_{m,t}$ 由股价指数收益波动率替代,行业风险为:

$$IND = \sigma_{\varepsilon,t}^2 = \left(\sum_{i=1}^{n} w_{i,t} \cdot \sigma_{i,t}\right)^2 - \text{var}(R_{m,t}^{index}) \tag{3.34}$$

假设行业 i 内有 n 家公司, 行业 i 的超额收益为:

$$R_{i,t} = \sum_{i=1}^{n} w_{ji,t} \cdot R_{ji,t} \tag{3.35}$$

那么, $R_{ji,t}$ 为行业 i 内企业 j 的超额收益, $w_{ji,t}$ 为企业 j 在行业 i 内的市值权重, 假设行业 i 内所有公司完全相关, 在此组合中, 上式则变为 $\left(\sum w_{ji,t}\sigma_{ji,t}\right)^2$。其中, $\sigma_{ji,t}$ 为公司 j 的标准差, 而行业指数 $R^{index}_{ji,t}$ 衡量完全分散组合收益。那么, 其行业内平均公司特质风险为:

$$\sigma_{\varepsilon i,t}^2 = \left(\sum_{j=1}^{n} w_{ji,t} \cdot \sigma_{ji,t}\right)^2 - \mathrm{var}(R_{i,t}^{index}) \tag{3.36}$$

而证券市场的公司特质风险平均水平则是行业平均水平在市场内的再次加权平均, 即 $\sum w_{i,t} \cdot \sigma_{\varepsilon i,t}$ 减去市场收益方差 $\mathrm{var}(R_{m,t}^{index})$:

$$FIRM = \sigma_{\eta,t}^2 = \left(\sum_{j=1}^{n} w_{i,t} \cdot \sigma_{\varepsilon i,t}\right)^2 - \mathrm{var}(R_{m,t}^{index}) \tag{3.37}$$

（三）样本选取以及数据来源

本研究以我国深沪A股作为研究对象, 按照中国证监会颁布的《上市公司行业分类指引》, 将上市公司划分为以下门类: 农、林、牧、渔业类; 采掘业; 制造业; 电力、煤气及水的生产和供应业; 建筑业; 批发和零售业; 交通运输、仓储业; 社会服务业; 信息技术业; 金融业; 房地产业; 传播和文化产业; 其他综合类。根据以下标准剔除样本: 由于金融业和房地产业的资本结构较为特殊, 予以剔除; 交易期内的行业上市企业少于3家; 个股在计算期内月度不足10个交易日; 被ST、PT或者ST*的上市公司; 上市时间不超过3个月的上市企业。行情数据来源于Wind数据库, 其他财务数据来源于CASMAR数据库; 无风险收益率采用同期银行人民币一年存款基准利率。从1995年6月1日到2010年5月30日, 人民币一年期存款基准利率调整了20次。表3.1是样本公司行业分类和所选取的样本股数量。

表3.1 样本公司行业分类和所选取的样本股数量

行业分类	深市	沪市	总数
农、林、牧、渔业类	16	13	29
采掘业	13	23	36
制造业	548	382	930
电力、煤气及水的生产和供应业	19	41	60
建筑业	12	8	20

行业分类	深市	沪市	总数
批发和零售业	38	53	91
交通运输、仓储业	15	47	62
社会服务业	25	14	39
信息技术业	80	43	123
金融业	25	21	46
房地产业	55	52	107
传播和文化产业	3	3	6
其他综合类	19	29	48

注:该行业分类按照中国证监会2001年颁布的《上市公司行业分类指引》中的一级分类划分。

本书中资产组合所选取的样本股总数达到1530支股票,考虑到样本股票上市时间先后有别,为了保证资产组合的一致性,样本期间为1995年6月到2010年5月。其中选取权重时,分别采用总市值、A股市值和等权重。本书中的股票收益率为:收益率=(本期价格-上期价格)/上期价格。

第二节 个股波动特征分析

一、统计结果描述

(一)总体比较

本书采用"非资产定价模型测度法"对中国股票市场的股价波动进行分解时,涉及权重的选取,这里分别按照总市值、A股流通市值和等权重三种方式计算平均市场层面波动、行业层面波动和公司特质波动。其中,MKT、IND、FIRM分别代表市场层面波动、行业层面波动和公司特质波动,而_AV、_TV和_EV分别代表A股市值权重、总市值权重和等市值权重。各层面波动的数据统计描述如表3.2:

表3.2 市场层面波动、行业层面波动和公司特质波动统计描述

统计描述	均值	中位值	最大值	最小值	方差	偏斜度	峰态值
MKT_AV	0.008	0.004	0.044	0.001	0.008	1.775	6.170
IND_AV	0.001	0.0004	0.007	0.0001	0.0012	2.524	10.200
FIRM_AV	0.011	0.009	0.038	0.002	0.007	1.225	4.522

续表

统计描述	均值	中位值	最大值	最小值	方差	偏斜度	峰态值
MKT_TV	0.007	0.004	0.046	0.0006	0.007	1.948	7.428
IND_TV	0.0004	0.0001	0.004	0.00001	0.0007	2.632	10.853
FIRM_TV	0.0101	0.008	0.033	0.0006	0.006	1.290	4.676
MKT_EV	0.008	0.005	0.048	0.0006	0.008	1.842	6.552
IND_EV	0.0002	0.0001	0.0017	9E-06	0.0002	2.181	9.060
FIRM_EV	0.0109	0.009	0.034	0.0005	0.006	1.090	3.936

(二)时间趋势比较

为了给出较为直观的演示,本书以A股市值作为权重计算各层面波动数据序列值(共183个月度结果),做出表3.3、表3.4和表3.5(限于篇幅,这里没有列出总市值权重和等权重计算结果。下文针对波动率的分析均以A股市值权重计算结果作为研究对象。同时,限于篇幅,未将计算过程中的中间数据和相关变量一一列出):

表3.3　A股市值权重计算所得市场层面波动(MKT_AV)时间序列值

波动值	1月	2月	3月	4月	5月	6月	7月	8月	9月	10月	11月	12月
1995年						0.025	0.028	0.025	0.009	0.017	0.006	0.006
1996年	0.011	0.003	0.014	0.034	0.024	0.007	0.016	0.009	0.010	0.009	0.013	0.045
1997年	0.004	0.032	0.005	0.002	0.037	0.015	0.014	0.006	0.016	0.006	0.003	0.002
1998年	0.007	0.001	0.002	0.002	0.001	0.004	0.003	0.015	0.004	0.002	0.001	0.002
1999年	0.002	0.004	0.001	0.002	0.011	0.015	0.021	0.003	0.005	0.008	0.001	0.002
2000年	0.008	0.022	0.007	0.003	0.005	0.001	0.0008	0.001	0.003	0.001	0.002	0.0008
2001年	0.003	0.003	0.0009	0.001	0.0006	0.001	0.003	0.005	0.004	0.020	0.004	0.002
2002年	0.022	0.003	0.006	0.003	0.004	0.013	0.001	0.0008	0.001	0.002	0.005	0.003
2003年	0.007	0.001	0.002	0.005	0.003	0.001	0.001	0.0007	0.002	0.002	0.004	0.003
2004年	0.002	0.003	0.003	0.003	0.003	0.004	0.004	0.002	0.012	0.004	0.002	0.002
2005年	0.004	0.003	0.003	0.007	0.002	0.011	0.005	0.004	0.005	0.002	0.002	0.002
2006年	0.002	0.002	0.003	0.004	0.010	0.009	0.007	0.005	0.003	0.003	0.003	0.006
2007年	0.021	0.014	0.004	0.008	0.012	0.023	0.012	0.009	0.009	0.006	0.010	0.004
2008年	0.025	0.011	0.0189	0.030	0.0123	0.024	0.014	0.023	0.024	0.020	0.022	0.0192
2009年	0.005	0.016	0.009	0.0095	0.004	0.002	0.006	0.017	0.010	0.005	0.007	0.005
2010年	0.005	0.001	0.003	0.004	0.010							

表3.4　A股市值权重计算所得行业层面波动(IND_AV)时间序列值

波动值	1月	2月	3月	4月	5月	6月	7月	8月	9月	10月	11月	12月
1995年						1.3E-04	0.0001	0.0001	6.5E-05	0.0002	4.7E-05	5.4E-05
1996年	3.9E-05	1.0E-05	8.4E-05	5.8E-05	0.0017	0.0006	0.0006	0.0006	0.0003	0.0002	0.0002	0.0006
1997年	0.0001	4.3E-05	0.0006	0.0004	0.0009	0.0003	0.0002	0.0004	0.0001	0.0002	6.1E-05	0.0002
1998年	5.3E-05	7.9E-05	0.0001	0.0002	0.0002	0.0001	0.0001	0.0001	5.0E-05	4.9E-05	0.0002	4.6E-05
1999年	4.5E-05	1.9E-05	5.43E-05	0.0002	9.4E-05	0.0005	0.0004	0.0001	0.0002	4.1E-05	5.2E-05	4.2E-05
2000年	0.0002	6.3E-05	9.6E-05	0.0001	0.0002	0.0001	4.9E-05	5.2E-05	0.0001	4.9E-05	2.8E-05	4.7E-05
2001年	2.7E-05	3.6E-05	2.2E-05	0.0001	5.3E-05	4.7E-05	1.4E-05	2.3E-05	4.6E-05	0.0001	2.5E-05	2.9E-05
2002年	7.1E-05	2.8E-05	3.2E-05	2.6E-05	0.0001	5.2E-05	2.2E-05	2.6E-05	1.7E-05	2.9E-05	3.4E-05	3.0E-05
2003年	2.1E-05	9.2E-06	2.3E-05	9.3E-05	0.0002	6.7E-05	0.0001	2.8E-05	5.2E-05	7.7E-05	0.0001	0.0001
2004年	0.0002	0.0001	7.8E-05	9.4E-05	3.6E-05	0.0002	8.1E-05	3.6E-05	7.7E-05	0.0004	5.4E-05	0.0001
2005年	0.0001	3.7E-05	0.0001	0.0001	0.0002	0.0002	0.0002	9.5E-05	0.0002	6.6E-05	0.0001	0.0001
2006年	0.0001	9.4E-05	0.0001	0.0003	0.0004	0.0004	0.0001	0.0001	0.0002	6.6E-05	0.0004	0.0002
2007年	0.0005	0.0002	0.0004	0.0002	0.0005	0.0008	0.0003	0.0005	0.0002	0.0009	0.0006	0.0006
2008年	0.0007	0.0003	0.0008	0.0014	0.0002	0.0005	0.0007	0.0006	0.0010	0.0008	0.0003	0.0005
2009年	0.0001	0.0005	0.0004	0.0004	0.0002	0.0005	0.0007	0.0004	0.0007	0.0004	0.0004	0.0008
2010年	0.0007	0.0003	0.0003	0.0009	0.0009							

表3.5　A股市值权重计算所得公司特质波动(FIRM_AV)时间序列值

波动值	1月	2月	3月	4月	5月	6月	7月	8月	9月	10月	11月	12月
1995年						0.008	0.014	0.018	0.008	0.012	0.003	0.007
1996年	0.003	0.002	0.004	0.013	0.017	0.031	0.026	0.015	0.018	0.026	0.022	0.028
1997年	0.011	0.015	0.014	0.031	0.039	0.021	0.017	0.014	0.012	0.012	0.011	0.007

续表

波动值	1月	2月	3月	4月	5月	6月	7月	8月	9月	10月	11月	12月
1998年	0.012	0.008	0.009	0.020	0.019	0.013	0.010	0.012	0.015	0.013	0.007	0.006
1999年	0.006	0.008	0.009	0.010	0.023	0.027	0.018	0.013	0.013	0.008	0.005	0.006
2000年	0.012	0.029	0.017	0.014	0.021	0.014	0.009	0.008	0.011	0.009	0.007	0.004
2001年	0.005	0.005	0.006	0.012	0.012	0.007	0.006	0.004	0.009	0.010	0.004	0.003
2002年	0.009	0.004	0.006	0.006	0.008	0.008	0.007	0.003	0.004	0.004	0.004	0.003
2003年	0.004	0.002	0.002	0.012	0.012	0.009	0.007	0.004	0.004	0.007	0.007	0.006
2004年	0.009	0.007	0.005	0.014	0.019	0.017	0.011	0.006	0.007	0.019	0.005	0.005
2005年	0.005	0.005	0.007	0.017	0.013	0.015	0.013	0.008	0.006	0.009	0.008	0.006
2006年	0.007	0.009	0.009	0.020	0.025	0.018	0.016	0.009	0.011	0.009	0.008	0.010
2007年	0.015	0.013	0.013	0.020	0.029	0.026	0.013	0.015	0.016	0.015	0.010	0.006
2008年	0.011	0.010	0.015	0.028	0.024	0.017	0.013	0.011	0.017	0.012	0.009	0.008
2009年	0.008	0.010	0.007	0.014	0.014	0.015	0.009	0.008	0.007	0.004	0.005	0.004
2010年	0.005	0.004	0.005	0.013	0.016							

（三）三个层面收益波动的比较

在三个层面波动中,公司特质波动(FIRM_AV)均值达到0.011,中位数达到0.009,均超过了市场层面波动(MKT_AV)(均值为0.008,中位数为0.005),更远超行业层面波动。从各月份看,除了1996年12月份、2001年3月份等48个月份小于市场层面波动,在样本期183个月份中占比为26.7%(这种情况多集中于1995年6月份至1996年5月份之间和2008年4月份至2010年1月份之间),其他月份均超过市场层面波动。而行业层面波动(IND_AV)不论均值(0.0009),还是中位数(0.0004),均远远低于其他两个层面的波动数值,但行业层面波动在2007年和2008年表现出波动幅度增加的趋势。1996—2010年期间,中国股票市场上股价波动中的公司特质波动已经成为个股波动中最为重要的成分(见表3.6)。

表3.6　1996—2010年各层面波动占个股总波动比重

各年风险占比	MKT_AV	IND_AV	FIRM_AV
1996	0.397	0.013	0.589
1997	0.482	0.017	0.500
1998	0.626	0.015	0.359

各年风险占比	MKT_AV	IND_AV	FIRM_AV
1999	0.758	0.017	0.224
2000	0.687	0.0112	0.301
2001	0.783	0.010	0.207
2002	0.644	0.026	0.329
2003	0.581	0.018	0.400
2004	0.663	0.046	0.289
2005	0.698	0.034	0.266
2006	0.636	0.063	0.301
2007	0.673	0.086	0.240
2008	0.529	0.108	0.362
2009	0.384	0.067	0.548
2010	0.510	0.060	0.428

注：市场层面波动(MKT)、行业层面波动(IND)和公司特质波动(FIRM)的计算均采用A股市值作为权重，其中，个股总波动= MKT+IND+FIRM。

表3.6表现了1996—2010年间各层面波动在个股总波动中的比重。除1996年、1997年和2009年以外，公司特质波动(FIRM_AV)在个股总波动中的比重均超过50%。其中，1999年和2001年，占比达到70%。而市场层面波动(MKT_AV)占个股波动中的比例则稳定在40%左右，最高值为按等权重计算所得的45.41%，最低值为按A股市值计算所得的40.72%，而行业层面波动(IND_AV)在个股总波动中的比例相对最小，按照等权重计算结果仅为4.5%。这说明从相对值上我国证券市场接近了发达国家证券市场各风险占比关系，说明公司特质波动(FIRM_AV)逐渐成为个股波动中的主要来源。按照Durnev等人的观点，公司特质波动的相对比例越高，则反映出股价信息含量越高，而股价同步性越低。按照此逻辑，当股价信息含量越高时，即市场定价效率越高时，公司特质风险应该能够具有市场收益预测能力，或者说能够被定价。按照这一思路，从标准金融学的观点看，随着资产组合的数量日益增加，作为非系统风险的公司特质风险应该不断被分散掉，当形成"市场组合"时，非系统风险趋近于零，则意味着公司特质风险趋近于零。本书将中国股票市场深沪A股市场中大部分的上市公司作为组合，纳入考察范围之中却发现作为非系统风险的公司特质波动仍然表现突出。

从Campbell等人对美国股票市场的实证分析中,发现在1962—1999年近40年间,公司特质风险不断上升,而市场层面波动和行业层面波动则没有表现出明显的趋势。那么中国股票市场中,三个层面波动的发展趋势是否与欧美发达国家的趋势相同,我们将从时间序列图中进行观察(见图3.1、3.2)。

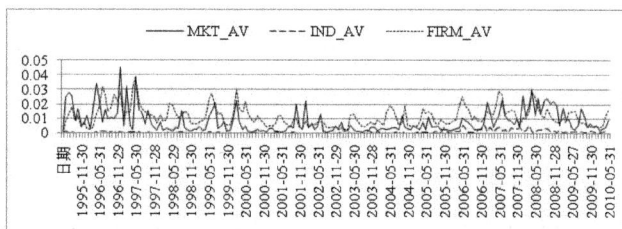

图3.1　以A股市值权重的市场风险、行业层面风险和公司特质风险对比（1995年—2010年）

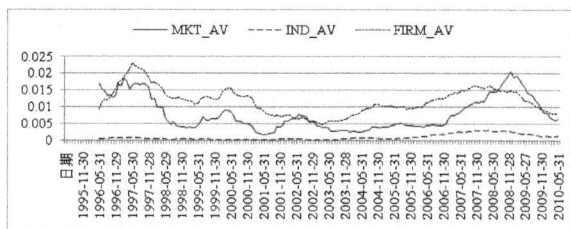

图3.2　各层面波动12阶滞后移动平均趋势变化(1995年—2010年)

图3.1将三个层面波动趋势重叠起来,而图3.2将三个层面波动进行12阶滞后平滑后得到趋势变化图。首先,通过对比发现,公司特质波动(FIRM_AV)在绝大部分月份超过了市场层面波动(MKT_AV)和行业层面波动(IND_AV)。其次,公司特质波动和市场层面波动具有相似的趋势结构,即上升—下降—高涨三个阶段的“U”型趋势结构。而行业层面波动在2006年以前一直较为平稳,到2006年以后出现相对高涨的趋势,这一点在图3.3中更加明显。三个层面波动也与证券市场平均价格的变化具有类似的发展趋势。上证指数以1990年12月19日为基期,1992年5月26日指数狂飙到1429点,成为中国股市的第一个大牛市,历经起起伏伏,2001年6月15日上证指数达到2245点之后,进入一个漫长的熊市,到2005年6月13日跌至1013点,随后股市慢慢进入复苏阶段。进入2006年后,中国股市进入一个快速上升趋势,直至2007年10月16日达到历史最高点6124点。但之后迅速转入下行通道,到2008年10月28日跌至1664点,接近上一熊市的历史低

点,至此,中国股市经历了7次大起大落的波动周期。股市波动的巨幅波动在理论与实践领域均引起了人们的关注。而将股价波动按照市场层面、行业层面和公司特质层面进行分解,并分析各层次波动的规律能够让我们理解股价波动的形成机理。

二、各层面波动的趋势分析

(一)市场层面波动(MKT)趋势特征分析

图3.3、3.4中,MKT_AV为市值权重市场层面波动、MKT_TV为总市值权重市场层面波动、MKT_EV为等权重市场层面波动,三种权重计算所得市场风险的差异非常小。在2003年6月以后,以等权重计算结果略高于其他权重计算数值,说明中小盘股票的市场风险相对于大盘股而言,其市场波动更为剧烈,这也说明本书中所用的"非资产定价模型分解法"的计算结果具有一定稳健性。其中,1995年6月—2002年期间的波动率较高,2002年6月—2006年10月之间逐渐趋于平稳,2006年10月市场风险呈现出剧烈波动。这一趋势在滞后12期的指数平滑的市场层面波动曲线更为明显。我国股市在2002年6月以前市场波动幅度较大,显示出制度与政策的变化对股市的干预和影响是非常巨大的,例如1995年2月22日由于"3.27"国债期货事件导致上证指数涨幅达到9.9%,而1995年5月暂停国债期市导致上证指数上涨31%,2001年10月23日由于暂停执行国有股减持致使上证指数高涨9.9%。这说明从1995—2002年这段时间,由于股市制度建设不完备,另外,我国是一个处在计划经济向市场经济转型时期的发展中国家,不确定的宏观经济层面影响是股市潜在信息冲击的来源。2002年6月—2007年1月,深沪A股市场层面波动呈现下降趋势,趋势逐渐趋稳。其原因主要来自三个方面:第一,制度建设不断完善,尤其是修订后的《中华人民共和国公司法》和《中华人民共和国证券法》的正式实施,标志着资本市场走向更规范的发展。随着证券期货监管体制和执法体系不断完善,各类违法违规的内容交易行为和股价操纵大大减少,我国股票市场逐渐向"公平、公正、公开"的方向不断完善。第二,上市公司结构逐步丰富,股票市场容量不断扩大,尤其随着大盘蓝筹股的上市,交易品种结构不断丰富,截至2007年末,股市总市值超过30万亿人民币,市场逐步进入成熟发展期。第三,这段时间内,投资者结构日趋成熟,大量以基金公司、保险公司、证券公司、企业年金和社保基金为代表的机构投资者已经占据股票市场投资者市场份额的一半左右,这也标志着投资者交易行为的不断成熟和投资性的下降。而2007年之后的市场风险增

加,则主要是由于股权分置改革的实施以及宏观经济预期的不断提升导致资金不断涌入股市,股市涨幅不断攀升形成的。2008年的金融危机使得市场风险出现历史性的最大波动,但随着国家对经济运行的干预政策不断出台,如"四万亿计划"、2010年4月的股指期货的推出,整个宏观经济形势的逐渐稳定,市场层面的风险又趋于下降和稳定。Schwert在研究中发现,证券市场的风险并不像人们通常认识的那样,会随着时间的推进、金融市场的快速发展以及金融全球化的进程显示出系统性的上升,而呈现出趋于平缓,并没有明显的时间趋势特征。而中国深沪A股市场风险的"U"型结构特征说明,尽管市场层面风险受到经济基本面的冲击和影响,但没有表现出明显的系统性趋势。

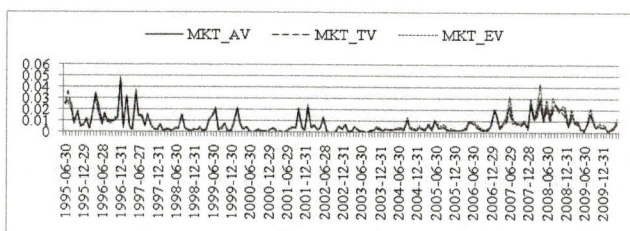

图3.3　我国A股市场层面波动时间趋势(1995年—2010年)

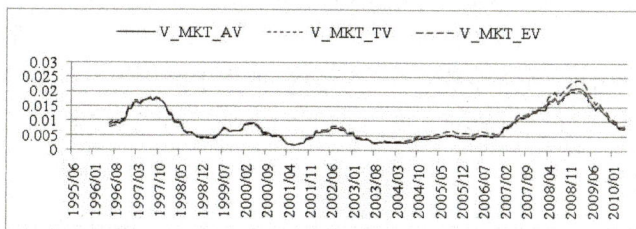

图3.4　我国A股市场层面12阶滞后移动平均的时间趋势(1995年—2010年)

(二)行业层面波动(IND)趋势特征分析

图3.5所示的分别为A股市值、总市值和等权重计算的行业层面波动,相对于市场波动和公司特质波动,行业层面波动的平均幅度要低很多。就其本身趋势而言,2005年6月以前表现相对平稳,但进入2006年,尤其2007年至2008年年底,中国股票市场的行业波动急剧上升。行业层面波动与市场波动、公司特质波动有一点明显不同之处,即按照等权重计算的行业层面波动的幅度明显大于按照总市值或A股市值权重计算的行业层面波动。这一现象充分体现出"小盘股效应"(小盘股是指发行在外的流通股数额较小的股票。小盘股分为三类:总股本和流通股都较小,是真正的小盘股;流通

股少但总股本大的假小盘股;流通股本大但总股本小的小盘股。我国一般将总股本小于1亿股称为小盘股。而小盘股效应是指投资于小市值股票所获收益比大市值股票收益高的金融现象)在股价波动中的存在,尤其假小盘股的价格波动更加突出。另外,行业层面波动尽管较市场层面波动较小,两者变化趋势具有一定相似性,2000—2006年间行业层面波动较为平缓,而2006年后行业层面波动大幅增加,但市场波动相对于行业层面波动具有滞后性,说明行业层面波动比市场波动更具有价格的信息敏感反应特性,能反映出更多的市场基本面的信息。

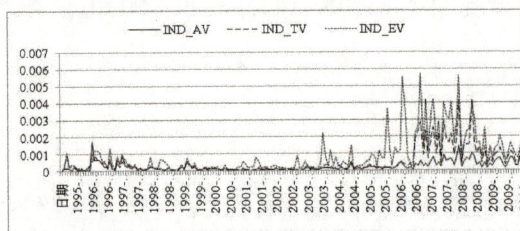

图3.5 我国A股市场行业层面风险的趋势变化(1995年—2010年)

(三)公司特质波动(FIRM)的趋势分析

图3.6为分别按照A股市值、总市值和等权重计算的公司特质波动的时间趋势,与Campbell等人的"特质风险现象"明显不同的是,中国股票市场中公司特质风险的时间趋势呈现"U"型结构,即先下降后上升的变化过程。以A股市值权重所测度的数据为例,在1997年8月到2003年3月间不断下降,但在2000年1月至2001年3月间出现一个波动增加的区间现象。其中,公司特质波动在1997年5月达到最高值0.037,虽然从2000年开始出现一个短暂的上升趋势,并于2001年2月达到一个次高峰值0.02815,但对于从1996到2003年这段时间内总体上是趋于下降的势态,并于2003年1月下降到0.002,在这一阶段内,公司特质波动最高峰值与公司特质波动最低峰值之间相差15.52倍。在2003年3月到2009年4月间,我国沪深股市的平均公司特质波动则呈现出一个上升趋势,之后出现下降的微动。尽管从2004年10月到2005年10月出现轻微下降和调整,但到2007年12月公司特质波动峰值仍达到0.029,为2003年1月最低值的12.2倍。其中值得我们关注的是,从2006年开始,以总市值为权重的平均公司特质波动的上升和下降的变动趋势均不如以A股市值权重或者等权重计算出的证券市场公司特质波动时间趋势那么明显。

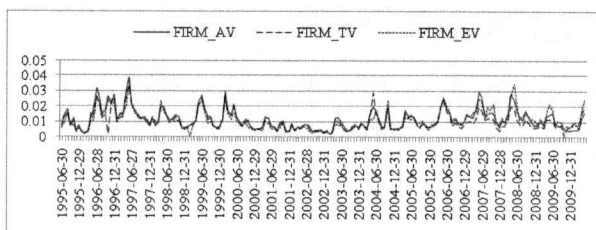

图3.6 我国A股市场公司特质风险时间趋势(1995年—2010年)

　　由于市场波动、行业层面波动和公司特质波动均具有明显的"U"字形趋势特征,本书将样本期分为三个时间段:1995年6月至2000年6月;2000年6月至2006年1月;2006年1月至2010年5月,各层面波动在三个阶段的样本均值如表3.7。在这三个阶段中,公司特质波动占个股总体波动的比例分别为59.81%、67.49%和54.26%;行业层面波动占个股总体波动的比例分别为0.9%、0.714%和1.8%;而市场层面波动占个股总体波动为39.29%、31.8%和43.94%。行业层面波动占比在这三个阶段变化幅度较为激烈,2006年1月至2010年5月的行业层面波动幅度比前两个阶段要高出两倍左右,而市场层面波动和公司特质波动的占比变化幅度较为平缓,这点恰恰说明第三阶段期间我国股票市场的"板块轮动炒作"现象较为严重。在三个阶段中,市场层面波动比公司特质波动的变化幅度要大出很多,第二阶段的市场波动比前后两个阶段的波动幅度大2.8倍左右,而第二阶段的公司特质波动相较于前后两个阶段的变化幅度不到2倍,说明我国股票市场的价格波动受到宏观经济基本面的影响较为严重。而行业层面波动与公司特质波动相比,在波动幅度和剧烈程度方面远远小于公司特质波动,而且从偏度和峰度值的大小看,行业层面波动的随机性更强,没有完全保留公司的特质信息,因此,关于上市公司的企业信息是不是保留在公司特质波动内部,公司特质波动因此是不是就是作为一种反映公司特质层面信息的衡量标准呢?关于这个问题,学术界争论纷纷。

表3.7 各层面波动在三个阶段的样本均值

统计描述	1995年6月—2000年6月	2000年6月—2006年1月	2006年1月—2010年5月
MKT_AV	0.010	0.004	0.011
IND_AV	0.0002	8.3E−05	0.0005
FIRM_AV	0.014	0.008	0.013

注:各层面风险的权重为A股市值计算所得。

　　从表3.8中给出的各层面波动率序列的相关性分析可以看到,各层面波动不论何种权重,他们之间都存在较为显著的正相关性。

表3.8 各层面波动率序列的相关性分析

	FIRM_AV	FIRM_EV	FIRM_TV	IND_AV	IND_EV	IND_TV	MKT_AV	MKT_EV	MKT_TV
FIRM_AV	1.000								
FIRM_EV	0.916	1.000							
FIRM_TV	0.914	0.830	1.000						
IND_AV	0.472	0.533	0.399	1.000					
IND_EV	0.284	0.396	0.161	0.644	1.000				
IND_TV	0.309	0.417	0.173	0.742	0.847	1.000			
MKT_AV	0.479	0.468	0.394	0.499	0.360	0.433	1.000		
MKT_EV	0.467	0.482	0.371	0.529	0.435	0.506	0.975	1.000	
MKT_TV	0.472	0.449	0.399	0.461	0.330	0.411	0.986	0.953	1.000

从表3.9看到按照三种权重计算所得的各层面波动数值具有较强的序列自相关性。说明各波动成分的时间序列存在非平稳性,且很可能存在单位根。

表3.9 各层面波动率序列的自相关性分析

自相关系数	按三种权重计算的自相关系数表								
	FIRM_AV	FIRM_EV	FIRM_TV	IND_AV	IND_EV	IND_TV	MKT_AV	MKT_EV	MKT_TV
r_1	0.668	0.637	0.584	0.497	0.545	0.590	0.400	0.364	0.388
r_2	0.366	0.392	0.249	0.404	0.528	0.624	0.382	0.378	0.365
r_3	0.217	0.290	0.122	0.402	0.492	0.594	0.345	0.354	0.335
r_4	0.155	0.212	0.035	0.379	0.445	0.513	0.224	0.251	0.194
r_5	0.140	0.171	0.102	0.42	0.593	0.705	0.354	0.341	0.344
r_6	0.098	0.172	0.009	0.332	0.604	0.551	0.2	0.207	0.196

注:r_i代表第 i 月的自相关系数。

在这里我们采用ADF检验方法验证时间序列的平稳性,原假设认为各层面波动存在单位根,即非平稳序列,备择假说(原假设的对立假设)认为各层面波动时间序列为平稳序列。ADF检验在无截距项、有截距项和趋势项三种情况下验证各层面波动的平稳性条件。从表3.10中的单位根检验结果中,可看到市场波动MKT为零阶单整时间序列,那么,我们可以认为资产组合在市场层面的波动基本上属于平稳时间序列,并不具备明显的趋势特征。但行业层面波动IND和公司特质波动FIRM都是一阶单整时间序列,说明水平数据的原序列明显具有单位根,说明公司特质波动规律表明特质风险具有波动变化的持续性。

表3.10　各层面波动单位根检验(ADF)

	差分阶数	(C, T, K)	D.W	ADF	5%临界	1%临界	
MKT_AV	0	(0, 0, 0)	2.575	−14.842	−1.942	−2.578	I(0)***
IND_AV	1	(0, 0, 0)	2.148	−13.051	−1.942	−2.578	I(0)***
FIRM_AV	1	(0, 0, 0)	2.047	−12.014	−1.942	−2.578	I(0)***

注:(C, T, K)分别指ADF检验中的常数项、时间趋势项和滞后期数,而*、**、***分别表示在10%、5%和1%的置信水平上的显著性。

本书在上述分析的基础上,利用Eviews7.0对各层面波动进行季节调整(Census X12)后,将公司特质风险分解成随机成分FIRM_AV_C和趋势成分FIRM_AV_T,将行业风险分解为随机成分IND_AV_C和趋势成分IND_AV_T,将市场风险分解成为随机成分MKT_AV_C和趋势成分MKT_AV_T,两者间的关系为:

$$FIRM\_AV_t = FIRM\_AV\_C_t + FIRM\_AV\_T_t \tag{3.38}$$

$$IND\_AV_t = IND\_AV\_C_t + IND\_AV\_T_t \tag{3.39}$$

$$MKT\_AV_t = MKT\_AV\_C_t + MKT\_AV\_T_t \tag{3.40}$$

通过ADF检验方法,发现市场层面波动、行业层面波动和公司特质波动存在一阶单整时间序列,因此各层面波动均存在趋势特征,其波动性存在一定持续性。利用季节调整和Hodrick-Prescott滤波处理后,发现市场层面波动和公司特质波动呈现下降趋势,而行业层面波动存在明显的上升趋势。另外,通过图3.7、图3.8和图3.9我们发现:首先,市场风险和公司特质风险呈下降趋势,而行业层面波动则呈明显的上升趋势,尤其2006年后这一趋势愈发明显;其次,市场风险和公司特质风险在幅度的次数及频率上均大于行业风险;最后,市场风险和公司特质风险的负向偏差居多,而行业层面风险的正向偏差居多。这点和Campbell等人针对个股分解后所得出的结论存在不同之处,即市场波动和行业波动趋势并不明显,但公司特质波动呈现出明显的上升趋势。

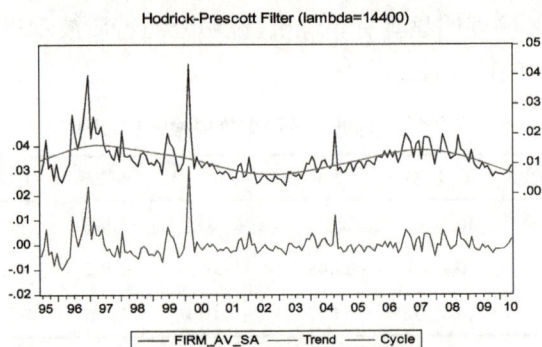

图3.7 公司特质风险(FIRM_AV)趋势分解

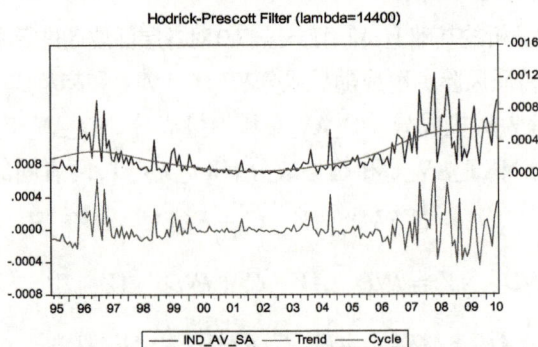

图3.8 行业层面风险(IND_AV)趋势分解

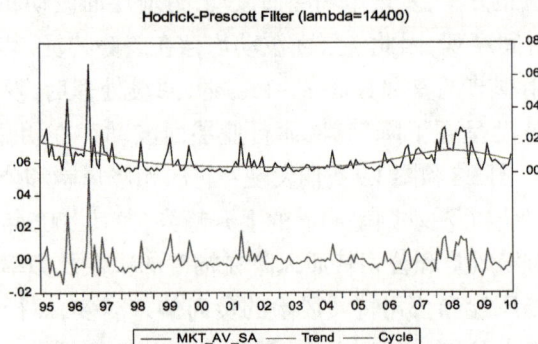

图3.9 市场层面波动MKT_AV趋势分解

三、公司特质波动特征分析

(一)公司特质波动的ARCH模型检验

周丹认为上市公司基本面信息的不确定性导致了公司特质波动的产生,体现着个股收益在横截面上的差异程度,如果公司特质波动存在异方差性,那么更能体现其在信息的传递和干扰上具有明显的意义(恩格尔在分析通货膨胀模型过程时,发现预测误差,不论是大是小,往往都是以集群的方式出现,表明时间序列往往存在异方差性,这种现象在金融时间序列中尤为突出,表明金融市场的波动性受各种信息的干扰较为强烈)。周丹运用GARCH模型对公司特质波动的时间序列进行了波动特征序列分析,但要指出的是,周丹只选取了制造业、建筑业、交通运输业、信息技术业和金融保险业五个行业中的15只股票,同时以总市值作为权重进行计算。因此,他的样本量较小,不具备普遍性,而本书则是根据所有符合条件的深沪A股上市公司计算出市场平均特质波动,更具有普适性。因此,本书在这里采用ARCH模型和GARCH模型再次对市场平均公司特质风险的波动特征进行分析。

为了检验公司特质波动是否具有条件异方差性,本书对以市值权重计算的公司特质波动(FIRM_AV)进行检验。这里针对公司特质波动的特征分析基于Pearson和Rayleigh的随机游走模型展开式(3.42)最小二乘回归结果(OLS)(见表3.11):

$$FIRM_t = \gamma \cdot FIRM_{t-1} + u_t \qquad (3.41)$$

利用最小二乘法(OLS)估计式(3.41),结果如下:

$$FIRM_t = 0.917 \cdot FIRM_{t-1} + u_t \qquad (3.42)$$

其中,S.E.=0.031;t=30.027;R²=0.365;AIC=−7.591;SC=−7.573。

表3.11　式(3.42)最小二乘回归结果(OLS)

Variable	Coefficient	Std. Error	t−Statistic	Prob.
FIRM_AV(−1)	0.916	0.031	30.027	0.000
R−squared	0.365	Mean dependent var		0.011
Adjusted R−squared	0.365	S.D. dependent var		0.007
S.E. of regression	0.005	Akaike info criterion		−7.59155
Sum squared resid	0.005	Schwarz criterion		−7.573
Log likelihood	680.444	Hannan−Quinn criter.		−7.584
Durbin−Watson stat	1.984			

式(3.42)的统计结果显著,拟合优度较好,观察该回归方程的残差图3.10,可以发现特质风险在样本期的某些年份存在"成群"现象:1996、1997、2000、2004和2005年的波动幅度较大;而2001—2003年间的波动幅度较小,可能存在异方差的可能性。

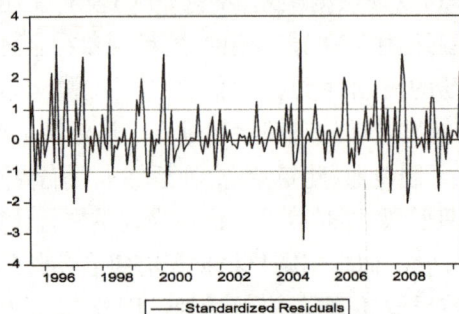

图3.10 式(3.42)回归残差

接下来,为验证公司特质风险(FIRM_AV)是否存在异方差现象,进行
ARCH效应的拉格朗日乘数检验(ARCH-LM检验),ARCH-LM检验由一个
辅助回归模型进行计算检验,假设公司特质波动残差序列中直至p阶不存在
ARCH效应,则进行以下回归:

$$u_t^2 = \beta_0 + \left(\sum_{t=1}^{p} \beta_s \cdot u_{t-s}^2 \right) + \varepsilon_t \tag{3.43}$$

式(3.43)中,u_t为公司特质波动残差,该式表示残差平方u_t^2对常数项和
残差平方项滞后S阶u_{t-s}^2的回归模型,其中,$s=1, 2, 3, \cdots p$。假设残差序列一直
到p阶的相关系数β_s均为零,即不存在ARCH效应。该检验需要两个统
计量:

(1)F统计量,表示对所有残差平方滞后项的联合显著性的变量检验。

(2)$T \times R^2$为Engle`s LM统计量,通过两个变量观测个数T和回归模型的
拟合系数R^2的乘积组成。一般情况下,该变量服从$\chi^2(p)$的分布。

从表3.12中可以看到,当p取7时的ARCH_LM的检验统计量χ^2为
0.013,在5%的显著性水平上,拒绝回归方程中所有系数同时为零的假设。
因此,说明特质波动残差存在高阶的ARCH效应。此时,对于残差的自相关
性检验需要估计多个参数,很难做到精确。另外,在ARCH模型中对于参数
并无限制约束条件,这违背了模型中对于β_s非负限定条件,以此才能保证u_t^2
时刻为正的要求。为了满足这两点要求,我们用一个滞后的u_t^2值予以代替,
构成了广义自回归异方差模型(GARCH模型)。

表3.12 Engle`s LM统计检验结果

F-statistic	3.662	*Prob. F(7,171)*	0.001
*Obs*R-squared*	17.867	*Prob. Chi-Square(7)*	0.013

(二)公司特质波动的GARCH模型检验

我们将式(3.43)公司特质风险的残差因素加入Pearson和Rayleigh的随机模型,用条件方差衡量预期风险的ARCH均值模型,得到ARCH-M均值回归模型:

$$FIRM_t = \delta \cdot FIRM_{t-1} + \rho \cdot \sigma_t^2 + u_t \tag{3.44}$$

其中,σ_t^2是以当前信息为基础的向前一期预测方差,称为条件方差。在选择条件方差时,根据不同的形式如σ_t^2,σ_t和$\ln\sigma_t^2$的对比,$\ln\sigma_t^2$的回归效果最优。

在资本市场中,我们通常可以发现股价波动对市场上升和下跌的反应是不一样的,往往市场下降时的波动幅度比上升时更加猛烈,Engle和Ng根据这种现象,绘制了资本市场中"坏消息"和"好消息"对应波动性的信息曲线,呈现出典型的非对称性,这种现象被称之为"杠杆效应"。对我国特质风险变动趋势的分析中,我们同样发现当市场上升阶段,公司特质波动的反应明显比市场下降阶段的反应更加强烈,同样也表现出明显的非对称性特征,即"杠杆效应"。为了描述这种"杠杆效应"成分,本书选取非对称冲击的TARCH模型:

$$\sigma_t^2 = \omega + \alpha \cdot u_{t-1}^2 + \gamma \cdot u_{t-1}^2 \cdot I_{t-1}^- + \beta \cdot \sigma_{t-1}^2 \tag{3.45}$$

其中,I_{t-1}^-为虚拟变量,当$u_{t-1}<0$时,$I_{t-1}=1$;否则$I_{t-1}=0$。只要$\gamma\neq0$,就存在"杠杆效应"(TARCH效应)项$u_{t-1}^2\cdot I_{t-1}$。该式说明,条件方差σ_t^2除了受残差的前一期平方项u_{t-1}^2和前一期的条件方差项σ_{t-1}^2的决定之外,还受到不同性质消息$r\cdot u_{t-1}^2\cdot I_{t-1}$的影响。本书中,当市场出现好消息时(我们可以将市场行为上升看作"好消息",$u_{t-1}>0$),则不存在TARCH效应,那么市场冲击为α倍的残差平方冲击。而市场出现"坏消息"时(市场行为下降,$u_{t-1}<0$),则形成的冲击为$(\alpha+g)$倍残差平方。这样,基于GARCH-M和TARCH模型的检验模型和结果如下:

$$GARCH = C(3) + C(4)\cdot RESID(-1)^2 \\ + C(5)\cdot RESID(-1)\cdot(RESID(-1)<0) + C(6)\cdot GARCH(-1) \tag{3.46}$$

公司特质被动的GARCH模型回归结果见表3.13。

表3.13　公司特质波动的GARCH模型回归结果

Variable	Coefficient	Std. Error	z-Statistic	Prob.
LOG(GARCH)	−0.0003	7.3E−05	−4.422	0.000
FIRM_AV(−1)	0.688	0.072	9.534	0.000
Variance Equation				
C	1.5E−05	3.64E−06	4.201	0.0000
RESID(−1)^2	0.582	0.236240	2.463	0.0138
RESID(−1)^2·(RESID(−1)<0)	−0.751	0.254915	−2.948	0.0032
GARCH(−1)	0.171	0.180972	2.0476	0.0533
R−squared	0.445	Mean dependent var		0.011
Adjusted R−squared	0.441	S.D. dependent var		0.006
S.E. of regression	0.005	Akaike info criterion		−7.783
Sum squared resid	0.004	Schwarz criterion		−7.677
Log likelihood	702.658	Hannan−Quinn criter.		−7.740
Durbin−Watson stat	2.439			

在TARCH(1,1)模型回归的基础上,再对模型的残差序列进行ARCH-LM检验,表明公司特质风险GRACH(1,1)模型不存在条件异方差现象。同时,该回归模型的自相关和偏相关系数均近似于零,相应的Q统计量并不显著,说明模型回归效果较为理想。因此,该GARCH(1,1)模型的表达形式如下。均值方程:

$$FIRM_t = 0.688 \cdot FIRM_{t-1} \pm 0.0003 \cdot \ln \sigma_t^2 + u_t \tag{3.47}$$

$$z=(9.534) \qquad (-4.422)$$

条件方差:

$$\sigma_t^2 = 0.00002 + 0.582 \cdot u_{t-1}^2 - 0.752 \cdot u_{t-1}^2 \cdot I_{t-1}^- + 0.171 \cdot \sigma_{t-1}^2 \tag{3.48}$$

$$z=(0.582) \qquad (2.463) \qquad (-2.498) \qquad (2.048)$$

首先,在均值方程中,u_{t-1}^2项与σ_{t-1}^2项两者系数之和为0.753,满足GRACH模型参数约束条件,说明公司特质波动具备了高频金融时间序列波动的集群性和持续性。其次,公司特质波动与风险因素Ln(GARCH)呈负相关性,违背了金融资产风险收益的权衡关系(即正向关系),这其中的意味耐人寻味。本书将从公司信息环境的不确定性、投资者行为的角度寻求答案。再次,从条件异方差方程式中,我们可以看到$r=-0.751<0$,其含义为:当

市场转暖时,"好消息"充斥市场,股价逐渐处在上升阶段,此时形成的冲击是 $\alpha=0.582$ 倍的 $u_{t-1}^2<0$,而当"坏消息"来临时,市场看淡,此时的冲击却是 $(\alpha+r)$ 倍的 u_{t-1}^2,明显比前者表现出较为平均的趋势,这种"杠杆现象"明显与我国股票市场投机行为盛行有着密切的相关性。简而言之,本书利用回归异方差模型(ARCH)对公司特质风险的波动特征进行推断,发现特质波动存在高阶 ARCH 效应。进一步利用 GARCH 模型分析,发现特质波动呈现出典型的信息非对称性。说明公司特质风险与股票市场投机行为的盛行存在密切的关系,这也从另一个层面说明特质风险与上市公司信息环境不确定性之间存在一定的内在联系。

本书的实证结论认为,公司特质风险与市场收益呈现相关性,那么我们如何解释两者间的关系?学界普遍认为公司特质风险被定价由投资条件的约束导致,即资金不足、信息搜寻成本和金融产品多样化等等。在上述研究中,即使将所有深沪 A 股市场进行组合,公司特质风险仍然无法消除,反而在市场水平上逐渐成为个股总体波动重要成分。那么这就提出第二个问题,什么因素导致公司特质风险的产生和变化,其影响机制是什么?这都是我们需要解释的问题。按照 Durnev 等人的观点,公司特质风险代表着公司层面特质信息,而公司特质风险在个股风险的占比则意味着股价信息含量的高低,股价信息含量越高,则市场定价效率越高。按照 Hsin 的观点,由于新兴市场国家证券市场和发达国家证券市场在制度、市场环境等方面差异巨大,公司特质风险无论在绝对量还是相对量上都难以作为股价信息含量的代表,其只是反映出公司层面信息不确定性的程度。而能够解释这种悖论的,只能从我国证券市场这种"新兴+转轨"的特征中寻求答案。因此,公司特质风险的信息本质是什么,到底是代表着公司层面特质信息还是公司层面信息不确定性;并且在我国证券市场目前的市场环境和制度特征下,到底是什么因素驱动着公司特质风险或者公司特质波动的时间趋势变化,这需要进一步研究。

第三节 公司特质风险的定价性质分析

一、理论模型与数据选择

(一)理论模型设定

根据我国深沪证券市场的日交易收据,按照"非资产定价模型分解法"

计算出以月为单位的个股公司特质风险{FIRM($e_{i,t}$)},然后分别按照A股市值权重得到的市场平均公司特质风险时间序列{$FIRM_t$}。同时,在上述测度过程中,以个股月收益分别按照A股权重加权得到市场平均超额收益序列{R_{MKT}}和月度市场风险{MKT_t}以及月度行业层面风险{IND_t}。其中,t为样本期间各月份。为了验证公司特质风险对市场收益是否具有预测能力,本书借鉴Brandt等人的思路,如果未分散的特质风险是市场超额收益且具有预测能力,则:

$$E(R_{m,t} - r_{f,t} \mid \Omega_{t-1}) = \beta \cdot E(FIRM_t \mid \Omega_{t-1}) \tag{3.49}$$

其中,$E(R_{m,t} - r_{f,t} \mid \Omega_{t-1})$和$E(FIRM_t \mid \Omega_{t-1})$均为市场超额收益和特质风险的条件预期值。将式(3.49)转变为回归模型,则:

$$R_{m,t} - r_{f,t} = \beta_1 + \beta_2 \cdot E(FIRM_t \mid \Omega_{t-1}) + u_t \tag{3.50}$$

对于$E(FIRM_t \mid \Omega_{t-1})$的指标选择较为困难,如$FIRM_t$的时间序列是平稳过程,我们可以根据Jiang和Lee的Wold分解方法,将$FIRM_t$转换成自回归方程:

$$FIRM_t = \sum_{i=1}^{\infty} FIRM_{t-i} + \delta_t \tag{3.51}$$

可以看出,$FIRM_t$由滞后算子f(L)构成,式(3.51)自回归形式转换成移动平均过程:

$$FIRM_t = \sum_{i=1}^{\infty} b_i \cdot \delta_{t-i} \tag{3.52}$$

我们将式(3.51)和式(3.52)代入式(3.53)中,得到股票市场收益和公司特质风险的动态预测模型:

$$R_{m,t} = \alpha + \sum_{i=1}^{m} b_i \cdot \delta_{t-i} + \beta \cdot FIRM_{t-m-i} + u_i \tag{3.53}$$

其中,对残差δ_{t-i}取条件期望$E(\delta_t \mid \Omega_{t-1}) = 0$,且当$\forall i \geqslant 1$时,$E\delta_{t-i}\Omega_{t-1} = \delta_{t-i}$,目前国内外已有的研究基本上采用滞后一期,简单易行,本书也采用滞后一期。在统计过程中,发现市场层面风险、行业层面风险和公司特质风险之间存在相关性,基于市值权重的公司特质风险与市场层面风险、行业层面风险的相关系数分别达到0.62、0.55。因此,本书将行业层面风险和市场层面风险加入模型之中。另外,考虑到上一章中对公司特质风险和行业层面风险的单位根检验,发现其原有水平序列非平稳序列,因此,本章节分别对公司特质风险、行业层面风险和市场层面风险取对数形式构建收益模型。因为公司特质风险、行业层面风险和市场风险具有较高的相关性,容易产生较高的多重共线性,使得估计系数的标准误差较大,难以识别各变量的统计显著性。而 Goyal 和 Santa-Clara 采用方差的对数形式代替方差,经过调整的方差序列更接近正态分布,所以,本书也采用这种方法。另外,国内外众多学者发现市场流动性能够被市场收益定价,故本书加入换手率作为流动性衡量指标:

$$R_{MKT+1} = \beta_1'' \beta_2'' \cdot \ln(FIRM_t)$$
$$+ \beta_3'' \cdot \ln(IND_t) + \beta_4'' \cdot \ln(MKT_t) + turn_t + \varepsilon_t'' \tag{3.54}$$

其中,R_{MKT+1} 为第 k+1 期的市场超额收益,MKT_t、IND_t 和 $FIRM_t$ 为第 k 期的市场层面风险、行业层面风险和公司特质风险的市场平均水平,$turn_t$ 为深沪 A 股等权重市场平均换手率,ε_t'' 为随机误差项,均为月度数据。在估计系数时,使用 Newey-West 的 HAC 一致协方差估计调整标准差得到修正的 t 统计量的 p 值。

(二)样本选择与数据来源

本章节主要检验股票市场平均公司特质风险与市场收益的相关性,即市场平均特质波动能否对市场收益具有预测效果,两者间是否存在显著的相关性。因此,涉及公司特质波动的计算数据与上一章节相同,所涉及的样本股票总共为 1530 支,样本期间为 1995 年 6 月到 2010 年 5 月。样本股票的选择标准也同上一章节一致,这里不再赘述。数据全部来自 Wind 数据库和国泰安数据库。个股收益计算、无风险收益率均与上一章节的计算方法相同。公司特质波动的计算方法均采用"非资产定价模型测度法",计算过程涉及权重,均以 A 股市值为准计算出我国证券市场加权平均市场风险、行业层面和公司特质风险,其中,MKT、IND、FIRM 分别代表市场风险、行业层面风险和公司特质风险。市场收益率采用 1995 年 6 月至 2010 年 5 月的上证指数计算所得,无风险收益采用一年期银行存款利息的日化收益率进行计算。为了符合这一实证检验的要求,表 3.14 对各层面风险以及市场超额收益的时间序列进行了平稳性检验。我们采用 ADF 检验方法。原假设由两种方法所测度的公司特质波动存在单位根,是非平稳序列,备择假说即公司特质波动时间序列为平稳序列。ADF 检验在无截距项、有截距项和趋势项三种情况下给出两种测度方法所计算的公司特质波动均满足平稳条件。

表3.14　各层面风险以及市场超额收益的时间序列平稳性检验(ADF)

	LN(FIRM)	LN(IND)	LN(MKT)	R_{MKT}
无截距项				
t值	−2.239**	−10.575***	−9.142***	−3.661***
临界值	−1.942	−2.578	−2.578	−2.578
有截距项				
t值	−5.909***	−7.504***	−6.075***	−8.832***
临界值	−3.467	−3.467	−3.467	−3.467
趋势项				
t值	−5.955***	−7.55***	−6.123***	−7.902***
临界值	−4.01	−4.01	−4.01	−4.01

注:*、**、***分别表示在10%、5%和1%的置信水平上的显著性。

二、检验结果与研究结论分析

(一)实证结果描述

本书在进行回归估计时,将各变量逐步加入模型中,分析三个层面波动率与市场收益率相关程度,以及在其他变量的影响下,各变量与市场收益的相关性会发生何种变化。通过回归估计,结果如表3.15。

表3.15　模型回归结果

	模型(1)	模型(2)	模型(3)	模型(4)	模型(5)
C	0.418*** (4.86)	0.391*** (5.47)	0.368*** (4.62)	0.351*** (3.64)	0.402*** (5.77)
$ln(FIRM_t)$	0.037*** (4.43)			0.032*** (3.92)	0.042*** (4.72)
$ln(IND_t)$		0.010** (2.17)		0.010* (1.78)	0.007** (1.97)
$ln(MKT_t)$			0.434 (1.29)	0.460 (0.98)	0.428 (1.35)
$turn_t$					1.63*** (3.01)
F值	23.33	54.10	12.60	32.94	29.91
R平方	0.142	0.079	0.2783	0.104	0.736

注:*、**、***分别表示在10%、5%和1%的置信水平上的显著性。

在表3.15中,可以看到模型(1)只考虑公司特质风险与市场超额收益的系数为0.037,且显著为正。模型(2)中反映出行业层面波动和市场超额收益的相关性也显著为正,系数值为0.101。但模型(3)中,市场层面波动与市场超额收益的相关系数却并不显著,说明两者不具有相关性。我们将三个层面波动因素加入模型(4)中,公司特质波动和行业层面波动对于市场收益率具有显著的预测能力,但市场层面波动仍然对于市场收益不具备预测能力。在模型(5)中,我们将加入市场流动性因素指标,即市场平均换手率$turn_t$后,三个层面波动和市场收益率的预期收益率的预测能力仍然没有发生变化,公司特质风险与市场收益间的相关系数为0.042,行业层面波动与市场收益率的相关系数为0.007,均显著。回归结果证明了Goyal和Santa-Clara认为特质风险应被定价的观点,同时,也从实证角度为"罗尔批判"提供了一个新的思路。另外,本书的研究结论与黄波等的研究结论截然相反,他们认为只有市场层面风险对市场超额收益具有预测能力,具有显著的相关性,公司特质波动则不能够被市场收益定价。我们为了验证本书提出的结论,将进行稳健性检验。

(二)稳健性检验

Cao和Xu认为已有文献得到的特质风险与市场收益间相关性并不稳定,有些为正,有些为负,这些现象是因为样本选择、特质风险测度方法不同、样本期间选择不同而导致。因此,本书为了进行稳健性检验,将沪市上市公司作为研究对象,样本期间缩短为2000—2010年,采用Campbell等人的"间接分离法",即CAPM模型对公司特质风险进行测度。沪市A股回归结果见表3.16。

表3.16 沪市A股回归结果

	模型(1)	模型(2)	模型(3)	模型(4)	模型(5)
_c	0.098*** (3.92)	0.103*** (8.38)	0.401*** (5.14)	0.148*** (3.26)	0.0721*** (2.98)
$ln(FIRM_t)$	0.116*** (5.81)			0.072*** (2.92)	0.0823*** (3.41)
$ln(IND_t)$		0.0208** (1.97)		0.0121* (1.72)	0.0164** (2.14)
$ln(MKT_t)$			0.19* (1.66)	0.091 (0.98)	0.083 (1.48)
$turn_t$					2.46*** (4.53)
F值	8.63	14.2	13.7	9.64	32.1
R平方	0.17	0.29	0.092	0.202	0.13

注:*、**、***分别表示在10%、5%和1%的置信水平上的显著性。

通过对比表3.15和表3.16的数据,发现公司特质波动和行业层面波动与市场收益均具有显著的预测能力。其中,模型(1)中的公司特质波动$\ln(FIRM_t)$相关系数达到0.116,高于表3.15中的相关性系数,而模型(2)中的行业层面波动率$\ln(IND_t)$相关性系数达到0.021,也具有显著性。唯一不同之处,市场波动$\ln(MKT_t)$在模型(3)中表现为显著的正相关性,但是将三层面波动均加入模型中时,这种相关性又变为不显著,在考虑了市场流通性,即换手率指标$turn_t$后,这种相关性仍然不明显。而行业层面波动和公司特质波动对于市场收益仍然表现出显著的预测能力,这一点和上述实证基本一致。因此,本章节的实证结果具有一定的稳健性。

本书在总结前人关于公司特质风险研究的基础上,采用"非资产定价模型分解法",以流通市值加权的股票平均波动率分解为市场风险、行业风险和公司特质风险三个层次波动。并就公司特质波动以及市场层面波动和行业层面波动作为市场收益的解释变量,发现市场层面波动、行业层面波动和公司特质波动均对预期市场超额收益具有预测能力,并呈现正相关性。该结论说明,在现实世界中,投资者由于受到诸如交易成本、不完全信息、机构交易等因素的限制,无法持有足够数量的"市场组合",投资者在承担系统性风险的同时,必须承担特质风险,投资者也会要求得到相应的风险补偿,因此,作为个股波动的主要构成成分——公司特质风险,在资产定价过程中不能被忽略。

(三)研究结论分析

Campbell等人认为,股票市场价格波动,尤其是异常波动的根本因素主要有三个:企业未来现金流的变动,资本市场折现率的变动,两者的协同变动(二者协方差)。在这三个风险因素中,企业未来现金流变动往往是造成股价大幅波动的主要原因。如Vuolteenaho认为,上市公司预期现金流的方差值至少是两倍于折现率的方差值,而这种有关预期现金流的信息不确定性是促成股票价格非理性波动的重要原因。结合这种观点,本书认为信息环境的不确定增加是导致公司特质风险大幅增加的基本原因。在现实环境中,对于资本市场,尤其股票市场的信息不确定性的形成因素众多。

首先,股票市场的快速发展,尤其在市场结构方面,中小板块、风险投资板块、创业板块新兴股票市场不断出现,并且其规模不断扩大,使得上市公司结构发生巨大变化,尤其表现在公司经营状况的稳定性方面,波动性大幅增加,这些都是导致股票的特质风险不断上升的因素。其次,金融市场的不断创新,金融产品的层出不穷,企业的杠杆性不断提升,就我国而言,近年来有关债券市场的快速发展,企业的债务融资比例不断提升,也使得上市公司的股票信息不确定性大幅上升。最后,由于股票市场制度建设的不断完善,在较大程度上改善了上市公司信息质量,强化了股票市场的功能,在一定程度上减少了公司特质风险的波动水平。

第四章 公司特质风险与会计信息质量的相关性研究

第一节 理论分析与研究假设

一、理论分析

(一)文献回顾

美国金融学会主席 Black 曾提出,市场中的信息和"噪声"都有可能影响公司特质风险,因此,正如第二章的理论分析中提到的,对于其信息内涵形成了两种截然相反的观点,即"信息含量说"和"信息无关论"。"信息含量说"认为公司特质波动是衡量公司层面特质信息纳入股价行为中的程度大小。因此,Morck 等人、Durnev 等人将公司特质波动的相对水平,即股价非同步性 $1-r^2$(如第二章中的式 2.2 和式 2.5 所示)作为股价信息含量的代理指标,研究股票市场的制度建设、资产定价以及经济后果等。而"信息无关论"认为公司特质波动是由公司特质信息不确定性所决定的,由投资者的"噪声交易"所推动,而这种信息不确定性往往和公司信息质量的高低存在密切联系。我国深沪 A 股中,公司特质波动已经成为个股波动的主要构成成分,公司特质风险已经成为个股风险的主要来源。但通过波动特征的分析,我们又发现公司特质波动具有波动集群的特征,使得股价变化幅度加剧,并且具有非理性特征。公司特质波动与市场收益间存在显著的正相关性,在横截面上,公司特质波动与个股收益存在显著的负相关性。这些结论与 Xu 和 Malkiel,Ang 等人的"特质波动之谜"现象是一致的,但他们均认为公司特质风险是由上市公司信息环境的低劣造成的,与投资者的非理性行为息息相关。那么,在我国证券市场上,公司特质风险的形成因素是什么? 是更多的公司特质信息纳入股价的行为? 还是由于上市公司信息不确定性导致的投资者的"异质噪声"传递股价的行为?

自 Campbell 等人提出"特质风险现象"后,公司特质风险逐渐成为金融学界关注的对象,但对于公司特质风险的信息内涵争论不休,存在两种观点。"股价信息含量论"认为,公司特质风险与公司层面特质信息融入股价的行为有关,因此,特质波动越大,股价信息含量越高,他们将特质波动风险水平作为股价信息含量的衡量指标。但"噪声"交易论则认为,公司特质风险的形成与投资的"噪声交易"有关,当交易过程中"噪声交易"成分增加时,公司特质风险往往会提高,反映了公司信息质量下降的后果。根据微观金融学的研究,我们将信息分为公开信息和私有信息,两者融入股价的行为是截然不同的,那么,在公开信息、私有信息和"噪声交易"三者之间,公司特质风险的本质是什么是本书研究的主要目的之一。

无论是公司特质波动受到私有信息交易行为的影响,还是"噪声交易"的后果,都涉及公开信息和私有信息的关系,Lundholm认为公开信息和私有信息之间存在替代关系:私有信息的获取取决于成本和超额回报的比较,如边际收益大于边际成本,则投资者有动力搜集私有信息,并将之融入股价之中。因此,公开信息质量越高,私有信息的边际收益不断下降,导致私有信息交易行为下降,投资者没有必要继续挖掘私有信息,公司特质风险就会出现下降。反之,公司信息质量恶化,说明私有信息交易所带来的超额收益远远超过其挖掘成本,导致公司特质风险不断上升。同样,公开信息披露质量与"噪声交易"行为的相关性也较为类似,存在显著的替代关系。因此,无论公司特质波动与私有信息还是"噪声交易"有关,公司信息质量的高低从相反的方面影响着公司特质波动的大小。

(二)研究框架构建

本章节在研究公司特质风险的信息内涵以及公司特质波动与信息不确定性的相关性时,首先要明确信息不确定性的概念。Zhang认为,信息不确定性是指当有关公司价值的新信息出现时,投资者对这种新信息的理解出现的分歧。Zhang在做理论分析时,借助一个简单的模型来说明这个问题。他假设一个能够观测到的信号s由两部分组成:一个是有关公司基本面价值的信息v,比如未来现金流或者股利分红;另一个是"噪声"e,即:s=v+e,那么衡量信息不确定性的方差表示为:var(s)=var(v)+var(e)。并且他用六个代理变量衡量信息不确定性因素:市值、上市年龄、分析师覆盖情况、投资者预测偏离度、收益率波动和现金流波动。他认为这种分歧来自两个方面,第一是有关公司基本面的波动,第二是信息缺乏,即"噪声"。按照信息不对称理论,信息不确定性可以看作一种信息不完全,即现在和未来之间的信息不完全。这种"信息不完全"在现实的资本市场中之所以成为普遍现象,一方面在理论上,信息的生产和传递需要成本,而且越是重要的信息,其成本越高。另一方面,资本市场,尤其是发展中国家的资本市场,其制度建设并不完善,市场内散布的信息远非完全信息,真实信息、虚假信息以及"噪音"相互交织在一起。当特质波动较高时,这些股票往往也具有公司年龄较小、股价波动过高、亏损,不支付股利、深陷财务困境和高增长潜力等特征,而这些特征往往也用来衡量公司信息确定性指标。验证公司特质风险信息无关论的分析框架见图4.1:

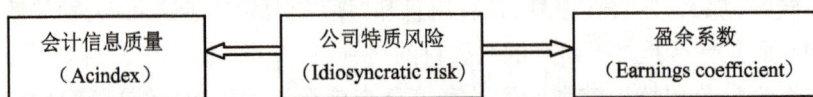

会计信息质量 (Acindex)	←	公司特质风险 (Idiosyncratic risk)	→	盈余系数 (Earnings coefficient)

图4.1 验证公司特质风险信息无关论的分析框架

盈余信息作为传递现金流和公司价值的信息是公司公开信息重要的一部分。盈余质量决定着公司股价信息含量的大小,盈余质量越高,公司的股价信息含量越高。而盈余质量的高低取决于盈余管理的水平、管理的方向。目前学界就公司盈余管理行为对于公司信息环境的影响存在两种观点,即"盈余操纵观"和"信号传递观"。所谓"盈余操纵观"是指在一定程度上的公司管理层故意的会计欺诈,通过降低会计信息的客观性,从而达到管理层或者大股东的私立性目的;所谓"信号传递观"是指这种行为的结果能够向外部更好地传递企业的内部信息,有助于投资者判断企业的真实价值。Gunny认为通过真实盈余管理行为可以避免由于盈余公告低于预期而导致投资者的过度反应,并向市场传递公司未来美好前景的信号。学者一般认为公司的盈余管理行为降低了公司的信息质量,因为盈余管理的目的往往是出于规避监管、获得融资资质以及保全上市资格等动机。Fan和Wang利用盈余管理的行为降低了盈余的信息质量,限制了公司内部信息的传递,增加了市场中的"噪声"成分,从而抑制市场竞争的程度。Richardson用买入、卖出价差和分析师预测作为衡量信息不对称程度与盈余管理水平之间存在正相关性。Cheng发现盈余管理行为与公司债券发行后长期业绩下降之间存在的负相关性主要是由公司信息披露质量低下引起的。因此,我们一般将盈余管理程度作为衡量上市公司信息质量的指示变量。上市公司的盈余管理行为分为应计盈余管理和真实盈余管理两种。前者是公司基于特定动机,在某一特定时期,通过对现金流量或者报告盈余的调整,有选择地操纵会计利润水平;而后者则是以管理层通过次优的经营行为调节年度内的企业利润水平。不论哪种盈余管理方式,对市场信息环境的影响均是负面的。相对于应计盈余管理,真实盈余管理行为更容易导致公司内部与外部投资者之间的信息不确定性更强。公司管理层通过调整价格和产量等真实经营管理活动,对外部投资者来说,其迷惑性更强。Cohen的研究发现,《萨班斯法案》颁布之前,公司应计盈余管理行为较为普遍,而之后应计盈余管理行为显著下降,真实盈余管理行为出现先降后升的趋势。

二、研究假设

(一)会计信息质量和公司特质风险的相关性分析

对于资本市场而言,信息不确定性的衡量标准主要是会计信息的准确与否,换而言之,即上市公司的信息不确定性主要是指会计信息的不确定性,公司信息质量的高低和会计信息质量的高低息息相关。Roll认为个股波动中的公司特质波动是将公司层面的特质信息纳入股价行为。依照于李胜和王艳艳的观点,这里将信息不确定性和公司信息质量的概念等同起来,即信息不确定性高意味着信息质量差,信息不确定性低意味着信息质量好。而公司特质信息纳入股价的渠道主要有两种方式,第一是公开的信息披露;第二是基于私有信息的交易行为。但Roll的研究认为公司特质风险的上升,主要有两种可能,第一是私有信息,第二是"噪音"。同时,Durnev等人认为公司特质波动的上升是私有信息交易行为导致的。他们认为,投资者总是不断地从市场中获取私有信息,以期通过私有信息交易获取超额回报。当私有信息获取的边际成本高于边际收益时,私有信息不会融入股价之中,只有当获取私有信息的边际成本低于边际收益时,私有信息才会不断纳入股价信息之中,最终,私有信息获取的边际成本等于边际收益,私有信息的融入行为逐渐停止。在国内,冯用富、游家兴等认为个股波动的加剧由私有信息交易行为所致。Watts和Zimmerman认为当会计信息质量越高时,说明私有信息越少,投资者就能够根据企业的信息披露以及盈余信息更为准确地预测公司未来的现金流和判断公司价值,使得公司可供挖掘的私有信息的边际收益更低,降低了投资者私有信息搜集的动机,公司特质波动成分就会降低。综上所述,会计信息质量和信息不确定性之间反映出负相关性,如果公司特质波动和会计信息质量之间呈现负相关性,公司特质风险反映着传递私有信息含量的高低,如果不是,则不能说明公司特质波动并不是由私有信息交易导致的;而反映公司特质波动和信息不确定性的关系同时还要看公司特质波动和换手率之间的相关性,如果两者呈现显著的正相关性时,则进一步确定特质风险并非是由私有信息交易导致,而是由投资者的"异质交易噪声"形成的。例如,公司特质风险与盈余管理行为之间存在关联性。盈余管理被认为是反应上市公司信息质量的重要衡量指标。当盈余信息越充分时,投资者挖掘私有信息的边际收益越低,降低了股价私有信息的融入。因此,盈余管理程度的高低从某种意义上决定着股价融入私有信息程度的高低。但盈余管理对于公司会计信息的影响同样存在方向上的差别,即正向盈余管理和负向盈余管理之分,两者对于私有信息交易存在一定差别:通过正负盈余管理两种行为,分析私有信息交易对于公司特质风险的影响。通过两个角度的实证分析,希望梳理出公司特质风险与公司信息质量以及私有信息交易之间的关系。

不论应计盈余管理,还是真实盈余管理,皆分正向管理和负向管理之分。其中,负向盈余管理是指管理层调低公司的实际盈余水平,使得其低于正常水平,而正向管理恰恰相反,调高公司的实际盈余水平,使得其高于正常水平。在负向管理的条件下,意味着公司价值被低估,投资者通过私有信息的挖掘和套利获得超额回报。但在正向管理的条件下,由于我国证券市场在2010年以前存在卖空限制,市场投资者无法通过私有信息交易套利,因此,在不同的盈余管理方向下,盈余管理水平与公司特质波动之间的相关性不同。正向管理条件下的公司特质波动和盈余管理程度之间相关性均弱于负向管理条件下两者之间的关系。但这种强弱关系的对比,对于应计盈余管理行为和真实盈余管理行为是有所差别的。对于应计盈余管理而言,Hand、Francis等人认为投资者可以根据市场反应,辨认上市公司的盈余管理程度,并对公司进行准确的估值,因此,应计盈余管理行为对于公司会计信息质量的影响往往是短暂的。因此,在负向应计盈余管理条件下,两者的相关性较为显著,而在正向应计盈余管理条件下,两者的相关性并不显著。我国于2010年3月31日和4月16日分别推出融资融券交易和沪深300指数的股指期货交易,表明我国股票市场正式引进卖空机制。意味着即便在正向盈余管理条件下,投资者的私有信息交易行为将变得更有效率,也意味着公司特质波动和盈余管理水平之间的相关性将会明显增强。据此提出假设1和假设2:

假设1:会计信息质量和公司特质波动之间存在显著的负相关性。

假设2:如果公司特质波动和换手率之间存在显著的正相关性,则支持公司特质风险反映了投资者的"异质噪声",否则反映了投资者私有信息交易程度的高低,即股价信息含量的程度。

(二)公司特质风险对会计盈余系数的影响

在上述分析中,Roll认为公司特质信息纳入股价的渠道主要有两种:公共信息渠道和私有信息渠道。但公司特质风险是否反映私有信息交易程度,还是反映投资者非理性行为的程度,可以由特质波动变化对股票收益与未预期盈余的相关性影响程度反映出来。这里的未预期盈余衡量着上市公司公开信息渠道不能披露出来的私有信息程度。未预期盈余作为股票价值的具体体现,传递着有关公司价值的重要信息。因此,股价是否及时纳入公司特质信息,与股票价格同滞后未预期盈余、当期未预期盈余、未来未预期盈余之间的相关性密不可分。如果股票价格与滞后一期未预期盈余之间存在正相关性,我们称之为盈余公告后漂移现象。于李胜、王艳艳认为盈余公告后漂移现象是由于市场信息不确定性而导致的一种金融异象。所谓盈余公告后漂移现象,Ball和Brown发现盈余公告后,如果未预期盈余是正的,则存在正的超常收益,股票价格将持续向上漂移;如果未预期盈余是负的,则存在负的超常收益,股票价格将持续向下漂移。对于这种现象,Watts、Jones和Litzenberger在他们的实证检验中,控制了各种风险因素后,这种现象依然显著。这种现象实际上是对半强势有效市场假说的一种否定,因为根据半强势有效市场的假说,盈余公告后,价格应快速、正确地反映资产价值的信息并将该信息融入价格,价格独立于时间变化。但在这种现象中,价格并没有迅速反映盈余公告的信息,而是经过一段时间的调整才将所有的信息反映在股价中。如果当公司特质波动上升时,降低了股票收益和滞后一期未预期盈余之间的正相关性时,我们有理由认为特质风险的上升是私有信息传递程度的增加,这在一定程度上改变了股票收益纳入未预期盈余所包含信息的迟滞效应。另一方面,由于会计盈余的滞后性,当期众多有关公司的非财务信息并不能及时反映到会计盈余信息中。如果股票收益与公司未来一期的未预期盈余存在相关性,且是正的相关性时,说明股价的信息含量是高的,股票市场的有效性高。Kothari和Sloan发现了股价引导会计盈余现象,即股价反映公司未来盈余信息。因此,如果公司特质波动的上升能够增加股票收益与未来一期未预期盈余的相关性(正)时,就说明特质风险代表着股价信息含量。

根据"股价信息含量论"的观点,公司特质风险的高低与公司层面特质信息融入股价的效率有关,Morck等人发现发达国家的资本市场往往公司特质风险较高,越是成熟的股市或政治法律制度越完善的国家,股价中包含的上市公司特质成分越多,股价信息效率越高。Jin和Myers从信息环境的角度出发,发现当市场信息环境越差时,市场的平均特质风险越低。当市场股价信息效率较高时,往往意味着市场资本配置效率的提升,而Wurgler和Durnev等人的研究发现特质风险与公司资本预算效率呈显著的正相关性,恰恰验证了公司特质风险的"股价信息含量论"的观点。秉承这一思想,国内学者,如游家兴认为当股价同步性越低时(即公司特质风险越高),表明中国股价信息含量就越丰富。根据 Jin 和 Myers 的研究结果,可以推论出当公司信息质量越高时,公司特质波动程度越高。而 Brandt 等人发现公司特质波动与散户持股比例有关,比例越高,特质波动越大,他们认为这种现象与公司的信息环境较差有着很大关系。由此,一些学者提出了"噪声交易论"的观点,认为公司特质风险与公司信息质量之间并不存在正相关性,当上市公司信息质量越差时,公司特质风险越高,他们认为公司特质波动更多与"噪声交易"行为有关。同样,Wei 和 Zhang 发现公司特质风险与公司盈余波动之间存在正相关性,而公司盈余波动与公司特质信息不确定性有关,因此他们认为公司特质波动和市场的信息不确定性有关。而 Hsin 提出,至少在新兴市场中,公司特质波动并不是公司特质信息的融入所引起的。国内学者,如孔东民和申睿认为公司特质风险的形成在更大的程度上体现了投资者的"噪声交易"行为。笔者利用公司特质风险与盈余反映系数的交互项系数的分析,发现公司特质风险的增加并没有改善盈余公告后漂移现象,也没有增强"价格引导盈余"现象,表明公司特质风险的形成与公司信息质量之间并不存在正相关性。另外,公司信息环境不确定的高低也是盈余管理程度的大小的一个重要条件,即当公司的信息不确定性越高时,公司管理层越有可能实施盈余管理行为。Gerald 和 Zhou 利用美国投资管理研究协会的上市公司信息披露评级数据,发现信息披露质量与盈余管理行为之间存在显著的负相关性,说明上市公司的信息披露质量对于公司的管理行为存在重要的影响。夏立军和鹿小楠同样发现在我国的证券市场上,公司的信息披露质量与应计盈余管理行为存在负相关性,表明当公司信息质量恶化时更容易导致管理者的应计盈余管理行为。据此提出假设3和假设4:

假设3:如果公司特质波动的上升降低了股票当期收益与滞后一期未预期会计盈余相关性,即盈余公告后漂移现象,则说明特质风险反映了股价信息含量的观点。否则,支持其是"异质噪声"推动的结果。

假设4:如果公司特质风险的上升增加了当期收益与未来一期的未预期会计盈余的相关性,则说明特质风险反映了股价信息含量的观点。否则,支持其是"异质噪声"变化推动的结果。

第二节　研究设计与实证分析

一、研究设计

(一)模型的设定与构建

1. 根据假设1和假设2,我们提出模型1:

$$FIRM_{it} = \alpha_0 + \alpha_1 \cdot Acindex_{it-1} + \alpha_2 \cdot turn_{it-1} + \alpha_3 \cdot Roe_{it-1}$$
$$+ \alpha_4 \cdot Btom_{it-1} + \alpha_5 \cdot Ral_{it-1} + \alpha_6 \cdot AGE_{it-1} + \alpha_7 \cdot Asset_{it-1} + \varepsilon_{it} \tag{4.1}$$

其中,$FIRM_{it}$为股票i在t时刻的公司特质波动程度。本书借鉴曾颖和陆正飞的方法构建$Acindex_{it}$为会计信息质量指数,利用应计利润质量指标、会计稳健性和盈余平滑度指标,并利用上述三个指标的分位数值的简单相加之和作为会计信息质量指数,反映上市公司的信息环境。该指数在[0,1]区间内,指数愈高,说明该公司的会计信息质量越高,越低说明该公司的信息不确定性程度越高。通过该模型实证检验公司特质风险和会计信息质量之间的相关性,如果两者存在显著的正相关性,说明公司特质风险反映了股价信息含量的高低,如果检验结果不明显,则说明公司特质风险的高低并不是由上市公司的信息环境所决定的。$turn_{it}$为股票i在第t年的换手率,用来衡量股价波动中的投机性。对于会计信息质量的衡量指标,也可以用Jones模型和修正Jones模型计算得出的Da值来表示,国内学者于李胜和王艳艳、吴世农和吴超鹏等,均提出了会计信息质量和未预期盈余之间的关系。本书以未预期盈余指标代为考察变量。

如果公司特质波动$FIRM_{it}$与会计信息质量$Acindex_{it}$的相关系数符号为正,且存在统计上的显著性时,可以认为公司特质风险是衡量股价信息含量的代理指标;如果相反,或者不存在显著性时,这种观点不成立。在此基础上,观察公司特质风险和换手率之间的相关性,如果存在显著性,我们则认为公司特质风险反映了信息不确定性。

2. 根据假设3和假设4,我们提出模型2:

$$R_{i,t} = \beta_0 + \gamma_{-1} \cdot UE_{i,t-1} + \gamma_1 \cdot UE_{i,t+1} + \beta_2 \cdot FIRM_{i,t}$$
$$+ \theta_{-1} \cdot UE_{i,t-1} \cdot FIRM_{i,t} + \theta_1 \cdot UE_{i,t+1} \cdot FIRM_{i,t}$$
$$+ \beta_4 \cdot Roa_{i,t} + \beta_5 \cdot AGE_{i,t} + \beta_6 \cdot turn_{i,t} + \beta_7 \cdot R_{i,t+1} + \xi_{i,t} \tag{4.2}$$

其中，$R_{i,t}$表示公司i第t年的个股超额收益率。$UE_{i,t}$为公司i在第t年的未预期盈余；上一期非预期盈余$UE_{i,t-1}$的系数γ_{-1}反映了盈余公告后的价格漂移异象(PEDA)，如果系数γ_{-1}估计值为正，则说明投资者未能充分利用已知的盈余公告信息。而下一期的非预期盈余$UE_{i,t+1}$系数γ_{-1}则反映了股价与公司未来会计盈余信息之间的关系，若系数为正，则表明股价能够反映公司未来盈余的信息，即Ball和Brown提出的价格领导盈余公告漂移现象。

本书考察公司特质风险的属性，即代表了股价信息含量还是交易"噪声"，关键是看公司特质波动的变化是否有助于减少盈余公告后漂移现象以及提高价格领导盈余现象。在模型中，如果公司特质波动和上一期非预期盈余交叉项$UE_{i,t+1} \cdot FIRM_{i,t}$的系数估计值$\theta_{-1}<0$，则当公司特质波动增加时，意味着公司股票价格能够反映更多的公司基本面的真实信息，其中包括盈余公告信息，即投资者能够及时充分利用已知的盈余公告信息，因此表现在盈余公告后漂移现象逐步下降。另一方面，股价信息含量的提高也表现在股票收益率是否能够充分反映未来非预期盈余信息，如果更多的未来盈余信息反映到股价中，则表现在模型中，则是公司特质波动和下一期未预期盈余交叉项$UE_{i,t+1} \cdot FIRM_{i,t+1}$的系数估计值$\theta_1>0$。否则公司特质波动的变化则预示着公司股价波动中的"噪音"的变化，当公司特质波动上升时，公司股价的信息含量将会下降。

(二)变量的选取与计算方法

根据上文提出的两个假设，本章研究两个问题：公司特质波动和会计信息质量的相关性；公司特质波动对个股收益与会计信息质量相关性的影响。因此，本章节首先确定公司特质风险和会计信息质量两个衡量指标，然后确定相关控制变量。

1.公司特质风险(FIRM)

在上述章节中对公司特质波动的计算，是针对证券市场总体公司特质风险进行的测度，计算结果为市场平均公司特质波动。在本章的研究中，由于涉及个股公司特质风险的测度，同时为了保持同上述章节测度方法的联系，本章的测度方法借鉴Goyal和Santa-Clara、Ferreira和Laux的思想，利用因子模型对个股特质波动进行测度，定义股票i在t交易日的特质收益率为：

$$\varepsilon_{i,t} = R_{i,t} - R_{m,t} \tag{4.3}$$

$\varepsilon_{i,t}$是股票i在t交易日的特质收益，$R_{i,t}$和$R_{m,t}$分别是t交易日股票i和市场投资组合的收益率，则股票i在某月(或某年)的公司特质风险为：

$$FIRM_{i,t} = \sum_{t=1}^{T} \varepsilon_{i,t}^2 + 2\sum_{t=1}^{T} \varepsilon_{i,t} \cdot \varepsilon_{i,t-1} \tag{4.4}$$

其中,T代表月份(年份)内交易的天数,$\varepsilon_{i,t}$代表个股在t日的特质收益,如果仅利用股票i的特质收益的方差计算公司特质波动,容易忽略特质收益之间的序列相关性,其精确度较低。为了弥补这点,出现右边第二项 $\sum_{t=1}^{T} \varepsilon_{i,t} \cdot \varepsilon_{i,t-1}$ 对股票每日特质收益的自相关做出相应调整,相对于F-F三因素模型的直接测度法而言,其优势在于这种方法的计算较为容易。

2. 会计信息质量

单一指标很难在所有研究环境中最大限度地表现上市公司的会计信息质量,故本书借鉴李青原等对于会计信息质量指数的方法,将应计质量、会计稳健性和盈余平滑度等指标加权计算反映会计质量的衡量指标,这种方法增加了计量结果的稳健性。

(1)应计质量(ACC)

Nichols、Dechow和Dichev运用应计质量模型衡量上市公司的会计信息质量。其思想基础是应计项目是未来现金流量的估计值,那么会计应计过程中的误差项越小,会计盈余就越能够描述未来现金流量。因此,Schipper和Vincent用应计利润的估计误差作为盈余质量指标,衡量会计信息质量的高低。Dechow和Dichev的应计质量模型如下:

$$ACC_{i,t} = \alpha_0 + \alpha_1 \cdot CFO_{i,t-1} + \alpha_2 \cdot CFO_{i,t} + \alpha_3 \cdot CFO_{i,t+1} + \varepsilon_{i,t} \tag{4.5}$$

其中,ACC为营运资本应计,表示为营运资本变化,即公司i第$t-1$年到第t年间营运资本的变化。计算公式为:

$$ACC = \frac{(\Delta lse - \Delta lca) - (\Delta sc - \Delta sd) - zt}{pse} \tag{4.6}$$

其中,Δlse为流动资产的年度变化值,Δlca为现金及现金等价物的年度变化值,Δsc为短期负债年度变化值,Δsd为短期借款年度变化值,zt为折旧和摊销的年度值,pse为年度平均资产总额。

式中的变量(CFO)分别表示公司i在第$t-1$、t、$t+1$年的经营现金流量,该指标除以当期平均总资产进行调整。本书以该模型的残差绝对值作为会计信息质量的度量指标(ACC)。

(2)会计稳健性(AC)

会计稳健性是指上市公司加速确认损失和推迟收益确认的倾向,与盈余激进度指标相反,应计利润的估计趋于保守,提高了公司会计信息质量。会计稳健原则通过应计利润影响上市公司的会计盈余质量,Givoly和Hayn用一定期间的累计应计利润反映公司会计稳健性。累计应计利润作为会计稳健性的测度,该指标与会计稳健性之间呈现显著的负相关性,因此该指标也可衡量会计信息质量高低,但该方法中应计利润的期限太短(如少于3年),测度并不合理。因此,本书运用Jones模型回归计算平均累计操纵性应计利润衡量上市公司会计稳健性,该模型为:

$$\frac{TACC_{i,t}}{Asset_{i,t}} = \alpha_1 \cdot \frac{1}{Asset_{i,t-1}} + \alpha_2 \cdot \frac{\Delta REV_{i,t}}{Asset_{i,t-1}} + \alpha_3 \cdot \frac{PPE_{i,t}}{Asset_{i,t-1}} + \varepsilon_{i,t} \tag{4.7}$$

其中,$TACC_{i,t}$为公司i在第t年总应计利润,计算方法为线下项目前利润与经营净现金流量之差,线下项目是指非经营性损益项目,主要由已实现的利润和损失构成,如营业外收入、营业外支出和补贴收入等。许多经验研究表明,上市公司采用线下项目来进行盈余管理,降低了盈余质量,$Asset_{i,t}$为公司i在第t年内的总资产平均额,$\Delta REV_{i,t}$为公司i前后两年销售收入的差额,$PPE_{i,t}$为公司i在第t年内固定资产平均余额,$\varepsilon_{i,t}$为Jones模型,即式(4.7)回归的残差项,代表总应计利润中的操纵性应计利润部分。在本章节中,用公司i第$t-4$年到第t年间模型的回归残差平均值的负数衡量公司第t年的会计稳健程度($AC_{i,t}$),那么,$AC_{i,t}$的符号始终为负,该变量越大,趋于零时,上市公司会计稳健性越高,会计信息质量越高。

(3)盈余平滑度(ES)

证券市场中,公司普遍存在现金流量管理行为,尤其在国内上市公司的现金流量管理的频率和幅度日益增加,这种管理行为造成应计项目和现金流量之间不能完全匹配。因此,盈余平滑度是指上市公司报告盈余偏离真实收益的程度。对于盈余平滑度的测度和计算,Bhattacharya用应计项目的变化与同期现金流变化的相关系数作为测度方法。现金流量管理是公司管理层为粉饰公司形象,向投资者传达公司经营状况良好,从而操纵财务报表的结果。这一行为隐藏了公司经营过程中产生的波动性,增加了公司与投资者之间的信息不对称性。因此,盈余平滑度的提高降低了公司会计信息质量。本书借鉴Bhattacharya和Francis等的研究方法,具体如下:

$$ES_{i,t} = \sigma(Prof_{i,t})/\sigma(CFO_{i,t}) \tag{4.8}$$

其中,$\sigma(Prof_{i,t})$为公司从第$t-4$年到第t年之间线下项目利润的标准差,σ

（CFO$_{i,t}$）为公司从第t-4年到第t年之间经营活动现金净流量的标准差。

（4）会计质量指数（Acindex）

为了权衡应计质量、会计稳健性和盈余平滑度对会计信息质量的度量，我们借鉴曾颖和陆正飞的方法，采用等权重百分位数计算法，这样可以降低单一指标度量时存在的误差和极端值对度量的影响。分位数是个统计值，如果将一组数据从大到小排序，并计算相应的累计百分位，则某一百分位所对应数据的值就称为这一百分位的百分位数。可表示为：一组n个观测值按数值大小排列，处于$p\%$位置的数值称第p百分位数。但是这个量度并不是一个百分数，而是指向该百分数的一个样本或总体的具体值。第一，对应计质量指标（ACC$_{i,t}$）、会计稳健性指标（AC$_{i,t}$）和盈余平滑度指标（ES$_{i,t}$）按照数值大小排列，计算其分位数。第二，按照分位数将三个变量进行简单平均，所得数值为会计信息质量指数（Acindex）：

$$Acindex_{i,t} = \frac{\text{Decile}(ACC_{i,t}) + \text{Decile}(AC_{i,t}) + \text{Decile}(ES_{i,t})}{3} \tag{4.9}$$

其中，Decile(ACC$_{i,t}$)、Decile(AC$_{i,t}$)和Decile(ES$_{i,t}$)分别根据各自模型计算所得的应计质量指标、会计稳健性指标和盈余平滑度指标的分位数。

3. 未预期盈余偏离度（UE）

本书借鉴Bal和Brown的早期模型对未预期盈余（UE）进行测度，用上一期的公司实际利润作为本期盈余的预测值，用上一期公司实际利润与本期公司实际利润的差额，除以流通股市值所得值为未预期盈余（UEEB）的估计值：

$$UEBB_{i,t} = \frac{\text{当年公司净利润} - \text{上一年公司净利润}}{\text{流通股市值}} \tag{4.10}$$

该估计方法存在一个缺点，即在随机游走的特征假设下，估计值存在下偏，且随着时间趋势的延长，显著性逐步增强。为了消除这种偏差，按照Ball和Brown的早期模型计算所有样本股的未预期盈余（UEEB），计算其平均值（UEEB_M），再求个股未预期盈余与平均值的偏离度，即为本章节所求的非预期盈余（UE$_{i,t}$）。

$$UE_{i,t} = UEBB_{i,t} - UEBB\_M \tag{4.11}$$

4. 换手率（TURN）

换手率反映着市场投机性的高低，而投机性则是由市场的信息不确定性决定的。因此，换手率（TURN）和市场信息不确定性之间呈正相关性，计算方式为:TURN=个股年交易总股数/当年平均流通股本。

5.控制变量

(1)资产收益率(Roa)

当公司的资产收益率较高时,公司管理层盈余操纵动机较小,此时公司的会计信息质量较高,其信息不确定性较小。

(2)资产负债率(Ral)

如果公司债务水平较高,债权人的约束迫使企业的信息披露质量趋于稳健,因此,资产负债率和企业信息质量存在正向关系。本书中,资产负债率等于公司总负债除以总资产。

(3)市值账面比(Btom)

市值账面比反映了公司的成长性,市值账面比越低时,公司成长性越好,公司盈余管理的动机越小,会计信息质量越高,公司信息不确定性越好。因此,市值账面比应该和公司信息不确定性之间呈正相关性。本书用公司的年末流动市值与净资产比表示。

(4)上市年龄(Age)

从企业上市到计算期为止的年份数。当上市年龄越高时,公司的盈余管理越稳健,财务信息披露质量越高。因此,上市年龄和公司信息质量存在正相关性。

(5)公司规模(Asset)

企业规模越大,信息披露质量越难以反映企业内部的经营状况,此时,私有信息传播的频率增加,而公司信息质量仅仅与公开信息披露有关。因此,公司规模和公司信息质量之间呈负相关性。本书采用企业总资产的对数值作为公司规模代理指标。

(三)研究数据来源

1.样本选取

本章节数据按照以下原则予以剔除:第一,由于沪市和深市的市场波动存在较强的关联性,只选择沪市A股作为研究对象;第二,由于资本结构的特殊性,故剔除金融类和房地产类的上市公司;第三,剔除财务数据不完整的样本;第四,剔除被ST、PT的上市公司;第五,个股收益采用收盘价,计算公式为:$R_{ji,t}=\ln(P_{ji,t}/P_{ji,t-1})$,$R_{m,t}$采用上证指数计算收益率。上市公司的交易数据来源于Wind数据库,财务数据来源于国泰安数据库。样本期间选择为2005—2014年,需要注意的是,在计算会计稳健性(AC)、盈余平滑度(ES)的过程中,需要在这之前的连续4年的经营现金流、资产总额、销售收入等财务数据。因此,相应财务数据的选择期限为2002—2014年。按照上述标准筛选和计算后,共获得4037个观测值。表4.1为个股超额收益率、会计信息质量指数、未预期盈余、控制变量等模型变量数据的统计性描述。其中,年度公司特质波动率均值为0.173左右,但中位数在0.132左右,说明在2002年到2010年间上海证券交易所中的特质风险相对于沪深A股来说普遍较低。会计质量指数从2002年到2010年间的观测指数为3278个,各年分布不同,但均值在0.497左右,而中位数在0.489,说明从总体分布上讲,沪市A股的上市公司会计信息质量较低。同时,从未预期盈余的分布上看,均值接近0,但中位数在-0.0026左右,说明上市公司倾向于盈余操纵行为。

表4.1　各变量描述性统计

变量	观测值	均值	中位数	最大值	最小值	标准差	偏度	峰度
r	4037	−0.110	−0.065	3.247	−3.173	0.530	0.168	8.767
Acindex	4037	0.497	0.489	0.984	0.000	0.172	0.113	1.793
UE	4037	−0.002	−0.003	6.906	−8.635	0.291	−2.042	292.481
FIRM	4037	0.167	0.126	1.502	8.7E−35	0.151	2.128	9.798
Roa	4037	−0.111	−0.065	3.247	−3.173	0.530	0.168	8.767
Ral	4037	0.602	0.528	0.999	0.007	0.201	0.432	2.913
Btom	4037	2.402	2.117	45.71	−11.89	4.928	1.662	7.3217
Scale	4037	22.85	21.54	30.63	16.19	1.052	0.6739	3.9183
Age	4037	7.793	8	18	0	3.964	0.221	2.259
turn	4037	520.665	394.743	3102.975	0.674	397.813	1.230	4.260

注:数据来自Wind数据库和国泰安财务数据库。

2. 公司特质风险基于深沪两市的对比

由于测度方法和股票样本均发生变化,如本章节中测度方法采用了Goyal和Santa-Clara的因子模型,上一章节则采用了"非资产定价模型法"给予测度;样本由原先的深沪A股在剔除深市A股后,仅仅包含了沪市A股。因此,本书对两种测度结果做了对比,均采用月度波动计算值,样本期间均采用1998年1月至2010年6月。从表4.2发现均值、最大值均有所增加,而最小值进一步缩小,造成样本标准差显著上升。之所以出现这样的变化,源自两个方面:第一,计算方法不同。Goyal和Santa-Clara的因子模型只是将个股波动分解为系统波动和公司特质波动,而并非像"非资产定价模型法",将个股波动分解为三个层面波动,即市场层面波动、行业层面波动和公司特质波动。因此,本书从理论上将行业层面波动纳入公司特质波动的范畴中。其结果有两个:一个是测度值普遍高估;二是偏离度有所增加。第二,沪市A股尽管在市场波动的趋势上,与深市A股较为类似,但两个市场中上市公司的规模存在较大的差异性。一般而言,沪市A股多为大盘股,公司规模较大,所计算的公司特质波动数值普遍存在高估的可能性。图4.2描述了两种测度方法的趋势基本一致,表明尽管测度方法不同、样本不同,但市场中的公司特质风险的基本趋势没有发生明显变化,这为后文的稳健性检验和进一步研究提供了更为坚实的基础。另外,本书采用F-F三因素模型对深沪A股的样本再次测度并进行对比之后,基本趋势没有发生变化,此处不再赘述。

表4.2 沪市与深沪两市的公司特质波动对比

	Mean	Median	Maximum	Minimum	Std. Dev.	Skewness	Kurtosis
FIRM_SH(GS)	0.0106	0.0090	0.0346	0.0006	0.0062	1.209	4.316
FIRM(GS)	0.0106	0.0092	0.0294	0.0002	0.0059	1.123	4.017
FIRM_SH(FF)	0.0099	0.0091	0.0355	0.0008	0.0058	1.732	5.318
FIRM(FF)	0.0101	0.0099	0.0324	0.0003	0.0079	1.594	4.46

注:FIRM_SH表示为上海证交易所A股公司特质风险的平均水平;FIRM表示为深沪A股公司特质风险的平均水平;(GS):表示为采用Goyal & Santa-Clara(2003)的因子模型测度法;(FF)表示为采用Fama-French三因素模型的直接测度法。计算过程均采用A股市值为权重。

二、实证分析

(一)研究变量的数据表述

本书在实证检验之前,需要对变量进行初步的相关性检验,相关性检验主要包括Spearman相关性检验和Pearson相关性检验。Pearson法在检验过程中,需要变量数据呈正态分布的假设条件,检验适用性较为严格。而Spearman检验作为无参数检验方法,对于变量数据的分布条件要求较低,适用性较强,因此,本书采用后者,即Spearman检验法进行相关性检验。表4.3为各主要变量相关性检验。

表4.3　主要研究变量相关性检验

变量	R	Acindex	UE	FIRM	turn
R	1				
Acindex	0.029	1			
UE	0.010*	−0.068***	1		
FIRM	0.411***	−0.043**	0.061*	1	
turn	0.028***	−0.085	0.019	0.282**	1

注:***、**、*分别表示在10%、5%、1%水平上呈显著性。

从表4.3可以看到未预期盈余(UE)和会计信息质量(Acindex)相关系数为−0.068,在1%的水平上呈显著的负相关性,那么,未预期盈余(UE)同样可以作为衡量企业信息质量的指标。个股超额收益(R)与会计信息质量(Acindex)均为同期数据,相关系数为0.010,且在1%的水平上显著为正,说明股价波动能够反映当期公司的盈余信息。公司特质风险(FIRM)与个股超额收益(R)在1%的水平上呈正相关性。值得注意的是,Ang等人提出的"特质波动之谜"现象,是指个股超额收益和未来一期的公司特质风险之间在横截面上呈显著的负相关性,由于本书的内容没有涉及,这里不再赘述。公司特质风险(FIRM)与未预期盈余(UE)之间的相关系数为0.061,且在10%水平上具有显著性,支持了李青原等的观点,即未预期盈余能够衡量公司层面信息不确定性的强弱。从变量(FIRM)分别和变量(Acindex)、(UE)的关系可以看出,公司特质风险与公开信息披露质量呈负相关性,与信息不确定性呈正相关性,它反映的是公司层面信息不确定性变化的结果。

（二）实证结果分析之一

表4.3显示,公司特质风险(FIRM)和会计信息质量(Acindex)呈负相关性,为了更加直观表现两者间的关系,本书将变量(Acindex)按照数值分成十等分组合(不考虑年度因素,以混合数据的形式呈现出来),对每个组合的公司特质风险计算其平均值。然后,在坐标轴中衡量两者的关系,X轴为会计信息质量(Acindex)等分组,Y轴为等分组中的公司特质风险的平均水平。公司特质波动与会计信息质量的关系对比见图4.2。根据图4.2中的趋势线可知,变量(FIRM)和(Acindex)两者之间存在负相关性。

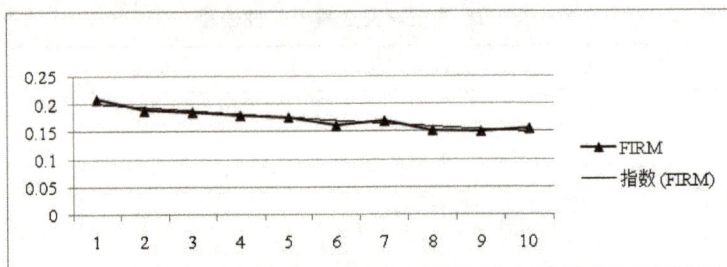

图4.2　公司特质波动与会计信息质量的关系对比

关于面板回归模型的检验形式主要有三种：即变系数模型、变截距模型和不变参数模型，其中变截距模型设定包括两种：即固定效应和随机效应模型。三种模型设定的选择主要看横截面上个体影响和经济结构是否存在不同。由于样本中包括了时间序列和截面数据的非平衡面板数据，其中时间序列运用了连续8年数据测算会计信息质量，我们在此采用固定效应估计模型(4.1)。

表4.4显示了模型(4.1)的实证结果，即会计信息质量($Acindex_{i,t-1}$)、换手率($turn_{i,t}$)同公司特质风险($FIRM_{i,t}$)的相关性。首先，方程(A)中，变量($Acindex_{i,t-1}$)和($FIRM_{i,t}$)之间的系数值为−0.011，并在5%的水平呈负相关性。考虑到公司特质风险的自相关性，故将滞后一期的公司特质风险($FIRM_{i,t-1}$)加入模型(4.1)中，形成方程(B)，变量($Acindex_{i,t-1}$)和($FIRM_{i,t}$)之间的相关系数并没有减弱。并且t值可以看到由方程(A)中的−1.96上升到方程(B)中的−2.48，方程的拟合系数R^2从方程(A)式的0.0125上升到方程(B)中的0.148。因此，该实证结果与本书的假设1的观点截然相反，表明公司特质风险的上升并不是由公司的信息质量不断增强所推动的。方程(C)考察公司特质风险($FIRM_{i,t}$)和换手率($turn_{i,t}$)之间的关系。方程(C)中，换手率($turn_{i,t}$)的系数α_2为0.017，而方程(D)式中为0.004，相关性减弱。加入滞后一期的公司特质风险($FIRM_{i,t-1}$)后，R^2也从方程(C)式中的0.038上升为0.149。换手率是由投资者的"异质噪声"形成的，当换手率越高时，公司层面的信息不确定性也越高。上述实证结果表明，公司特质风险受信息不确定性影响。该实证结论支持本书假设2的观点。方程(E)中，同时将变量($Acindex_{i,t-1}$)和($turn_{i,t}$)放入模型4.1中，两个变量的相关系数基本没有变化，进一步验证了上述的实证结果。另外，资产收益率($Roa_{i,t-1}$)和公司特质波动($FIRM_{i,t}$)之间呈现明显的负相关性，说明资产收益率较高，公司盈余操纵动机越小，公司特质波动程度越小；上市年龄($Age_{i,t}$)越长，上市公司的生命周期进入成熟期，市场份额、

组织结构、企业文化逐渐稳定,意味着企业的经营管理行为逐渐成熟,企业的盈余波动逐渐下降。企业未来经营前景的波动性下降,导致信息环境质量逐渐提高,公司特质风险下降。这一结论验证了 Ferreira 和 Laux 的观点:公司规模($Aseet_{i,t-1}$)越大,意味着企业经营风险下降,如大型企业的多元化经营、公司并购能够对冲企业内部特质风险因素,公司特质波动明显呈下降趋势。因此,两者之间呈显著的负相关性。简而言之,公司特质波动率与会计信息质量指标($Acindex$)之间呈显著的负相关性,表明公司信息质量的下降反而推动公司特质风险的上升趋势。信息传播存在两种方式:公开信息传播效率和私有信息交易效率。公开信息传播效率与个股信息质量有着直接关系,当企业信息质量上升时,公开信息传播效率越高。而该实证结论说明,公开信息传播效率对公司特质风险的作用是负相关性。换句话说,当企业的信息披露质量提升时,反而降低了公司特质风险的水平。因此,当市场监管程度逐步上升,以及会计信息披露制度逐步完善,使得证券市场的股价波动趋于稳定。需要指出的是,该实证结果不能明晰公司特质波动与私有信息交易,乃至"噪声交易"之间的关系。

表4.4　公司特质风险与会计信息质量的相关性分析

	预符	方程(A)	方程(B)	方程(C)	方程(D)	方程(E)
_c		0.159*** (27.12)	0.103*** (22.36)	0.129*** (26.52)	0.102*** (21.606)	0.102*** (21.61)
$Acindex_{i,t-1}$	−	−0.011** (−1.96)	−0.011** (−2.48)			−0.011** (−2.46)
$turn_{i,t}$	+			0.017*** (11.5)	0.004*** (2.84)	0.004*** (2.85)
$FIRM_{i,t-1}$	+		0.372*** (27.01)		0.357*** (24.72)	0.358*** (24.77)
$Roa_{i,t-1}$	−	−0.012*** (−3.263)	−0.023*** (−8.52)	−0.020*** (−6.63)	−0.023** (−8.54)	−0.023*** (−8.57)
$Btom_{i,t-1}$	+	0.007* (1.742)	0.006* (1.83)	0.002 (0.46)	0.003 (0.87)	0.0083** (2.01)
$Ral_{i,t-1}$	+	0.0001 (0.78)	0.0002* (1.77)	0.0002 (1.61)	0.0002* (1.67)	0.0001 (0.66)
$Age_{i,t}$	−	−0.001* (−1.77)	−0.003*** (−5.36)	−0.001*** (−2.65)	−0.003*** (−5.86)	−0.003*** (−5.90)
$Aseet_{i,t-1}$	−	−0.001* (−1.71)	−0.002* (−1.84)	−0.002* (−1.92)	−0.002* (1.69)	−0.002** (−1.99)

	预符	方程(A)	方程(B)	方程(C)	方程(D)	方程(E)
个体效应形式		固定	固定	固定	固定	固定
随机LM检验		184.2	193.9	172.4	203.1	193.9
年度效应		控制	控制	控制	控制	控制
F检验		94.33	102.85	98.23	114.06	94.52
observe		4037	4037	4037	4037	4037
R^2		0.0125	0.148	0.038	0.149	0.143

注：_c为常数项；*、**、***分别为1%、5%和10%置信水平上的显著性。

(三)实证结果分析之二

利用模型(4.2)考察公司特质风险对盈余系数的影响,通过考察对个股收益(R)和滞后一期未预期盈余偏离度($UE_{i,t-1}$)相关性以及个股收益(R)和未来一期未预期盈余($UE_{i,t+1}$)相关性的影响,判断公司特质风险的信息内涵。公司特质波动对个股收益与未预期盈余相关性的影响分析见表4.5。

表4.5 公司特质波动对个股收益与未预期盈余相关性的影响分析

	方程(A)	方程(B)	方程(C)	方程(D)	方程(E)	方程(F)
_c	−0.523*** (−22.45)	−0.489*** (−22.39)	−0.524*** (−22.52)	−0.491*** (−25.13)	−0.522*** (23.87)	−0.528*** (−27.03)
$UE_{i,t-1}$		0.064** (2.432)	0.071** (2.38)			0.068*** (3.38)
$UE_{i,t+1}$				0.011** (1.95)	0.007* (1.71)	0.0068* (1.8)
$FIRM_{i,t}$	0.210** (3.91)		0.212*** (3.92)		0.210*** (4.02)	0.209*** (3.88)
$UE_{i,t-1} \cdot FIRM_{i,t}$			0.003*** (2.34)			0.002* (1.656)
$UE_{i,t+1} \cdot FIRM_{i,t}$					−0.011* (−1.68)	−0.009** (−2.11)
$turn_{i,t}$	0.027*** (3.57)	0.033*** (4.44)	0.029*** (3.56)	0.071*** (7.67)	0.065*** (2.76)	0.027*** (7.73)
$Roa_{i,t-1}$	−0.32** (−2.235)	−0.326** (−2.24)	−0.323** (−1.99)	−0.248** (−2.05)	−0.32** (−2.07)	−0.32** (−2.23)
$Age_{i,t}$	0.0257*** (11.23)	0.0256*** (11.25)	0.026*** (11.31)	0.025*** (8.65)	0.0248*** (11.67)	0.0259*** (9.6)
$R_{i,t+1}$	−0.332*** (−22.058)	−0.33*** (−21.98)	−0.33*** (−22.08)	−0.29*** (−45.44)	−0.302*** (−21.63)	−0.332*** (−22.66)
个体效应形式	固定	固定	固定	固定	固定	固定

续表

	方程(A)	方程(B)	方程(C)	方程(D)	方程(E)	方程(F)
随机LM检验	184.32	176.1	188.94	173.55	132.64	190.5
年度效应	控制	控制	控制	控制	控制	控制
F	195.29	192.55	178.24	187.35	139.55	109.47
observe	4017	4017	4017	4017	4017	4017
R^2	0.105	0191	0.1883	0.543	0.196	0.189

注:_c为常数项;***、**、*分别为1%、5%和10%置信水平上的显著性。

表4.5中,方程(A)—(F)中,公司特质波动($FIRM_{i,t}$)与个股收益($R_{i,t}$)的相关系数β_2稳定在0.210左右,并且在10%的水平上,呈显著的正相关性,表明同期的个股收益反映了公司层面特质信息的不确定性。方程(B)考察滞后一期未预期盈余偏离度($UE_{i,t-1}$)对个股收益($R_{i,t}$)的影响,两者的相关系数g_{-1}为0.064,并且具有显著性。当滞后一期偏离度越大时,个股收益越高,说明个股收益吸收公司层面特质信息的滞后性较为显著,盈余公告后漂移现象(PEDA)非常显著。方程(C)中,将公司特质风险($FIRM_{i,t}$)以及特质风险与滞后一期盈余偏离度的交互项($UE_{i,t-1}\cdot FIRM_{i,t}$)加入模型(4.2)中,观察公司特质风险是否能够降低盈余公告后漂移现象。从实证结果看,公司特质风险的相关系数g_{-1}基本没有变化,仍保持在0.21左右;滞后一期未预期盈余偏离度($UE_{i,t-1}$)的相关系数从0.064上升到0.071,而交互项($UE_{i,t-1}\cdot FIRM_{i,t}$)系数$\theta_{-1}$为0.238,并具有显著性。随着公司特质风险的上升,变量($UE_{i,t-1}$)和个股收益($R_{i,t}$)的相关性增强,盈余公告后漂移现象进一步增强,说明公司特质风险的形成并非由公司层面特质信息融入股价效率所致,而是由信息不确定性所推动。本书的实证结果支持了本书假设3的观点。方程(D)中,个股收益($R_{i,t}$)与未来一期未预期盈余偏离度($UE_{i,t+1}$)的相关系数为0.011,具有显著性,说明个股收益能够反映企业未来盈余信息,存在"价格引导盈余"现象。方程(E)中,本书将把公司特质风险($FIRM_{i,t}$)以及交互项($UE_{i,t+1}\cdot FIRM_{i,t}$)放入模型(4.1)中。实证结论表明,虽然变量($UE_{i,t+1}$)的相关系数从0.011下降到0.007,而交互项($UE_{i,t+1}\cdot FIRM_{i,t}$)的系数为-0.011,且具有显著性,说明公司特质风险的上升反而削弱了股市中的"价格引导盈余"现象,降低了股价的信息含量,该实证结果支持了本书假设4的观点。最后,为了检验结果的稳健性,在方程(F)中,我们将所有涉及变量放入模型(4.1)中,发现系数的显著性基本没有变化,再次支持假设3和假设4的观点。该结论的理论意义在于,

在个股超额收益模型中,公司特质风险的相关系数显著为正,表明在同期的截面关系中,特质波动应该被个股收益定价。公司特质波动越高,越难通过组合管理分散特质风险,原因很多,如资金限制、市场分割、投资者的信息判断能力等因素,使得市场投资者要求为他们所承受的特质风险要求市场提供相应的风险溢价,这一结论符合传统金融理论的核心观点,即"风险收益相权衡"的思想。

另外,本书通过分年度截面回归对模型(4.2)从2007年到2013年的数据逐年进行检验,得到表4.6,连续7个年度的系数估计值。

表4.6 公司特质波动对个股收益与未预期盈余相关性的影响分析

	2007	2008	2009	2010	2011	2012	2013
_c	-0.297***	-0.007	-0.117**	-0.745***	-0.088*	0.031*	-0.214***
	(-6.69)	(-0.13)	(-2.28)	(-10.65)	(-1.74)	(1.65)	(-2.83)
$UE_{i,t-1}$	0.692***	0.098*	0.009**	-0.107	-0.142***	0.897***	0.121
	(5.21)	(1.86)	(2.17)	(-1.11)	(-2.76)	(2.71)	(0.79)
$UE_{i,t+1}$	0.098***	-0.067	0.092	0.191	0.134**	0.315**	-0.729**
	(2.64)	(-1.12)	(1.271)	(0.51)	(2.20)	(2.24)	(-2.13)
$FIRM_{i,t}$	-0.353***	-0.039	0.165*	-0.051	0.024*	0.013**	0.111*
	(-2.72)	(-1.37)	(1.75)	(-0.57)	(1.67)	(2.43)	(1.89)
$UE_{i,t-1} \cdot FIRM_{i,t}$	-0.031	0.289	0.093**	0.013*	0.464***	-0.883	-0.338*
	(-1.35)	(0.56)	(2.28)	(1.67)	(3.56)	(-1.45)	(0.83)
$UE_{i,t+1} \cdot FIRM_{i,t}$	-0.712	-0.397*	0.264	-0.517	-1.096***	-0.119	-0.443*
	(-1.27)	(-1.90)	(0.83)	(-0.41)	(-4.18)	(-0.26)	(1.71)
$turn_{i,t}$	-0.201***	0.038	0.021	0.032*	0.055**	0.081***	0.015
	(-2.61)	(0.82)	(0.22)	(1.783)	(4.49)	(4.67)	(0.75)
$Roa_{i,t-1}$	0.177	0.152***	0.336***	-0.217***	-0.165***	-0.955***	-0.499***
	(1.16)	(3.06)	(9.51)	(-3.85)	(-9.05)	(-52.29)	(-21.83)
$Age_{i,t}$	0.005	-0.003	0.004	0.014***	0.010**	0.009*	0.013**
	(1.06)	(-0.51)	(0.95)	(2.89)	(2.09)	(1.73)	(2.22)
$R_{i,t+1}$	0.05	0.521***	-0.105***	0.153***	-0.772***	-0.304***	-0.093
	(1.23)	(10.20)	(-3.44)	(5.19)	(-56.96)	(-23.91)	(-1.106)
observes				4017			
F-statistic				195.21			
Adjusted R^2				0.8006			

注:*、**、***分别为10%、5%和1%置信水平上的显著性。

表4.6显示了从2007年至2013年间各变量对个股收益的截面关系。首先,滞后一期未预期盈余偏离度($UE_{i,t-1}$)的相关系数g_{-1},除了2010年度和2011年度以外,均显著为正,且2007年、2008年、2009年和2012年统计意义

上具有显著性,表明绝大多数年份中在截面关系上存在显著的"盈余公告漂移"现象,公司特质信息融入股价的效率确实有待提高。其次,未来一期未预期盈余偏离度($UE_{i,t+1}$)的系数g_1,在2007年、2011年和2012年呈显著的正相关性,表明在我国证券市场上,虽然存在显著的"价格引导盈余"现象,但相对于盈余公告后漂移现象而言,仍然较弱。最后,公司特质风险($FIRM_{i,t}$)的系数β_2在2009年、2011年、2012年和2013年呈显著的正相关性,这也表明在截面关系上,公司特质风险能够被个股收益定价。交叉项($UE_{i,t-1} \cdot FIRM_{i,t}$)的相关系数$\theta_{-1}$,在2005年、2006年和2007年中呈现显著的正相关性,但2013年却表现出显著的负相关性。对于这种现象,中国股市从2009年开始起暖,2010年进入上行通道,2011年中国股市达到一个繁荣期,投资者情绪达到一个空前高涨期,股价严重偏离实体价值,而2009年到2011年公司特质波动大幅上升,并且在个股总波动中所占比重在0.67左右,而2009年为0.38。因此,从一个侧面也说明公司特质波动传递着投资者非理性行为的"异质噪声"。这一点也可以从换手率系数β_8在2010年、2011年和2012年呈现显著的正相关性印证。

该研究结论的意义在于,公司特质风险的上升趋势,非但没有缓解,反而出现盈余公告后漂移现象。所谓盈余公告后漂移现象是指公司层面特质信息融入股价的迟滞程度,公告后漂移越严重,信息融入迟滞的时间越长。因此,公司特质风险的上升趋势意味着降低了公司特质信息融入效率。另外,公司特质风险与未来一期未预期盈余的交互项($UE_{i,t-1} \cdot FIRM_{i,t}$)的相关系数显著为负,说明公司特质风险的上升趋势,反而缓解了"价格引导盈余"现象。所谓的"价格引导盈余"现象是指股价波动反映未来盈余信息的效率,"价格引导盈余"程度越高,未来盈余信息的效率越高。因此,这一实证结论表明,公司特质风险的上升趋势降低了公司层面特质信息融入效率。以上结论表明,公司特质风险的提高并不是完全由公司信息融入效率提升所引起,它与投资者的非理性"噪声交易"行为有着直接的联系。但从截面回归的结果上看,各年度中,公司特质波动的变化对于个股超额收益与未预期盈余相关性的影响,有时为正,有时为负。本书假定公司特质波动的形成同时与私有信息交易行为和投资者非理性的"异质噪声"有关,我们需要了解的是两种影响因素中,哪种占据主要地位和关键性作用。

(四)稳健性检验

为保证结论的稳健性,本书以模型(4.2)为基础、以深市A股作为研究对象,样本选取条件不变,但实证数据做如下两项调整:第一,样本期从2002—

2010年调整至2009—2012年,上市公司样本数量为823家上市公司共2328个观测值;第二,本书采用"市场衡量法"测度未预期盈余偏离度(UE),其原理根据投资者行为对盈余信息的反映予以衡量,即盈余公告日前后的平均收益衡量。根据Garfinkel、Sokobin和Anderson等人的方法,将盈余公告当天及后一天的累计超常个股收益定义为未预期盈余偏离度(UE):

$$UE = \frac{1}{2} \sum_{t=0}^{1} \left(r_{i,t} - r_{m,t} \right)$$

(4.12)

其中,$r_{i,t}$为证券市场中第i只股票在t交易日的个股收益,$r_{m,t}$为深市的流通市值加权平均的市场收益率。公司特质风险与盈余系数的稳健性分析见表4.7。

表4.7 公司特质风险与盈余系数的稳健性分析

	方程(A)	方程(B)	方程(C)	方程(D)	方程(E)	方程(F)
_c	-0.481*** (-19.74)	-0.412*** (-18.48)	-0.395*** (-29.62)	-0.329*** (-28.01)	-0.337*** (-11.68)	-0.329*** (-12.40)
$UE_{i,t-1}$		0.0093*** (6.197)	0.011*** (5.04)			0.0086*** (7.29)
$UE_{i,t+1}$				0.0004* (1.652)	0.0004* (1.71)	0.0003** (2.11)
$FIRM_{i,t}$	0.173*** (5.41)		0.149*** (6.29)		0.131*** (8.754)	0.162*** (5.32)
$UE_{i,t-1} \cdot FIRM_{i,t}$			0.0084** (2.21)			0.0073** (2.25)
$UE_{i,t+1} \cdot FIRM_{i,t}$					-0.0076* (-1.69)	-0.0061** (-1.75)
$turn_{i,t}$	0.054*** (26.91)	0.038*** (25.04)	0.037*** (23.12)	0.043*** (22.9)	0.041*** (24.01)	0.043*** (27.99)
$Roa_{i,t-1}$	-0.401*** (-36.59)	-0.326*** (-21.34)	-0.323*** (-20.97)	-0.405*** (-37.50)	-0.432*** (-18.74)	-0.403*** (-29.93)
$Age_{i,t}$	0.019*** (28.61)	0.023*** (27.34)	0.024*** (31.31)	0.021*** (28.73)	0.026*** (25.79)	0.018*** (27.53)
$R_{i,t+1}$	-0.394*** (-44.82)	-0.367*** (-35.64)	-0.418*** (-25.80)	-0.397*** (-28.74)	-0.372*** (-19.85)	-0.305*** (-27.03)
个体效应形式	固定	固定	固定	固定	固定	固定
随机LM检验	217.2	197.91	185.57	203.82	198.65	187.45
年度效应	控制	控制	控制	控制	控制	控制
F	238.22	214.35	190.74	207.88	220.48	286.31
observe	2312	2312	2312	2312	2312	2312
R^2	0.105	0.109	0.121	0.254	0.233	0.105

注:*、**、***分别为10%、5%和1%置信水平上的显著性。

表4.7报告了稳健性检验结果。第一,滞后一期未预期盈余偏离度($UE_{i,t-1}$)在方程(B)、(C)、(E)中,呈显著的正相关性,表明深市样本同样存在显著的盈余公告后漂移现象。但相较于沪市样本公司,深市样本的系数值明显下降,本书认为这和深市企业的规模普遍较小有关。第二,未来一期盈余偏离度($UE_{i,t+1}$)的系数值在方程(D)、(E)、(F)中也呈显著的正相关性,表明深市同样存在"价格引导盈余"现象。同样,与沪市相比,系数值也大幅下降。本书认为这与上市公司的规模有关,深市企业的规模普遍较小,投机性较强,因此,股价反映未来盈余信息的效率下降。第三,交叉项($UE_{i,t-1}$·$FIRM_{i,t}$)的相关系数在方程(C)、(F)中,均显著为正,表明在深市中,公司特质风险的上升加剧了市场中的盈余公告后漂移现象。第四,交叉项($UE_{i,t+1}$·$FIRM_{i,t}$)的相关系数在模型(E)和(F)中均显著为负,表明公司特质风险的上升在一定程度上降低了"价格引导盈余"现象。稳健性检验表明,公司特质风险与公司信息质量没有关系,或者说,不是由于公开信息传播效率的提升所致,其形成机制与投资者非理性的"噪声交易"有着密切的关系。

本章节以2004—2013年间沪市A股为样本,采用基于F-F三因素模型的"间接分离法"测度个股公司特质风险;在计算会计稳健性(AC)、盈余平滑度(ES)、应计质量(ACC)的基础上,通过分位数法估计样本公司的会计信息质量指数(Acindex),根据早期模型计算未预期盈余(UE)。并选择公司规模、公司年龄、资产收益率等指标作为控制变量,考察公司特质风险和会计信息质量的相关性。在此基础上,考察公司特质风险对盈余公告后漂移现象和价格引导盈余的影响,分析公司特质风险与公司信息质量以及投资者的"噪声交易"之间的关系。该研究的意义在于,首先,通过实证分析,对于公司特质风险的信息内涵进行探究,有助于理解在证券市场中,股价波动,尤其是公司特质波动的形成机制。其次,基于公司特质风险的信息内涵分析,有助于辨析在公司特质风险影响机制研究过程中,存在的"股价信息含量论"和"异质噪声论"的争论。最后,基于公司特质风险的信息内涵分析,有助于进一步拓展证券市场信息环境的研究领域,并丰富相关的研究成果。

第五章　股权集中度、产品市场竞争与公司特质风险的相关性研究

第一节　理论分析与研究假设

上一章从上市公司信息质量和个股收益与未预期盈余相关性的角度，对公司特质风险的信息内涵进行了分析，得出了公司特质风险并非反映上市公司股价信息含量程度，而是由公司层面信息不确定性程度所决定，即支持了"信息无关说"的观点。该结论与游家兴、袁知柱的观点相左。本书认为，研究结果的冲突，存在两个方面：第一，计算方法存在差别，尽管公司特质风险与股价同步性在计算公式上存在联系，但在测度时，有时由于模型设定的不同，样本选取的不同，造成结果存在较大的差别。第二，本书中所计算的公司特质风险是指公司特质波动的绝对水平，而股价同步性则反映了公司特质波动在个股总波动的相对比例，市场层面波动的变化也是影响同步性的一个重要因素。因此，本书的研究结论认为，在绝对水平上，公司特质风险反映了公司层面信息不确定性程度的大小，是由投资者的"异质噪声"推动的。

所有权结构作为公司内部治理的主要表现之一，是公司经营的产权基础，体现了公司各契约主体的控制权差异，对于公司所有权的配置效率和不同主体的利益分配以及利益—代理关系具有重要的影响，这使得股东对于公司特质信息的传播和吸收在各自的利益上作出选择，进而影响到股价对于公司层面信息的吸收，并最终影响到投资者的投资行为。在这个意义上，所有权结构对于股价波动乃至公司特质风险具有必然的联系。产品市场竞争作为公司治理的外部手段，尽管能够在一定程度上反映出公司的经营状况，但随着竞争的加剧，投资者对于公司未来经营状况预期的不确定性，必然也会通过投资者行为影响股价波动和公司特质波动的行为特征。因此，本章节就所有权结构和产品市场竞争这两个因素，对公司特质风险的影响机制深入分析。

一、理论分析

公司治理分为内部治理和外部治理,外部治理通过投资者权利,如产品市场竞争、公司并购、职业经理市场等方式提高公司治理水平;而内部治理通过股东结构、董事会等内部组织的优化过程提升公司治理机制。所有权结构是指企业产权安排的基础,决定着企业产权的具体分配方式和分配比例以及所有者形式各种相关权利的方式,在公司内部治理机制中具有重要的地位。Shleifer 和 Vishny 认为,在现代资本市场中,影响企业经营绩效、公司治理机制乃至公司价值的重要因素之一就是所有权结构安排。中国上市公司所有权结构的重要特征之一就是股权集中度,同时,现金流权(所有权)和投票权(控制权)高度分离,导致上市公司大股东与中小股东的代理冲突表现最为明显。因此,大股东在公司层面的特质信息制造以及传递,信息纳入股价的行为具有独特性,即同时存在"监管说"和"掠夺说"。股权集中度是指全部股东因出股比例的不同,所表现出来的股权集中还是分散的数量化指标,衡量着公司股权分布状态的重要指标,也是衡量公司结构稳定性的重要指标。股权集中度对公司的经营行为存在重要的影响,对于公司的经营现金流、融资成本存在显著的作用,而两者是导致公司特质风险变化的重要因素,因此,股权集中度对于公司特质风险存在必然的联系。

对于公司特质风险的变化,Xu 和 Malkiel 选取 1989—1996 年间的标准普尔指数样本股作为研究对象,发现样本的股权结构对公司特质风险存在显著的影响,大股东持股比例是推动公司特质风险上升的重要因素。他们认为这种现象是大股东封锁信息,致使市场信息环境恶化,市场投资者对企业的未来前景的判断趋于非理性,投资行为的"噪声"成分不断扩大,导致公司特质风险不断上升。与 Xu 和 Malkiel 类似,Dennis 和 Strickle 发现股权结构与公司特质风险的变动趋势相似,提出股权结构的变化能够解释"特质风险现象"的趋势。Jornhagen 和 Landelius 的研究也证实控股股东的持股比例与公司特质波动之间存在着显著的正相关性。以上研究成果将学者的研究视角转移到公司治理。Ferreira 和 Laux 基于公司特质风险的"信息含量说",发现企业的公司治理结构和治理水平对公司特质波动存在显著的影响。这种影响大多来自外部治理结构,如产品市场竞争是推动公司特质风险的重要因素。同样,公司并购行为对公司特质风险也存在重要的作用,当上市公司存在反收购保护条款时,管理层封锁有关公司层面的特质信息纳入股价的行为,导致出现较大的公司特质波动。

二、研究假设

(一)第一大股东持股比例与公司特质风险

中国股票市场与国有企业改革具有历史渊源,多数上市公司是由原先的国有企业改制而来,因此,股权集中度,尤其是控股股东持股比例较高。李增泉基于股价同步性的视角,以1995—2003年的深沪A股为样本,发现控股股东持股比例和股价同步性之间存在先上升后下降的"U"型关系,而其他大股东的持股比例,即股权制衡度与之则呈现出显著的负相关性。基于公司特质风险的"股价信息含量论"观点,他们的实证结论印证了控股股东持股行为对公司治理效率及投资者保护存在的两种效应:一是"监督假说",当大股东持股比例上升时,控股股东和企业的长期目标趋于一致,促使大股东加强了对公司管理层的监管动机,提高外部投资者利益的保护力度,有利于提升企业的声誉,降低了企业的融资成本。上述行为的结果使得公司信息披露质量上升,公开信息的传播效率大幅提升。根据上一章的实证分析,公司特质风险的形成与公开信息传播恰恰是负相关性,反映的是企业信息不确定性的变化。最终导致公司特质风险(或股价非同步性)不断下降。二是"掠夺假说",这种假说认为当控股股东比例达到一定程度后,能够绝对控制公司的经营管理决策,此时,公司实质上成为控股股东谋取私利的有力工具,通过"关联交易""金字塔控制"等手段掠夺中小股东的财富,侵占公司财产。为了掩饰上述行为,控股股东利用其绝对控制公司的权力,极力降低企业信息披露的透明度,降低公开信息传播效率的提升,公司的信息环境质量大幅下滑,企业未来经营前景的不确定性不断加剧,投资者难以判断,导致非理性的"噪声交易"规模大幅上升。促使公司特质风险出现上升趋势。

基于此,本书提出假设5:第一大股东持股比例与公司特质风险之间呈现U型结构,即随着第一大股东持股比例的上升,公司特质风险逐渐下降,然后又逐渐呈现上升趋势。

(二)股权制衡度与公司特质风险

大股东对于公司经营的监督和干预取决于自身利益与公司整体利益的一致性,而股权制衡则有效地保证了这种一致性的程度。因此,股东制衡度对于有效保护中小股东和公司整体利益有着重要的影响。李增泉发现控股股东占用公司资金行为与股东制衡度(即第二至第五股东的持股比例总合)存在显著的负相关性。另外,在制衡度较低的公司内部,第一股东(控股股东)更加容易操纵公司财务信息的制作与输出,公司信息质量直接受控于他的意愿,因此制衡度的高低与公司信息质量呈现负相关性。那么,股权制衡度较低的公司,信息不确定性往往较高,导致投资者获得公司层面特质信息的成本和几率更低。另外,制衡度较低的公司由于受到控股股东的操纵,更加倾向于制造虚假信息,导致投资者的非理性更为严重,从而推动公司特质风险上升。

基于此,本书提出假设6:股权制衡度与公司特质风险之间存在显著的负相关性。

(三)股权性质与公司特质风险

我国证券市场存在独特的路径依赖特征,它的发展与国有企业改革息息相关。尽管证券市场发展迅速,投资者保护和公司治理水平和发达资本市场存在较大差距,被称为"新兴+转轨"的资本市场。在独特的制度背景下,由于经营目标呈现出多元化的特征,除了经济利益外,社会发展、政治诉求都是地方政府推动国有企业上市的强烈动机。其结果是上市公司成为地方政府实现金融资源获取和追求寻租利益的政策工具,企业整体利益反而并不是企业上市追求的主要目标。另外,国有企业普遍的"所有者缺位"使得主要持股者——政府、相关企业和机构并不拥有企业剩余索取权,导致持股机构缺乏足够的经济利益对国有上市公司进行有效监督,难以有效制约公司管理层。王化成、佟岩的研究发现,国有上市公司的盈余质量较非国有上市公司更低,国有上市公司的股价信息含量更低。本书认为,当国有持股比例较高时,作为控股股东的政府监管者,没有动力搜集公司层面的特质信息。同时,由于监管效率较低,企业管理层作为"内部人",有着强烈的私利动机,为了掩盖其私利行为,往往阻止反映公司真实经营管理的信息向外部投资者传递,导致公司层面信息不确定性程度较高。

基于此,本书提出假设7:国有持股比例与公司特质风险之间存在显著的正相关性。

(四)产品市场竞争与公司特质风险

作为内部治理机制,控股股东有可能利用其优势地位操纵企业的信息披露,恶化了企业的信息质量,因此,内部治理机制通过市场信息环境影响资本市场中的股价波动,而外部治理机制同样与公司信息披露质量之间存在密切的联系。其中,产品市场竞争作为外部治理机制重要的手段,对公司信息质量存在显著的作用。关于两者之间的相关性存在两种观点。

一种观点认为,产品市场竞争与信息披露之间存在正相关性。首先,当产品市场竞争激烈程度上升时,企业为了维护良好的市场形象,吸引市场投资者,尽量创造优化的融资环境。其中,重要的手段就是提高企业的信息披露质量,提高公司良好的市场形象。相反,当产品市场竞争较弱时,意味着行业垄断性较强,垄断利润较高,也意味着企业内部经营信息对维护垄断利润具有重要的作用。企业为了防止竞争对手利用信息披露掌握内部经营状况,并进一步侵害企业的利益,管理层有动机降低公司特质信息的传播。同时,大量的行业垄断利润容易遭到政策监管层的关注,甚至通过经济、行政手段降低较高的企业收益。此时,管理层为了掩盖相关的行业垄断利润信息,也会尽量降低信息披露水平。

另一种观点认为,产品市场竞争与信息披露之间存在相继抉择的权衡关系。Yong的研究发现,产品市场竞争与信息披露的关系取决于竞争的性质和形式:当企业之间通过扩张销售规模争夺市场份额时,出于扩张生产规模的需要,其融资需求大幅增加。因此,获得低成本融资成为竞争的关键所在。是否能够获得低成本融资,争取市场投资者的信任是重要环节之一,企业尽量提高信息披露程度、增加公司信息质量成为获得市场信任的关键步骤。因此,产品市场竞争和信息披露之间呈显著的正相关性。而企业竞争采用价格战时,公司的融资需求较低。提高信息披露程度,增加企业信息质量固然能够带来低成本资本,但信息披露本身需要耗费大量的披露成本。如果融资成本的降低幅度小于增加信息披露质量带来的成本上升,对于理性的企业管理层则会放弃提高公司信息披露质量的倾向。因此,两者之间呈现负相关性。Wagenhofer也提出类似的观点,他认为当产品市场竞争日趋激烈时,尽管通过信息披露可以降低融资成本,但公司层面信息存在有利与不利两种情况。当公司面临不利于公司形象的信息时,公司出于趋利避害的本能,减少不利信息的披露程度。另外,产品市场竞争的激烈程度上升时,导致公司层面现金流波动和未来盈余程度不确定性出现大幅上升,带来信息不确定性,那么,两者之间呈显著的负相关性。我国证券市场作为"新兴+转轨"的资本市场,微观组织不健全,市场制度建设不完善。在此背景下,产品市场竞争和公司信息之间的关系也较为复杂。一般而言,产品市场竞争的加剧,带来了信息不确定性的增加,其结果往往是推动了公司特质风险的上升。Gaspar和Massa的实证研究发现,在一个竞争性的市场环境中,产品竞争程度的提高,提高了投资者对企业未来变化的不确定性。因此,产品市场竞争与公司特质风险之间存在正相关性。而Irvine和Pontiff基于"现金流波动"的理论,发现从1962—1997年的三十多年间,公司特质波动的上升趋势和企业的现金流波动趋势基本类似,他将产品市场竞争和公司特质风险的相关性研究,从信息的视角转移到现金流波动的视角。他们认为,"特质风险现象"反映了企业现金流波动性的基本趋势,而现金流波动的上升趋势同样反映了产品市场竞争不断加剧的结果。

基于此,本书提出假设8:产品市场竞争加剧带来的现金流波动上升和信息不确定性的增加,最终导致公司特质风险出现上升趋势,即产品市场竞争与公司特质风险之间存在正相关性。

(五)股权结构、产品市场竞争对公司特质风险的交互作用

基于资源依赖理论,股权结构与产品市场竞争对企业绩效以及公司信息质量存在两种影响:互补关系和替代关系。两者的互补关系是指当股权结构的变化不利于公司信息质量的提升时,产品市场竞争程度的加剧在一定程度上弥补了股权结构的不利影响。反之,如果产品市场竞争程度下降,促使企业管理层出现封锁内部经营信息的倾向,股权结构的变化,如股权制衡度的提高,在一定程度上缓解了外部治理机制弱化的后果。换言之,两者同时对公司信息质量产生影响时,两者作用的方向是一致的,相互之间具有补充的作用。两者的替代关系是指,当股权制衡度不断提高,加强对企业监管层的监督时,产品市场竞争的加剧反而迫使大股东由于盈利的需要和管理层形成合谋,不利于公司信息披露质量的提高。反之,当产品市场加剧时,出于理性,企业应该提高信息透明度,降低市场投资者对企业未来前景预测的不确定性。但控股股东出于自身的短期利益需求,出现激励不兼容的现象。因此,两者对于公司信息质量影响的方向是不一致的,相互之间存在相互抵消的作用。对于我国证券市场而言,具有自身的独特性,即控股股东多以国有产权背景居多。产权属性的特殊性导致政府的激励目标与企业的长期目标之间存在不一致性。另一方面,我国企业的产品市场竞争程度的高低,更多取决于行业的垄断属性,更加偏重政策性垄断,其垄断行为也是通过股权结构实现的。这进一步加剧了两者对于公司信息质量的替代性作用。因此,股权结构和产品市场竞争对于公司特质风险的交互影响应该是一种替代关系。

基于此,本书提出假设9:产品市场竞争与股权结构的交互项与公司特质风险呈负相关性。股权结构、产品市场竞争与公司特质风险的影响机制见图5.1。

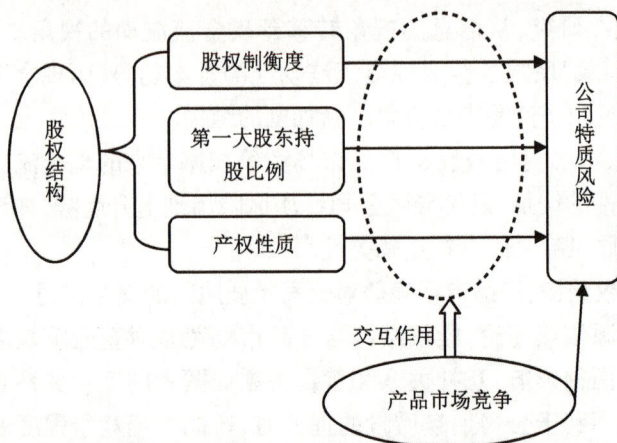

图5.1 股权结构、产品市场竞争与公司特质风险的影响机制

第二节 研究设计与实证分析

一、研究设计

(一)变量选择

本书为了验证股权结构、产品市场竞争和公司特质风险的关系,即验证上述五个假设,需要选择相应的指标变量。

1. 公司特质风险(FIRM)

本章节中仍然借鉴上一章节中Goyal和Santa-Clara以及Ferreira和Laux的计算方法对样本股公司特质风险进行测度,这里不再赘述。

2. 股权结构变量

本书中的股权结构变量分别采用股权集中度、股权制衡度和产权属性三个指标。股权集中度参照袁知柱等的方法,采用控股股东持股比例($Top1$),考虑到在假设5中,认为控股股东持股比例和公司特质风险之间呈"U"型关系,因此,采用控股股东持股比例的平方变量($Top1^2$);股权制衡度(bal)采用第二、三、四和五大股东持股比例之和与第一大股东持股比例的比值作为制衡程度的代理指标,产权属性(gov)采用国有股与总股数之比作为衡量指标。

3. 产品市场竞争变量($Compe$)

一般而言,产品市场竞争用企业的市场占有率进行衡量,数据来源为企业销售收入占行业销售收入的比重,考虑到企业的销售收入存在虚假销售等行为,导致它与公司信息披露质量之间存在内生性问题。本章节依据Nicke等人认为主营业务利润率在某种程度上可以视为企业的"垄断租金",垄断租金越高,意味着行业门槛的进入成本越高,也意味着产品市场竞争程度越低,两者呈现负相关性,为了保证本书的解释更具有可行性,故采用上市公司的主营业务利润率的负值来衡量产品市场竞争程度的高低。

$$Compe = -\frac{sale - \cos t - tax}{sale}$$

(5.1)

其中,sale为主营业务收入,$cost$为主营业务成本,tax为主营业务税金及附加。

4. 公司现金流波动($vcfo$)

现金流波动($vcfo$)采用企业经营现金流从第$t-4$年到第t年间共4年的标准差$var(cfo)$,并取其自然对数作为衡量指标,其中,cfo=经营现金流/平均总资产。

5. 控制变量

控制变量的选取除了参照上一章节中的资产负债率(ral),市值账面比($btom$)、公司年龄(age)和换手率($turn$)之外,借鉴Piotroski、Roulstone和Chen等人提出的方法,再选择盈余波动(ve)作为控制变量,以考察股权结构和产品市场竞争对公司特质风险的影响机制控制变量定义见表5.1。

表5.1　控制变量定义

变量	变量名称	变量说明
换手率	$turn$	个股年交易总量/个股当年平均流通股本
资产负债率	ral	公司总负债除以总资产
市值账面比	$btom$	公司年末的流动市值与净资产比表示。
公司年龄	age	IPO年度到计算公司特质波动为止的年数。
盈余波动	ve	净利润/平均总资产的比值,并计算从第$t-4$年至第t年的波动率

本章节以2005—2010年的沪市A股为研究对象,并按照以下标准给予剔除:首先,基于资本结构的特殊性,剔除金融类和房地产类上市公司;基于股价波动可能出现的异常,剔除期间ST类、PT类的样本观测值;剔除财务数据缺失的样本观测值;共得到3642个年度观测值。交易数据来源于Wind金融数据库,财务数据来源于国泰安金融财务数据库(CSMAR)。

(二)模型构建

根据假设5至假设9的理论分析,包括股权结构、产品市场竞争,以及两者的交互项对公司特质风险的影响构建面板回归模型:

$$FIRM_{i,t} = \alpha_0 + \alpha_1 \cdot top1_{i,t} + \alpha_2 \cdot top1^2_{i,t} + \alpha_3 \cdot bal_{i,t} + \alpha_4 \cdot gov_{i,t}$$
$$+ \alpha_5 \cdot Compe_{i,t} + \alpha_6 \cdot vcfo_{i,t} + \alpha_7 \cdot vcfo_{i,t} \cdot Compe_{i,t}$$
$$+ \alpha_8 \cdot ve_{i,t} \cdot Compe_{i,t} + \alpha_9 \cdot top1_{i,t} \cdot Compe_{i,t} + \alpha_{10} \cdot turn_{i,t}$$
$$+ \alpha_{11} \cdot ral_{i,t} + \alpha_{12} \cdot btom_{i,t} + \alpha_{13} \cdot age_{i,t} + \alpha_{14} \cdot ve_{i,t} + \varepsilon_{i,t}$$

$$(5.2)$$

在模型(5.2)中,α_0为常数项,$\alpha_k(k=1,2,\cdots,13)$为模型中各参数的回归系数:$\alpha_1$、$\alpha_2$、$\alpha_3$和$\alpha_4$为股权结构相关变量的相关系数,根据假设5、假设6和假设7,α_2和α_3应该显著为负,而α_1和α_4则应该显著为正;根据假设8的推论,产品市场竞争的加剧是引起信息不确定性上升的重要因素,也是推动经营现金流波动和盈余波动的重要因素,因此,α_5、α_6和α_{13}均应显著为正;现金流波动率和产品市场竞争的交互项($vcfo \cdot Compe$)系数α_7也应显著为正。根据假设9,股权结构和产品市场竞争对公司特质风险存在替代作用,那么,两者的交互项($top1 \cdot Compe$)的系数α_9应显著为负;至于控制变量,换手率($turn$)、资产负债率(ral)、市值账面比($btom$)和公司年龄(age)系数的预计符号与上一章基本相同,这里不再赘述。企业的盈余波动率上升时,市场投资者对未来预期盈余的预测能力下降,信息不确定性程度随之上升,因此,盈余波动(ve)系数应显著为正。另外,为了防止所有权结构的相关指标,第一大股东持股比例($top1$)、股东制衡(bal)和股权性质(gov)以及产品市场竞争指标($Compe$)和现金流指标($vcfo$)之间存在多重共线性,故将其逐步放入不同的回归模型中进行检验。

二、实证分析

本节共分为四个部分,即研究变量的统计特征描述、单变量相关性检验、多元回归模型(表5.2)的实证分析和稳健性检验。

(一)数据统计特征分析

施东晖认为,第二大股东到第五大股东的持股比例之和大于第一大股东持股比例,说明公司存在明显的股权制衡,反之,公司的股权集中度较高。根据表5.2的统计描述,股权制衡度(bal)均值为0.524,说明上海股票市场中上市公司的股东之间的制衡效果较差,其他股东对于第一大股东的控制行为的制约力较弱。同时,股权制衡度的最大值(4.239)与最小值(0.001)的差距较为悬殊,公司之间的制衡度分布不均;控股股东持股比例($top1$)的均值为0.451,即比例均值为45.1%。而欧美发达国家,如美国、英国和法国的前三大股东的持股比例则分别为20%、22%和33%,可见我国股票市场的股权集中度较高,存在显著的"一股独大"现象。另外,国有股(gov)持股比例均值为0.429,而中位数为0.489,说明政府对于上市公司的控制度较高,国有持股比例的最大值(0.882)与最小值(0.001)的差距较大。公司现金流波动率($vcfo$)的均值为0.0809,中位数为0.063,并且最大值与最小值的差距较大;盈余波动指标(ve)的均值为0.061,低于美国上市公司盈余波动均值0.196。

表5.2　各研究变量描述性统计

变量	观测值	均值	中位数	最大值	最小值	标准差	偏度	峰度
$FIRM$	3642	0.173	0.1386	0.874	8.7E−35	0.140	2.324	8.801
$top1$	3642	0.451	0.438	0.886	0.021	0.147	1.332	2.134
$top1^2$	3642	0.217	0.201	0.686	0.001	0.143	2.210	1.592
bal	3642	0.524	0.376	4.239	0.001	0.672	4.875	43.587
gov	3642	0.429	0.481	0.882	0.000	0.712	1.132	4.935
$Compe$	3642	−0.264	−0.223	−0.003	−0.886	0.404	3.752	8.537
$vcfo$	3642	0.081	0.068	13.625	0.010	0.527	1.857	4.291
ve	3642	0.062	0.038	5.289	0.0021	0.257	1.558	3.603
ral	3642	0.597	0.515	0.999	0.008	0.259	0.316	2.736
$btom$	3642	2.339	2.073	45.71	−10.52	3.875	1.736	6.428
age	3642	7.793	7	18	0	3.479	0.311	2.738
$turn$	3642	412.511	340.02	2978.62	0.674	592.27	1.56	5.07

注:数据来源于Wind金融数据库和国泰安数据库。

(二)变量相关性分析

与以往研究类似,首先对各主要变量进行Spearman相关性检验,检验结果如下表5.3。

表5.3　研究变量相关性检验

	FIRM	top1	bal	gov	Compe	vcfo	ve
FIRM	1						
top1	−0.031	1					
bal	−0.016**	−0.079***	1				
gov	0.042*	0.011	−0.339**	1			
Compe	0.268***	0.024**	0.073*	−0.034	1		
vcfo	0.008*	0.108*	0.859***	0.083***	0.19***	1	
ve	−0.054	−0.042**	0.047*	0.237***	0.0359*	0.094***	1

注：***、**、*分别为1%、5%和10%水平上的显著性。

　　从表5.3可以看到，股权制衡度（bal）与公司特质风险（FIRM）的相关性系数为−0.016，并具显著性，表明股权制衡的力量越强时，公司信息披露质量越高，市场投资者通过公开信息披露获得企业未来经营的相关信息，即市场的信息不确定性程度越低。此时，投资者的私有信息套利交易和"噪声交易"对特质波动的影响越小，则公司特质风险的幅度下降；国有股比例（gov）与变量（FIRM）在10%的水平上显著为正，表明国有背景企业在信息披露、公司透明度上存在差异性，导致投资者的"异质噪声"和私有信息套利效率大幅上升，最终导致公司特质风险出现上升趋势；产品市场竞争（Compe）与变量（FIRM）之间也呈现显著的正相关性，其结论与吴昊旻等人的研究结论具有一致性；现金流波动率（vcfo）与公司特质风险（FIRM）之间的相关系数同样显著为正，说明企业的现金流波动率是推动公司特质风险变化的重要因素。需要注意的是，盈余波动（ve）与公司特质风险（FIRM）的相关系数虽然为正，但并不显著。股权制衡度（bal）与控股股东持股比例（top1）的相关系数并不显著，而产品市场竞争（Compe）和国有股比例（gov）虽然为负，但并不显著，本书认为，其关键原因在于年度效应显著，即变量在各年间的变化差异性较大。

　　根据假设6、7、8的推论，即股东制衡度（bal）与公司特质风险（FIRM）之间呈显著负相关性；而国有股比例（gov）、产品市场竞争（Compe）与公司特质风险（FIRM）之间呈显著的正相关。就自变量和因变量之间的关系，公司特质风险组间对比检验见表5.4。

表5.4 公司特质风险组间对比检验

自变量	公司特质风险(FIRM)			
	(1)较高组平均值	(2)较低组平均值	(3)总体平均值	(2)-(1)
bal	0.182	0.164	0.173	−0.018** (1.97)
gov	0.159	0.187	0.173	0.028** (2.03)
Compe	0.152	0.201	0.173	0.056*** (4.11)

注:***、**、*分别为1%、5%和10%水平上的显著性。

分别按照股权制衡度(*bal*)、国有股权比例(*gov*)和产品市场竞争(*Compe*)的中位数,将公司特质风险分为两组,即(1)自变量较高组和(2)自变量较低组,计算每组中公司特质风险的平均值,并进行组间对比。首先,股权制衡度(*bal*)较高组的公司特质风险平均值为0.164,而较低组的平均值为0.182,两组差额为0.018,并且在5%的水平上呈显著性。其次,国有股权比例(*gov*)较高组的特质风险平均值为0.159,较低组的特质风险平均值为0.187,相差0.028,同样在5%的水平上具有显著性。最后,产品市场竞争(*Compe*)和公司特质风险(*FIRM*)的关系同样具有统计的显著性。

该结论通过Spearman相关性检验、组间对比检验、面板数据回归分析,对于股权结构,包括控股股东持股比例、股权制衡度、产权属性三个变量对公司特质风险的影响进行检验,发现股权制衡度与公司特质风险之间存在显著的负相关性,说明当上市公司股权制衡度越高时,公司特质风险则越低。而国有股权比例与产品市场竞争与公司特质风险之间存在显著的正相关性。

(三)面板回归结果分析

表5.5反映了模型(5.2)的实证结论。考虑到变量间存在多重共线性问题以及主要变量的交互效应,故在实证过程中,将主要自变量,如控股股东持股比例(*top1*)、股权制衡度(*bal*)、国有股比例(*gov*)、现金流波动率(*vcfo*)和盈余波动率(*ve*)依次加入模型中,验证本书的假设推论。

表5.5 模型(5.2)的实证结果

自变量	预符	方程(A)	方程(B)	方程(C)	方程(D)	方程(E)	方程(F)
_c	?	0.054*** (13.43)	0.052*** (13.91)	−0.071*** (−8.59)	−0.084*** (−7.93)	0.031*** (3.58)	0.033*** (3.62)
top1	−	−0.429*** (−3.964)	−0.417*** (−2.94)			−0.52** (−2.46)	−0.432** (1.99)

续表

自变量	预符	方程(A)	方程(B)	方程(C)	方程(D)	方程(E)	方程(F)
$top1^2$	+	0.032*** (4.092)	0.031*** (3.27)			0.068** (2.33)	0.06** (2.72)
bal	−	−0.175* (−1.78)					−0.095** (−2.00)
gov	+		0.738** (2.13)				0.416* (1.78)
$Compe$	+			0.189*** (3.31)	0.183*** (2.91)	0.202*** (4.62)	0.163** (2.32)
$vcfo$	+			0.641*** (6.92)			0.424*** (7.78)
ve	+				0.097*** (12.83)		0.067** (2.19)
$Compe \cdot vcfo$	+			0.033** (2.01)			0.013** (2.05)
$Compe \cdot ve$	+				0.173* (1.69)		0.12* (1.76)
$top1 \cdot Compe$						−0.229 (−1.33)	−0.27 (−1.42)
$turn$	+	0.032*** (23.03)	0.031*** (23.98)	0.059*** (25.66)	0.052*** (31.57)	0.025*** (14.03)	0.028*** (19.04)
ral	+	0.002* (1.84)	0.003* (1.92)	0.008** (2.23)	0.101** (2.11)	0.056 (1.35)	0.063 (1.52)
$btom$	+	0.01* (1.66)	0.012* (1.74)	0.018* (1.65)	0.017* (1.86)	0.021** (2.34)	0.023** (2.21)
age	−	−0.032*** (−4.32)	−0.034*** (−5.81)	−0.081*** (−3.47)	−0.073*** (−4.69)	−0.039*** (−5.96)	−0.041*** (−5.87)
LM检验		273.92	277.26	198.35	184.29	221.83	219.04
年度效应		控制	控制	控制	控制	控制	控制
年度效应		控制	控制	控制	控制	控制	控制
F检验		117.45	113.83	120.8	117.84	221.4	201.53
(R^2)		0.211	0.212	0.185	0.184	0.237	0.237
观测值		3642	3642	3642	3642	3642	3642

注：*、**、***分别表示为双尾检验在10%、5%和1%水平上的显著性。

　　由于随机效应LM检验值均在5%水平上显著为正,故选择固定效应回归模型。通过分析表5.5可得到以下结果:在方程(A)和方程(B)中,控股股东持股比例($top1$)的相关系数α_1均小于−0.4,并且具有显著性。表明当控股股东对企业的控制力上升时,公司特质风险呈现上升趋势;而控股股东持股比例的平方变量($top1^2$)的相关系数α_2为0.03,并具显著性。上述结论说明控股股东持股比例($top1$)与公司特质风险($FIRM$)之间存在"U"型关系:说明当控股股东的控制力逐渐上升时,大股东与企业整体的利益具有一致性。控股股东加强对企业管理层的监管,防范管理层的道德风险,即第一类代理问题出现的概率,并提高企业的信息披露质量。其结果是公司信息质量不断上升,企业与市场之间的信息不对称性下降,投资者的"噪声交易"的可能性下降,同时,知情交易者的私有信息套利空间不断缩小,最终导致公司特质风险逐步下降。上述基于实证结果的理论推演,为控股股东的"监管说"理论提供了强有力的支持。当控股股东的控制权上升到一定程度之后,大股东有动机利用各种手段,如关联交易等获取私利,形成第二类代理问题。为了掩盖控股股东的私利行为,他们利用手中的控制权,封锁企业内部经营的相关信息,降低企业的信息披露质量,反而导致公司特质风险随之上升。本书结论与张翼和马光、肖作平的观点类似,为控股股东的"监管说"理论和"掠夺说"理论提供了经验证据的支持,并支持本书假设5的推论。

从方程(A)中可以看到股权制衡度(bal)的相关系数α_3为-0.175,并具显著性。表明企业的股权制衡度越高时,能够有效抑制第一类代理问题产生的可能性,即控股股东对中小股东的掠夺行为。股权制衡度作为一种董事会治理机制,同样对企业管理层的私利行为进行有效的控制,保护外部投资者的利益,有效地控制和防止大股东操纵公司财务信息输出过程的质量,提高投资者知情交易概率和降低"异质噪声"交易的程度,最终致使公司特质风险下降,这支持本书假设6的推论。

方程(B)显示,国有股持股比例(gov)与公司特质风险($FIRM$)的相关系数α_4为0.738,并具有显著性,支持了本书假设7的推论。国有背景企业市场效率较低,企业利润的取得存在较强的不公平性,更多的是通过垄断行为获取。因此,这些企业的会计信息也受到政治成本的影响。当市场竞争激烈时,企业掩盖信息的难度较大,而垄断性质强的企业,以垄断作为手段拒绝向市场公布其内部经营的相关信息。因此,国有持股比例较高时,企业的信息披露的有效性大打折扣,甚至存在人为操纵的可能性。产权属性导致的会计信息有效性,带来了市场监督约束机制的缺乏,市场投资者交易的盲目性大大增加,知情交易成为企业相关信息传播的主要途径。其结果是公司特质风险出现上升趋势。

方程(C)至(E)中,产品市场竞争($Compe$)和公司特质风险($FIRM$)的相关系数α_5显著为正,说明随着产品市场竞争的加剧,公司特质风险呈现上升趋势。一方面,在资源的有限性带来的企业间竞争,有利于资源配置的优化和投资效率的提高,其关键在于,产品市场竞争作为重要的公司外部治理手段,能够在一定程度上提高企业内部经营信息的传播效率。竞争带来信息传播效率的提高,涉及两个层面的信息结构:公开信息和私有信息。前者意味着产品市场竞争提高了企业信息披露质量,而后者增加了知情交易者的私有信息套利行为。在我国"新兴+转轨"的制度背景下,国有股权占优、机构坐庄行为盛行的环境中,产品市场竞争更多的是带来后者传播效率的提高。另一方面,产品市场竞争与会计信息的关系存在间接性,但竞争带来的直接后果是企业的盈余波动和现金流波动率的大幅上升。而Campbell等人认为现金流波动是导致公司特质风险上升的"根本性"因素。因此,产品市场竞争和公司特质风险的正相关性,更多的是来自企业经营行为的不确定性。同时,这种经营行为的不确定性,使得市场投资者难以判断企业未来的价值走向,投资行为的理性预期逐步降低,这也成为投资者"噪声交易"行为大幅上升的重要因素之一。

从方程(C)可看到,现金流波动率($vcfo$)与公司特质风险($FIRM$)的相关系数 α_6 为0.641,在1%的水平上具有显著性;方程(D)中,企业盈余波动(ve)的相关系数 α_7 为0.097,并具显著性。两个检验结果均表明,现金流波动率是导致公司特质风险变化的重要原因,现金流波动和盈余波动的后果导致企业未来价值的不确定性上升,是引起公司特质风险变化的重要原因。本书想进一步分析,在产品市场竞争和公司特质风险之间,是否是现金流波动或者盈余波动的变化起着重要的作用。从方程(C)和(D)中,我们看到,现金流波动率、盈余波动率与产品市场竞争的交互项($Compe \cdot vcfo$)和($Compe \cdot ve$)的系数 α_8 和 α_9 均显著为正,表明两个变量的波动性能够加强产品市场竞争与公司特质风险之间的正相关性,它们在两者之间存在重要的中介作用,这一结论支持Gaspar和Massa、Irvine和Pontiff的推论。同样,也说明竞争加剧带来的企业未来价值的不确定性也是公司特质风险大幅上升的重要因素。因此,实证结论支持了本书假设8的推论。

从方程(E)和(F)中看到,控股股东持股比例和产品市场竞争的交互项($top1 \cdot Compe$)系数 α_{10} 符号为负,但并不显著。尽管从系数符号而言,产品市场竞争和所有权结构之间存在弱替代性,但这种影响不足以弥补市场的制度性缺陷。换言之,产品市场竞争虽然在一定程度上能够缓解企业的信息质量,提高市场的交易效率,但仍然不能有效抑制控股股东中存在的针对中小股东的掠夺行为。甚至在一定程度上,产品市场竞争的加剧反而迫使管理层和控股股东之间形成合谋,共同封锁企业内部经营信息的传播,这种现象在濒临亏损的企业更为显著。因此,基于我国证券市场的特殊背景,产品市场竞争和大股东的控制行为对于企业的信息质量并没有起到显著的提升作用。

(四)研究结论与研究意义

在面板数据分析中,控股股东持股比例($top1$)与公司特质风险($FIRM$)的相关系数为负,而控股股东持股比例($top1^2$)与公司特质风险的相关系数显著为正,表明大股东的持股行为与公司特质风险的关系呈现"U"型结构,股权制衡度(bal)的相关系数显著为正,国有持股比例(gov)的相关系数也显著为正。基于上述实证结果,该研究存在两重意义:一方面,在理论上,从股权结构的视角中,公司特质风险与公开信息披露质量的关系是负向关系。由此可知,公司特质风险的形成只可能与两种因素有关,即私有信息套利交易和投资者非理性的"噪声交易"。另一方面,在实践中,众多学者将公司特质风险、股价非同步性作为"股价信息含量",用以衡量市场的成熟度。根据上述实证结果,公司特质风险的形成机制虽然与信息有关,但更多的是代表了私有信息的融入效率,用该指标来衡量市场的发展程度,值得实务界商榷。

产品市场竞争($Compe$)与公司特质风险($FIRM$)之间呈正相关性,表明产品市场竞争是推动公司特质风险变化的重要因素,此结论与吴昊旻等人的结论相同。但两者之间的影响机制并没有学者深究,本书进一步将现金流波动率($vcfo$)和盈余波动率(ve)加入模型之中,两个变量的系数呈显著的相关性,说明公司特质风险的形成与现金流波动或者盈余波动存在直接的联系。而上述两个变量与产品市场竞争的交互项($Compe \cdot vcfo$)和($Compe \cdot ve$)的系数均显著为正,说明产品市场竞争并不是通过优化公司治理机制推动公司特质风险的变化,而是通过加剧企业现金流波动或者盈余波动,使得企业未来价值的不确定性上升,进而推动公司特质风险的变化。其实践意义在于,由于我国经济存在过度竞争,行业竞争对于企业治理结构的改善没有缓解的作用,反而进一步导致企业信息不确定性的上升;产品市场竞争与股权结构分别作为外部治理机制和内部治理机制,相互之间存在互补性,即当内部治理机制失效时,外部治理机制的强化能够在一定程度上抑制代理问题的出现。从本书的实证结果来看,产品市场竞争和控股股东持股比例的交互项($top1 \cdot Compe$)的相关系数并不显著,表明产品市场竞争加强,并没有改善股权结构影响资本市场股价波动的作用。这说明产品市场竞争在我国股票市场并非是有效的外部治理机制。

(五)稳健性分析

在此,基于公司特质风险($FIRM$)和产品市场竞争($Compe$)的测度方法的替换进行稳健性检验。在上述检验过程中,Goyal 和 Santa-Clara 的间接测度法与 Campbell 等人基于 CAPM 的间接测度法较为类似,存在误差较大等缺陷。在稳健性检验中,采用 Xu 和 Malkiel 基于 F-F 三因素模型的直接分离法估计个股特质波动:

$$R_{i,t} = \alpha_{i,t} + \beta_{i,t} \cdot MKT_{i,t} + h_{i,t} \cdot HML_{i,t} + \varepsilon_{i,t} \tag{5.3}$$

其中,$R_{i,t}$为股票i在第t日的超额收益率;$\alpha_{i,t}$为股票i在第t日的市场超额收益,$MKT_{i,t}$和$HML_{i,t}$分别为股票i第t日的规模因子和价值因子,而$\varepsilon_{i,t}$表示股票i的模型残差,则公司特质风险为模型残差的标准差:

$$FIRM_t = \text{var}(\varepsilon_{i,t}) \tag{5.4}$$

产品市场竞争的衡量指标采用赫芬德尔-赫希曼指数(HHI)的相反数,计算公式如下:

$$HHI = -\frac{企业的销售额}{行业销售总额} \tag{5.5}$$

当 HHI 指数越小时,表明企业的市场份额所占比重较小,对行业竞争的影响较小,产品市场竞争度越大;反之,产品市场竞争度越小,即该指数与产品市场竞争度呈负相关性。根据假设 8 的推论,产品市场竞争与公司特质风险之间呈显著的负相关性,那么,赫芬德尔指数(HHI)与公司特质波动变量($FIRM$)之间呈负相关性。

表 5.6 报告了对模型(5.2)的稳健性检验。与上述实证结果类似,控股股东持股比例($top1$)与公司特质风险($FIRM$)之间呈显著的"U"型关系;股权制衡度(bal)与公司特质风险($FIRM$)之间呈显著的正相关性,说明随着股权制衡度的上升,企业财务信息披露质量不断提高,有效抑制了公司特质波动率的上涨;产权性质变量(gov)的相关系数显著为正,表明国有企业的公司特质风险幅度更大,说明产权属性对于股价波动存在显著的影响;产品市场竞争的替代变量——赫芬德尔-赫希曼指数(HHI)和公司特质风险之间同样存在显著的负相关性,表明产品市场竞争对股价波动存在显著的作用;交互项($Compe \cdot vcfo$)和($Compe \cdot ve$)为正,表明现金流波动率和盈余波动率是影响产品市场竞争与公司特质风险相关性的重要因素;方程(E)中,交互项($top1 \cdot$

HHI)的相关系数具有显著性,但在方程(F)中,显著性消失。本书认为,这与产品市场竞争指标采用赫芬德尔–赫希曼指数(HHI)有一定关系,因为不同行业的上市公司数量存在差异性。有些行业尽管存在较强的市场竞争,但由于我国证券市场的发行制度实行核准制,能够进入市场的企业数量较少,导致仅计算上市企业的竞争指标过于粗糙。

表5.6　对模型(5.2)的稳健性检验

自变量	预符	方程(A)	方程(B)	方程(C)	方程(D)	方程(E)	方程(F)
$\_c$	?	0.124*** (3.17)	0.131*** (4.21)	0.059*** (4.74)	0.054*** (5.23)	0.043*** (5.82)	0.042*** (6.31)
$top1$	−	−0.39*** (−3.16)	−0.35*** (−3.94)			−0.23*** (2.98)	−0.24*** (3.92)
$top1^2$	+	0.015*** (4.01)	0.012*** (3.09)			0.115* (1.73)	0.112** (1.81)
bal	−	−0.181** (2.13)					−0.082* (1.87)
gov	+		0.437* (1.73)				0.331** (2.28)
HHI	+			0.133*** (5.18)	0.124*** (4.14)	0.054* (1.68)	0.061* (1.93)
$vcfo$	+			0.39*** (3.77)			0.28** (2.78)
ve	+				0.117*** (3.87)		0.126*** (3.29)
$Compe·vcfo$	+			0.031** (2.32)			0.029*** (5.21)
$Compe·ve$	+				0.098* (1.9)		0.144** (2.26)
$top1·HHI$						−0.098* (1.71)	−0.093 (0.89)
$turn$	+	0.029*** (18.92)	0.024*** (17.63)	0.089*** (22.64)	0.083*** (21.93)	0.032*** (19.31)	0.031*** (20.12)
ral	+	0.0013** (2.25)	0.0015* (1.79)	0.0057** (2.42)	0.0048** (2.31)	0.0037* (1.75)	0.0033* (1.91)
$btom$	+	0.043* (1.87)	0.042* (1.81)	0.091* (1.71)	0.096* (1.68)	0.002* (1.8)	0.004* (1.9)
age	−	−0.025*** (−21.83)	−0.029*** (−19.32)	−0.075*** (−6.35)	−0.081*** (−5.22)	−0.102*** (−6.61)	−0.096*** (7.21)
个体效应		固定	固定	固定	固定	固定	固定
随机LM检验		226.84	235.55	171.04	191.41	207.11	198.65
年度效应		控制	控制	控制	控制	控制	控制

续表

自变量	预符	方程(A)	方程(B)	方程(C)	方程(D)	方程(E)	方程(F)
F检验		150.23	147.32	118.93	121.46	145.2	153.9
R^2		0.194	0.184	0.159	0.172	0.121	0.137
观测值		3582	3582	3582	3582	3582	3582

注：*、**、***分别表示为双尾检验在10%、5%和1%水平上的显著。

(六)研究不足与未来展望

第一,本书选取控股股东持股、股权制衡度和国有股权比例代表内部公司治理机制,选取产品市场竞争代表外部公司治理结构,分析公司治理结构对于公司特质风险的研究。但公司治理机制所包含的内容远不止于此,如董事会、管理层激励、审计质量等要素,均能反映企业的公司治理水平。这些因素对公司特质波动是否存在影响,其影响机制都有哪些,这是今后要研究的方向之一。

第二,在中国股票市场上市的部分A股上市公司也被允许在境外上市(N股、S股和H股),形成双重上市。这样,对于公司来讲,不得不面临不同的监管环境,往往境外的监管力度和监督机制更为严格,这在一定程度上抑制了控股股东或者高管的机会主义。同时,国外投资者,尤其是机构投资者的信息搜寻能力更强,能够利用他们的投资经验和专业能力搜集和加工与公司价值有关的信息,因此,双重上市的公司治理水平更高,信息质量更高,市场信息环境更为透明。在这样的背景下,双重上市行为对于公司特质风险会产生怎样的影响,其作用机制的产生过程如何,这是下一步要研究的。

第六章 公司特质风险与机构投资者的相关性研究

第一节 理论分析与研究假设

一、理论分析

(一)文献回顾

在证券市场中,按照行为金融学的观点,证券市场中存在两类投资者:理性投资者(信息交易者)和非理性投资者("噪声"交易者),他们对证券市场的信息传递以及金融资产价格波动起到不同的作用。一般而言,普通的个人投资者,即散户是典型的"噪声"交易者:一方面,他们在股票投资方面的知识有限,对于投资理论以及财务报表、经济管理方面的知识尤为不足,在处理信息的能力上受到较大限制,容易被金融专家的建议所左右;另一方面,个人投资者不会分散投资,经常自以为是地进行买卖并且频繁变换证券组合,不注重证券的内在价值,喜欢追涨杀跌,给证券市场带来大量"噪声",由此形成"噪声"交易者。而机构投资者则是典型的信息交易者。Hirshleifer指出,与个人投资者不一样,机构投资者是理性投资者,能够在"众人皆醉"的市场气氛中保持清醒的头脑。他们具有比散户更优质的信息资源,并且有着专业的研究人员和基金经理,这些优势使得机构投资者能够准确评估股票的基础价值。Grossman和Stiglitz的模型证明信息交易者的套利行为能够使股票价格的波动更多地反应基本面信息,使得股票价格更为真实地反映其内在价值。而DeLong等人的模型认为"噪声"交易者的交易行为同样将增加个股波动幅度,这种股价波动与公司层面特质信息无关。之所以不同类型投资者对于股价传递基本面信息的作用不同,是因为不同国家证券市场的制度建设和市场的信息环境差异影响了投资者行为和动机,而这种行为和动机又通过投资者的交易行为影响了股价对公司特质信息的吸收。如Morck等人认为,由于各个国家产权制度建设完善性的差异,导致各国证券市场股价信息含量明显具有差别。再如Chan和Hameed则认为,证券市场信息环境质量的差异决定股价吸收公司基本面信息的程度,导致个股波动的信息内涵具有重大差别。从这一角度看,公司特质波动之所以成为反映投资者非理性的"异质噪声",更多的是受到上市公司信息不确定性程度的影响。在更大的程度上,是受到投资者结构不同或者投资者行为的影响。因此,从机构投资者的角度研究公司特质风险的影响因素是本章节要做的工作。

(二)机构投资者与股价波动

在美国股票市场中,个人投资者由于信息渠道的匮乏,更喜欢持有"明星股票"。Barber 和 Odean 从行为金融学的角度认为,所谓"明星股票",是指在证券市场中,交易量或股价出现异常状况而且被媒体关注的股票。机构投资者由于信息获取能力的优势,作为证券市场的信息交易者,不存在像个人投资者那样的"羊群效应"和"正反馈效应",这里所指的"正反馈效应"行为称为惯性交易或动量交易等,是指投资者以股票近期的表现作为买卖判断的主要依据,具体就是买入近来的强势股,卖出近来的弱势股。因此,正反馈交易会通过购买价格过高的股票或者卖出价格过低的股票,使股票远离其基本价值,进而加大市场的波动。因此,机构投资者的存在有助于稳定市场波动的幅度。而美国证券交易委员会的《机构投资者研究》的报告中也得出相似的结论,认为20世纪六十年代以来,如火如荼的机构化趋势明显降低了股市的不稳定性。Bohl 和 Brzeszczynsku 针对波动证券市场的研究,发现机构持股比例的增加能够降低指数收益的波动幅度。但有些学者提出一些相左的意见,认为基于声誉、业绩评价等因素的考虑,机构投资者也可能存在"羊群效应",在某些时候比个人投资者更甚,因此,他们认为机构投资者并不能够降低股价的波动性。对于这种观点,Wermers 以 1975—1994 年间美国市场上的共同基金作为研究对象,发现机构投资者的"羊群行为"多发生在信息质量较低的小盘股中,并且对于共同买入的羊群效应要比共同卖出的效应更为强烈,导致前者比后者具有更高的同期和滞后收益,有利于股价吸收信息的速度。同样,游家兴提出"机构投资者的羊群行为和正反馈交易行为的存在不必然意味着其交易行为会使股市不稳定"。他们认为机构投资者的"羊群行为"是基于公司真实信息的判断形成的。那么,机构投资者将加速股价向新信息方面的调整,提高了股价的信息效率。另外,机构投资者的信息获取程度远比个人投资者更加充分,机构投资者的"羊群行为"和"正反馈行为"往往与散户的投资方向相反,其结果是对冲散户的非理性投资。因此,机构投资者将稳定股价波动幅度。

(三)机构投资者与公司特质风险

机构投资者的持股行为与公司特质波动之间的相关性,在金融学界一直存在争论。Campbell等人发现的"特质风险现象",即在欧美证券市场上,公司特质风险从20世纪六十年代以来不断上升。他们认为这一趋势和机构投资者的快速发展有着密不可分的关系。有学者认为机构投资者作为理性的投资群体,能够有效对冲散户的非理性行为,对资本市场中的股价波动起到稳定作用。因此,两者之间应该呈现负相关性。Brandt等人的实证研究发现,公司特质波动与机构投资者的持股行为存在"区间现象",即在低股价样本中,公司特质波动与机构持股行为存在显著的负相关性,而在高股价样本中,公司特质风险与机构投资者持股行为的相关性并不显著。他们对于这种现象的解释是,散户作为"噪声"交易者在低价股中占据重要地位,而机构投资者作为"信息交易者"并不占据优势地位,而散户的"噪声交易"对于公司特质风险具有决定作用,进一步验证了公司特质风险与投资者的"异质噪声"之间的关系。

也有学者发现,机构持股和公司特质风险之间,并非一味地呈负相关性,反而存在显著的正向关系。实证检验表明,机构持有比例在横截面关系上和公司特质风险存在显著的正向关系,即机构持股比例变化1单位,相应的特质风险将会变化0.75个单位。他们对此的解释是,机构投资者作为重要的知情交易者,通过私有信息套利交易,将企业的内部经营信息融入股价之中,推动公司特质风险不断上升。Jornhagen和Landelius从另一个角度给出解释,他们认为是机构投资者的"伪羊群效应"对公司特质风险起到重要的作用,但"伪羊群效应"的实质是跟随其他知情交易者快速将私有信息融入股价的"众从"行为。因此,他们与Dennis和Strickland的观点是一致的。而Bennett等人承接上述思路,通过对纽约证券交易所的样本股分析,他们提出一种新的观点,即机构投资者的投资偏好是一个逐渐演进的过程,随着投资技术和信息技术的发展,机构投资者能够较好掌握中小股企业的内部信息。为了获得更好的投资收益,他们逐渐向小市值企业转移。因此,机构投资者的大量介入,私有信息融入股价的效率提升,推动公司特质风险大幅增加,两者之间呈现正向关系。Xu和Malkiel以标普500指数为样本的研究结果得出类似的结论。Chang和Sen同样基于"股价信息含量"的观点,对1975—1999年间日本股市的样本进行分析,同样发现机构持股比例和公司特质风险之间存在显著的正相关性。机构投资行为无疑将更多的公司层面特质信息纳入股价中,最终推动公司特质波动不断上升。

二、研究假设

上述文献研究的结果之所以大相径庭,多是由于假设前提不同或者样本对象的差异性太大。所以,学界对两者相关性的解释也争执不已。Roll 认为公司特质风险的形成与私有信息套利行为有着直接的联系,而机构投资者作为知情交易者,所拥有的信息优势对私有信息融入股价的效率具有不可获取的重要作用。在此条件下,机构的持股行为必然和公司特质风险之间存在显著的"正相关论"。尤其是在机构投资者的"伪羊群效应"的作用下,公司特质风险的上升幅度则会进一步加剧。但基于公司特质风险的"异质噪声"的观点,机构投资者的知情交易行为反而导致公司特质风险下降。另一方面,机构投资者在实质上已经成为企业公司治理不可或缺的组成部分,通过股权结构安排和董事会治理,改善了企业的公司治理机制,其结果是会计信息披露质量大幅提升,公开信息传播效率得到有效提升。随着公司透明度的不断提高,公司特质风险实质上被抑制了。因此,机构持股行为和公司特质风险存在显著的负相关性。公司特质风险的信息内涵、机构投资者的信息优势和投机本性,即"伪羊群效应"和"正反馈效应"使得研究文献的结论各不相同。但是,在强调机构投资者的信息优势和谨慎原则时,我们不能忽略中国股票市场中信息质量的低下和企业透明度较差等条件。在此环境中,投资者的谨慎原则反而将信息优势转化为真"羊群效应"和高换手率行为,进一步恶化了证券市场的信息环境。因此,本书在考察机构持股行为对公司特质风险的影响时,必须将之纳入真实的市场信息环境中考察。

基于此,本书提出假设10:如果公司特质风险由私有信息融入股价行为所致,则机构持股比例与公司特质风险呈正向关系;如果公司特质风险由投资者的"异质噪声"引起,则机构持股比例与公司特质风险呈负向关系。

假设11:如上市公司信息质量上升时,机构持股的优势下降,那么公司透明度对机构持股行为和公司特质风险的相关性存在负向调节作用。关于会计信息质量的机构持股与公司特质风险的相关性见图6.1。

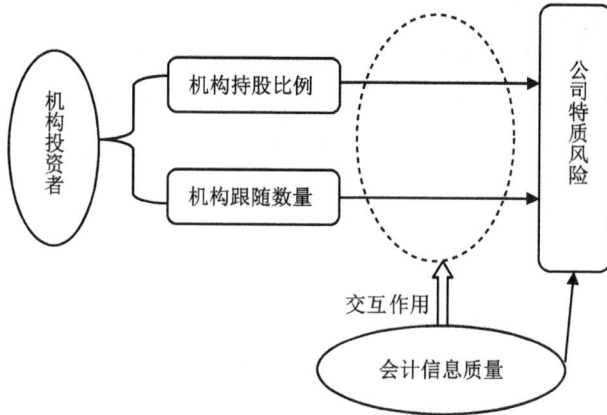

图6.1　基于会计信息质量的机构持股与公司特质风险的相关性

第二节　研究设计与实证分析

一、研究设计

(一)模型构建

基于本书假设10和假设11,为分析机构持股行为对公司特质风险的影响以及公司信息质量对两者相关性的调节作用,建立如下面板模型:

$$FIRM_{i,t} = \alpha_0 + \alpha_1 \cdot IO_{i,t} + \alpha_2 \cdot Acindex_{i,t} + \alpha_3 \cdot IO_{i,t} \cdot Acindex_{i,t}$$
$$+ \alpha_4 \cdot FIRM_{i,t-1} + \alpha_j \cdot \sum_{j=5}^{k} Control_{i,t} + \varepsilon_{i,t} \tag{6.1}$$

其中,$FIRM_{i,t}$为个股i在第t年的公司特质风险;$IO_{i,t}$为机构持股行为的代理变量;$Acindex_{i,t}$为企业信息质量指标。本书考察公司特质波动和机构投资者持股行为的相关性,以及公司信息质量对两者间相关性的影响。机构投资者作为知情交易者,能够降低信息不确定程度,提高股价的信息含量。基于假设10,如果公司特质风险与私有信息套利交易有关,则机构持股行为变量$IO_{i,t}$的系数α_1显著为负;如果公司特质风险仅仅与"异质噪声"有关联,则系数α_1显著为正。基于假设11,当公司信息环境质量上升时,机构投资者的私有信息套利空间下降,套利动机逐渐消失,特质风险与机构持股行为的相关性下降。因此,会计信息质量变量$Acindex_{i,t}$的相关系数α_2应该显著为负;会计的交互项$IO_{i,t} \cdot Acindex_{i,t}$的系数$\alpha_3$应显著为负;$Control_{i,t}$为控制变量。

(二)变量选择

1. 公司特质风险($FIRM$)

本章涉及个股公司特质风险的测度,与上一章相同,仍采用 Goyal 和 Santa-Clara、Ferreira 和 Laux 的因子模型测度个股公司特质风险。本章节采用的交易数据为周收益率。之所以如此,一方面,如果采用日收益率,则计算量大为增加;另一方面,更容易受到非同步交易等市场微观结构的影响,致使计算结果误差增大。

2. 机构投资者参与度指标(IO)

本章节参考游家兴的方法,选取两个变量作为衡量指标:①机构持股比例(IO_RA),采用机构持股数量占该股总股本的比重给予衡量;②机构投资者跟随数量(IO_NUM),采用个股在会计年度内,所有机构投资者数量之和,该指标反映了机构投资者的参与程度。两个指标值越大,机构的参与度越高,机构投资者的信息套利行为更加充分。

3. 上市公司信息质量指标($Acindex$)

该指数仍沿用上一章节的方法测度个股信息质量的优劣。

4. 控制变量

上市年龄(age):从 IPO 至测度年的年份数值。当上市年龄较小时,技术风险、市场风险、管理风险较高,经营前景的信息不确定性较大。因此,上市年龄与公司特质风险呈负相关性。

换手率($turn$):该变量与公司特质风险之间呈显著的正相关性。

资产收益率(roa):与公司会计信息质量正相关。因此,资产收益率与公司特质风险应呈负相关。

资产负债率(ral):资产负债率较高的企业,其股权价值具有较强的期权特征,企业管理层对违约风险更加敏感,进一步提高公司特质风险,两者呈正相关性。

市值账面比($btom$):企业净资产与上一年度流通市值的比例。反映了企业的财务困境成本,市值账面比越低的企业对环境不确定性的反应更加灵敏,推动公司特质风险进一步上升,因此,两者呈负相关性。

公司规模($asset$):本书选取企业当年年初的总市值,并取自然对数值。Roll 指出,公司规模越大,受到投资者的关注越多,股价信息含量越大,但股价同步性相应降低。

(三)数据来源于描述性统计

本书以 2005 年至 2014 年的沪市 A 股为样本,并基于以下标准剔除相应的观测值:①基于资本结构的特殊性,剔除金融业和房地产业的样本观测值;②由于企业IPO当年股价波动过于异常,故剔除了上市当年的观测值;③剔除财务数据缺失的观测值。共得到638家上市企业的4680个观测数据。表6.1为各变量的描述性统计结果。

表6.1　各变量描述性统计

变量	观测值	均值	中位数	最大值	最小值	标准差	偏度	峰度
FIRM	4680	0.175	0.134	1.502	0.0007	0.154	2.1	9.61
Acindex	4680	0.483	0.476	0.982	0.000	0.169	0.132	1.741
IO_RA	4680	24.92	17.116	171.03	0.0066	24.22	0.869	2.896
IO_NUM	4680	3.274	1	93	0	7.552	0.574	2.92
roa	4680	−0.118	−0.074	3.247	−3.173	0.546	0.196	8.509
ral	4680	50.427	50.918	913.71	2.606	23.77	12.946	436.53
btom	4680	2.333	2.208	49.91	−10.13	3.867	1.882	6.029
asset	4680	22.63	20.99	32.18	17.12	1.109	0.795	3.084
age	4680	8.04	8	18	0	3.985	0.1737	2.205
turn	4680	1.52	1.194	7.45	0.0017	1.104	1.118	3.812

注:数据来源于Wind数据库和国泰安财务金融数据库(CASMAR)。

二、实证分析

(一)单变量分析

表6.2报告了各主要变量之间的spearman检验结果。公司特质风险(FIRM)和公司信息质量指标(Acindex)的相关系数为−0.015,结果与上述实证检验结果一致,即当企业的信息披露质量越高时,公司特质波动率越低;变量(FIRM)与机构持股行为的两个变量,即机构持股比例(IO_RA)和机构投资者跟踪数量(IO_NUM)的相关系数分别显著为负值,表明机构持股的参与度越高时,企业的公司特质风险越低,初步支持了假设10的推论;而公司信息质量指标(Acindex)与两个机构持股行为变量之间的相关系数,均显著为正,表明机构持股的参与度能够在缓解和提高上市企业的信息披露质量。以上结论基本吻合假设10和假设11的初步判断。

表6.2　主要变量之间的spearman相关性检验

	FIRM	*IO_RA*	*IO_NUM*	*Acindex*
FIRM	1			
IO_RA	−0.009*	1		
IO_NUM	−0.011*	0.084**	1	
Acindex	−0.015**	0.047**	0.003*	1

注:*、**、***分别表示为双尾检验在10%、5%和1%水平上的显著。

为了进一步观察公司特质风险和机构持股行为之间的关系,本章节采用投资组合分析法,进行组间比较分析。首先,本书按照机构投资者持股比例(IO_RA)和机构投资者跟随数量(IO_NUM)两个指标由高到低分成5组,按照指标值的大小依次排序为(1)、(2)、(3)、(4)、(5)组。5个组别表示为机构持股行为的参与程度逐渐增加,(1)组为机构参与程度最低,(5)组为参与程度最高。其次,将每组的公司特质风险进行算术平均,获得每组均值。表6.3给出了组间比较的检验结果。可以看到,当机构投资者参与程度越高时,即机构持股比例和机构投资者跟踪家数越多时,公司特质风险水平越低。另外,组(1)和组(2)之间的公司特质风险的差额均在1%的水平上具有显著性。因此,表6.3的组间比较分析初步验证了假设1的结论。

表6.3　机构投资者与公司特质波动分组检验

	(1)	(2)	(3)	(4)	(5)	(5)−(1)
IO_RA	0.176	0.176	0.175	0.175	0.174	0.002(4.41)***
IO_NUM	0.176	0.176	0.175	0.175	0.174	0.002(3.59)***

注:*、**、***分别为1%、5%和10%置信水平上的显著性。

(二)多变量分析

从表6.2中的spearman相关性检验和表6.3中的组间对比检验可知,机构持股行为的参与程度与公司特质风险呈负相关性。但上述分析仅仅依据单变量分析得出的结论,还需要考虑到控制变量的影响以及会计信息质量对两者相关性存在的调节作用。因此,本书利用模型(6.2)进行面板回归分析,综合上述因素,再次考察主要变量间的关系。面板回归实证结果分析见表6.4。

表6.4　面板回归实证结果分析

	方程(1)	方程(2)	方程(3)	方程(4)	方程(5)	方程(6)
$\_c$	0.157***	0.154***	0.176***	0.177***	0.153***	0.154***
	(5.24)	(5.12)	(6.39)	(6.34)	(5.13)	(5.17)
$IO\_RA_{i,t}$	-0.003***	-0.002***			-0.001*	-0.001*
	(3.63)	(-3.73)			(-1.81)	(-1.84)
$IO\_NUM_{i,t}$			-0.008***	-0.008***	-0.006**	-0.006**
			(-3.94)	(-3.95)	(-2.3)	(-2.37)
$Acindex_{i,t}$	-0.014**	-0.014**	-0.011**	-0.015***	-0.011**	-0.018***
	(-2.30)	(-2.11)	(-2.29)	(-3.04)	(-2.31)	(-3.31)
$IO\_RA_{i,t} \cdot Acindex_{i,t}$		-0.007**				-0.007*
		(2.07)				(-1.68)
$IO\_NUM_{i,t} \cdot Acindex_{i,t}$				-0.010**		-0.014***
				(-2.56)		(-2.82)
$FIRM_{i,t-1}$	0.271***	0.272***	0.272***	0.271***	0.274***	0.273***
	(18.81)	(18.85)	(18.84)	(18.82)	(18.926)	(18.899)
$ral_{i,t}$	0.0001*	0.0001*	0.0001	0.0001	0.0001	0.0001
	(1.74)	(1.66)	(1.21)	(1.00)	(1.25)	(0.98)
$turn_{i,t}$	0.028***	0.028***	0.028***	0.0281***	0.027***	0.027***
	(18.35)	(18.35)	(18.66)	(18.67)	(17.84)	(17.79)
$age_{i,t}$	-0.003***	-0.003***	-0.003***	-0.003***	-0.003***	-0.003***
	(-6.88)	(-6.93)	(-6.33)	(-6.40)	(-6.46)	(-6.43)
$roa_{i,t}$	-0.012***	-0.012***	-0.012***	-0.011***	-0.012***	-0.012***
	(-4.71)	(-4.65)	(-4.61)	(-4.51)	(-4.58)	(-4.53)
$asset_{i,t}$	-0.007*	-0.006*	-0.003*	-0.004*	-0.002*	-0.002*
	(-1.93)	(-1.81)	(-1.85)	(-1.83)	(-1.67)	(-1.71)
个体效应形式	固定	固定	固定	固定	固定	固定
随机LM检验	237.67	221.54	196.78	217.4	236.81	211.7
年度效应	控制	控制	控制	控制	控制	控制
R^2	0.231	0.231	0.233	0.232	0.230	0.234
F-检验值	151.3	135.24	151.63	135.62	135.31	112.14
样本量	4045	4045	4045	4045	4045	4045

注:*、**、***分别为10%、5%和1%置信水平上的显著性。

表6.4报告了机构持股行为对公司特质风险的影响以及会计信息质量对两者相关性调节作用的实证结果。考虑到模型6.2因变量——公司特质风险具有自相关性,故在模型中加入了滞后一期的公司特质风险变量($FIRM_{i,t-1}$),其相关系数保持在0.271左右,并具显著性。在考虑因变量自相关性的基础上,加入资产负债率($ral_{i,t}$)、换手率($turn_{i,t}$)、公司年龄($age_{i,t}$)、资产收益率($roa_{i,t}$)、公司规模($asset_{i,t}$)作为控制变量,考察主要变量之间的关系。方程

(1)、(2)中,机构持股比例($IO\_RA_{i,t}$)的相关系数为-0.003,并具显著性;方程(3)、(4)中,机构投资者跟随家数($IO\_NUM_{i,t}$)的相关系数为-0.008左右,并具显著性。如果同时考虑两个变量对公司特质风险的影响,在方程(5)和(6)中,变量($IO\_RA_{i,t}$)的相关系数下降到不足-0.001,虽然仍然具有显著性,置信水平明显从1%下降到10%左右。机构投资者跟随家数($IO\_NUM_{i,t}$)的相关系数从-0.008上升到-0.006,置信水平明显从1%下降到5%左右。以上实证结果表明,机构投资者的参与程度与公司特质风险呈显著的负相关性。上述实证结论支持了本书的假设10的观点。机构投资者在资本市场中对股价波动的影响存在两种途径。一方面,机构持股作为重要的知情交易者,私有信息套利成为其获得超额收益的重要途径,套利空间越大,交易频率越高,股价波动的幅度也会大幅上升。当然,给资本市场带来的重要意义在于,加速了企业内部经营信息以私有信息的方式不断融入股价之中。从这个意义上说,机构投资者是推动公司特质风险上升的重要因素。另一方面,机构持股行为对于企业的经营行为而言,有效提高了公司治理水平,优化了公司治理机制,大大提升了企业信息披露质量,提升了公开信息传播的效率,反而导致私有信息套利空间下降,抑制了公司特质风险的上升。

在上述分析的基础上,再将信息质量变量加入模型中,考察上市公司信息环境因素对机构持股行为和公司特质风险的相关性形成的影响。在方程(1)—(6)中,公司信息质量($Acindex_{i,t}$)的相关系数保持在-0.014左右,均显著为负。该结果再次说明,公司特质风险的形成与公开信息传播效率无关,甚至只有在市场信息环境恶化时,才有可能为特质波动的形成创造必要的条件。在方程(2)中,公司信息质量与机构持股比例的交互项($IO\_RA_{i,t} \cdot Acindex_{i,t}$)的相关系数为-0.007;在模型(4)中,公司信息质量与机构投资者跟随家数的交互项($IO\_NUM_{i,t} \cdot Acindex_{i,t}$)的相关系数为-0.010,同样具有显著性。在方程(6)中,同时加入两个交互项,系数符号并没有发生变化,仍然显著为负。对应公司信息质量的变化,机构持股变量系数出现变化,即变量($IO\_RA_{i,t}$)和($IO\_NUM_{i,t}$)的系数值均出现不同程度的弱化。以上实证结论表明,随着会计信息质量的上升,降低了私有信息套利空间,抑制了机构投资者的私有信息套利频率,对机构持股和公司特质风险的相关性存在一定程度的抑制作用。另一方面,随着公司信息质量的提升,在一定程度上抑制了机构投资者的"羊群效应",也降低了投资者的"噪声交易"规模,弱化了机构投资者和特质风险的相关性。

(三)稳健性检验

在稳健性检验过程中,本章节仍以沪市A股为样本,采用新的方法测度公司特质风险和公司信息质量。首先,本章节采用Xu和Malkiel的基于F-F三因素模型的直接分离法计算公司特质风险。测度过程中,采用周度交易数据,计算模型残差的标准差,该方法在上述研究中,公式、过程均已列出,本书不再赘述。

其次,为了直观反映会计信息质量,本章节在稳健分析中,运用McNichols、Dechow和Dichev的应计质量模型测度公司信息质量:其思想基础是应计项目是未来现金流量的估计值,那么会计应计过程中的误差项越小,会计盈余就越能够描述未来现金流量。因此,Schipper和Vincent用应计利润的估计误差项是最优的盈余质量指标,真实描述企业财务状况,衡量会计信息质量的高低。Dechow和Dichev的应计质量模型如下:

$$ACC_{i,t} = \alpha_0 + \alpha_1 \cdot CFO_{i,t-1} + \alpha_2 \cdot CFO_{i,t} + \alpha_3 \cdot CFO_{i,t+1} + \varepsilon_{i,t} \quad (6.2)$$

其中,ACC为营运资本应计,表示营运资本变化,即公司i在第$t-1$年到第t年间营运资本的变化。计算公式为:

$$ACC = \frac{(\Delta lse - \Delta lca) - (\Delta sc - \Delta sd) - zt}{pse} \quad (6.3)$$

其中,Δlse为流动资产的年度变化值,Δlca为现金及现金等价物的年度变化值,Δsc为短期负债年度变化值,Δsd为短期借款年度变化值,zt为折旧和摊销的年度值,pse为年度平均资产总额。式中的CFO分别表示公司i在第$t-1$、t、$t+1$年的经营现金流量,该指标除以当期平均总资产进行调整。本书以该模型的残差绝对值作为会计信息质量的度量指标ACC。

表6.5报告了稳健性检验结果。首先,公司信息质量($Acindex_{i,t}$)的相关系数显著为负,与前面的实证检验结果相比,系数值显著增加。表明采用F-F三因素模型计算出来的公司特质风险排除了规模因子和成长性因子,更加侧重于投资者的"噪声交易"行为。而根据应计模型计算出来的信息质量指标,倾向于财务报告的稳健性,两者在相关性的显著性上进一步加强。其次,机构持股行为的两个指标($IO\_RA_{i,t}$)和($IO\_NUM_{i,t}$)的负相关性进一步加强,不论系数值,还是t值均有所增加,说明机构持股行为有效抑制了公司特质风险的变化。最后,交互项($IO\_RA_{i,t} \cdot Acindex_{i,t}$)和($IO\_NUM_{i,t} \cdot Acindex_{i,t}$)也呈显著的负相关性,表明公司信息质量的提升,降低了机构持股行为和公司特质风险的相关性。上述稳健性检验结果仍然支持本书的假设10和假设11。

表6.5　稳健性检验结果

	方程(1)	方程(2)	方程(3)	方程(4)	方程(5)	方程(6)
_c	0.233***	0.236***	0.229***	0.216***	0.235***	0.231***
	(4.17)	(4.12)	(4.65)	(5.323)	(4.56)	(4.72)
$IO\_RA_{i,t}$	−0.005***	−0.005***			−0.003*	−0.003**
	(3.042)	(−3.59)			(−1.91)	(−2.04)
$IO\_NUM_{i,t}$			−0.007***	−0.007***	−0.005**	−0.005**
			(−6.21)	(−6.53)	(−2.31)	(−2.02)
$Acindex_{i,t}$	−0.021*	−0.032**	−0.033**	−0.030**	−0.029**	−0.019*
	(−1.68)	(−2.11)	(−2.17)	(−2.04)	(−2.22)	(1.70)
$IO\_RA_{i,t} \cdot Acindex_{i,t}$		−0.003*				−0.003*
		(1.67)				(−1.68)
$IO\_NUM_{i,t} \cdot Acindex_{i,t}$				−0.006**		−0.005**
				(−2.35)		(−2.82)
$FIRM_{i,t-1}$	0.262***	0.259***	0.261***	0.261***	0.249***	0.263***
	(20.33)	(20.15)	(21.19)	(19.89)	(21.45)	(20.91)
$ral_{i,t}$	0.0002	0.0002	0.0002	0.0002	0.0002	0.0002
	(1.44)	(0.76)	(1.098)	(1.378)	(1.33)	(0.852)
$turn_{i,t}$	0.043***	0.042***	0.043***	0.043***	0.042***	0.043***
	(15.29)	(16.17)	(15.92)	(15.63)	(16.25)	(15.34)
$age_{i,t}$	−0.005***	−0.005***	−0.005***	−0.005***	−0.005***	−0.005***
	(−7.55)	(−7.82)	(−7.57)	(−7.01)	(−6.93)	(−8.02)
$roa_{i,t}$	−0.014***	−0.016***	−0.014***	−0.014***	−0.013***	−0.012***
	(−5.12)	(−6.11)	(−5.43)	(−5.24)	(−5.98)	(−6.74)
$asset_{i,t}$	−0.003**	−0.003*	−0.007**	−0.006**	−0.006*	−0.005**
	(−2.02)	(−1.736)	(−2.63)	(−2.11)	(−1.67)	(−2.29)
个体效应形式	固定	固定	固定	固定	固定	固定
随机LM检验	204.6	213.82	225.93	207.85	219.7	203.1
年度效应	控制	控制	控制	控制	控制	控制
R^2	0.167	0.166	0.279	0.275	0.183	0.184
F-检验值	106.48	106.79	145.02	146.81	92.91	98.63
样本量	3927	3927	3927	3927	3927	3927

注：*、**、***分别为1%、5%和10%置信水平上的显著性。

（四）研究结论与意义

本部分以上海证券交易所的上市公司作为考察对象，搜集2002年至2010年间沪市上市公司相关的市场交易数据和财务数据，应用面板回归分析方法，对于机构投资者持股行为，即机构投资者持股比例和机构投资者跟随数量两个角度与公司特质波动之间的相关性，得到以下结论：按照上市公司机构投资者的参与度，即持股比例和机构投资者跟随数量两个指标从小到大将样本公司进行分组实验,发现参与程度越大的股票组合,其组合内的公司特质风险平均水平反而越低,说明机构投资者参与程度越高,公司特质风险幅度越小。通过多变量分析,发现公司特质风险与机构投资者参与程度的相关系数均为负相关性,即便加入若干控制变量后,负相关性的显著性并没有发生变化。另外,通过公司特质风险与会计信息质量的交互项系数,发现上市公司信息环境的变化对于两者的相关性具有负向作用。因此,机构投资者作为信息交易者在证券市场上具有重要的作用,对于衡量信息不确定性程度的公司特质波动具有显著的抑制作用,这一点从两者的相关性系数符号和显著性水平中充分体现出来。

在我国证券市场上,尤其股票市场中,机构投资者作为一个投资群体,虽然经过快速发展,但不可否认其参与程度相对于个人投资者仍然较低。个人投资者(散户)作为市场的投资主体,他们的非理性投资行为使得市场投机泡沫仍然非常严重,股价信息含量仍然较低。这一点可以从公司特质波动在个股总波动的比重不断上升的事实中看到,市场信息效率仍然较低。本章节的实证研究告诉我们:机构投资者的发展对于股市的发展成熟度、投资者行为理性化、推动股市资源配置效率提高均具有重要的作用。

第七章　公司特质风险与宏观经济稳定的相关性检验

第一节　理论分析与研究假设

一、理论分析

(一)研究背景

公司特质波动作为个股波动的重要组成部分,是由公司层面特质信息的差异性形成的。当其在个股波动中的成分比重越高时,说明股价信息含量越丰富,对股价甄别、筛选和反馈公司价值,传递公司层面特质信息以及证券市场通过价格进行资源配置都具有重要的意义。既然公司特质波动与股价的信息效率密切联系,那么其又会对经济运行效率产生什么样的影响呢? 按照传统金融学的观点,股价波动对宏观经济没有影响,仅仅反映经济的基本面变化,但其自身的价格膨胀与崩溃的循环频繁导致金融危机和经济衰退,使得学术界逐渐关注股价波动(资产价格)对宏观经济稳定性的影响。从国际经验和历史事件来看,资产价格的大幅波动对一国宏观经济和金融的稳定带来巨大的影响,如20世纪三十年代欧美各国的大萧条;20世纪八十年代以来,如日本、英国和美国的资产价格波动所引起的金融市场和实体经济的衰退。许多学者在研究金融危机时,甚至将资产价格的波动视为导致金融危机发生的重要甚至决定性因素。他们认为美国和一些欧洲国家近来的经济波动和经济低迷部分应归因于资产价格,由于利率低的原因,资产价格特别是住房价格急剧飙升,刺激居民大量支出。日本、瑞典、英国和美国股票市场价格的高涨推动了经济增长,而随后的暴跌直接导致后来的经济衰退。

股价波动对宏观经济稳定的影响主要通过两个渠道体现:财富效应和企业投融资渠道效应。对于企业融资渠道而言,主要有资产负债表渠道、股票融资渠道。而企业投资行为是公司管理层在对公司股票价格波动的考量下进行决策的,因此股票价格的变动对于企业投资行为具有重要影响。而Wurgler认为,通过分析公司特质波动可衡量股价信息含量,因此当公司特质波动水平上升时,则意味着股票价格包含了更多的公司层面特质信息,而股票价格作为信号传递价值作用得以强化。因此他从产业角度考察了65个国家的资源配置效率,发现公司特质波动程度对于资源配置效率的高低具有显著性的解释作用。Durnev、Morck和Yueng的研究结果也发现公司特质波动与资本预算效率之间存在一定相关性。当公司特质波动水平较高时,意味着公司投资决策行为能够及时纳入股价波动之中,这样可以在某种程度上抑制企业投资不足或过度投资的倾向,从而促使资本预算接近市场价值最大化的目标,托宾边际Q值越大。以上的文献研究将学者的目光引向一个新的研究领域:公司特质波动的变动趋势是否会影响宏观经济稳定,如何影响宏观经济稳定。

(二)公司特质风险与宏观经济波动的理论分析

对于公司特质风险与宏观经济稳定关系的研究,目前很少有人涉及。在微观层面上,公司特质风险存在抑制企业投资规模扩张的效应。Panousi和Papanikolaou的研究发现,当企业管理者的控制权较高时或者公司资产的可替代性较差时,基于天然存在的风险厌恶态度,公司特质风险上升,管理者对企业未来前景的不确定性就会上升。此时,企业的投资行为具有更强的期权特征,投资决策被不断延迟,使得这种期权价值最大化,其结果导致公司特质风险和企业投资规模存在显著的负相关性。基于微观层面的抑制效应,资本市场中的公司特质风险形成的趋势,同样对实体经济,即宏观经济产出具有显著的抑制效应。Portes和Ozenbas利用"金融摩擦"理论对公司特质风险和宏观经济产出波动进行了深入的分析。所谓"金融摩擦"理论,Bernanke等人承袭了Fisher的债务—通货膨胀的分析框架,提出了"金融加速器"理论(信贷市场摩擦成本能够显著放大宏观经济真实或名义上的波动),它揭示了信贷市场在"小冲击,大波动"现象中的重要作用,该理论揭示了现实经济体系中的各种冲击对经济产出的影响是依赖于信贷市场所处的状态,在相对较为宽松的信贷市场中,紧缩下的信贷市场状态对经济产出的影响更大。Portes和Ozenbas的研究发现,除了货币政策的优化和生产技术冲击之外,公司特质波动的变动趋势能够有效解释"现代市场经济之谜"。在分析过程中,他们将个股波动对宏观经济的影响分为两个部分:即市场波动和公司特质波动。其中,市场波动被看作全要素生产率的冲击,公司特质波动是公司资本收益率所带来的冲击。假定信贷市场存在信息不对称,而银行不会在无抵押的情况下贷款给企业,企业可用于抵押的资产主要是企业的净资产,企业净资产变化受到企业层面特质信息,如企业的现金流、企业的未来经营收益等影响,因此反映公司层面特质信息的特质风险如果发生变化,将会对公司资产净值产生一定的影响。如果当公司特质波动上升时,意味着公司特质层面信息发生变化,由于信贷市场的信息不对称,则会导致企业的外部融资升水的增加,那么信贷市场的金融摩擦不断加剧,企业融资困难,企业减少投资,生产规模萎缩;相反,如果公司特质波动下降,则意味着企业净资产值不断上升,企业可获得贷款数量增加,贷款会被直接用于购置资产扩张生产,从而形成信贷增加和资产价格上升的相互加强机制,其结果是企业投资的不断上升,形成新的商业周期。在此基础上,我们认为公司管理层在面临不断升高的公司特质波动的情况下,外部融资成本不断上升,导致整个信贷市场的"金融摩擦"加剧,迫使公司调整资本结构,由外部融资转向内部融资,减少对信贷市场的依赖,这样就使得公司特质波动转化为外部融资升水。该书利用1962年到2008年的宏观经济数据以及证券市场收益数据进行模型数值拟合,其结果表明较高的公司特质风险降低了金融加速器机制对美国宏观经济的影响,能够解释接近40%的"大温和"现象产生的机理。

目前,国内学者针对公司特质波动的研究主要集中在趋势研究和定价研究上。而公司特质波动的经济后果,尤其是公司特质波动与宏观经济稳定之间的研究尚无人涉及,多是围绕资产价格与经济波动之间展开理论分析和实证检验,且观点各异。本书运用结构向量自回归模型,构建动态一般均衡模型,考察公司特质风险对宏观经济波动的影响机制(见图7.1)。

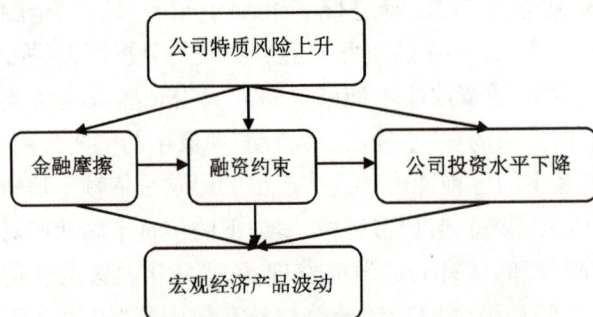

图7.1 公司特质风险对宏观经济波动的影响机制

(三)变量选择

1.加权公司特质风险

目前对于公司特质波动的测度主要有两种方法,即Campbell等人基于CAPM模型的间接分解法以及Xu和Malkiel以F-F三因素模型为基础的直接分解法。间接分解法是Campbell等人根据CAPM的思想,将个股收益波动分解为市场收益、行业层面收益以及公司特质收益三个部分,并根据这三个收益成分分别计算各自的方差,以求出市场波动、行业层面波动和公司特质波动。而直接分解法则是直接利用F-F三因素模型的误差项计算公司特质波动,以测度公司特质风险。不论间接分解法还是直接分解法,均是借助于资产定价模型的选择。而模型的选择均是在一定的条件下才具有适用性,如CAPM模型的适用条件中有两个最为基本的规定,一是组合中的风险资产比例相同,二是投资者的风险偏好相同。但现实条件难以达到这种理想状态。再如,运用模型进行计量分析时,只有当残差独立同分布时,分析结果计量实证意义,而不同的模型对于组合所要求股票数量各不相同,那么不同的模型所计算的结果,其误差也各不相同。我在借鉴Bali等人研究方法的基础上,采用"非模型分解法"对我国证券市场中的市场风险、行业风险和公司特质风险进行测度。

所谓"非模型分解法"是指在不依赖任何资产定价模型的基础上,基于组合分散收益的思想,借助于均值方差法,构建起测度整个证券市场中平均公司特质风险的计算方法。"非模型分解法"的构建过程如下:

假设在证券市场内存在N个行业,那么市场的超额收益为:

$$R_{m,t} = \sum_{i=1}^{n} w_{i,t} \cdot R_{i,t} \tag{7.1}$$

其中,$R_{m,t}$为市场超额收益,$w_{i,t}$为行业的市值权重。根据市场超额收益,可按照Campbell等人的方式计算市场风险:

$$MKT_t = \mathrm{Var}(R_{m,t}) = \sum_{s \in t}(R_{m,t} - \mu_m)^2 \tag{7.2}$$

其中,u_m为资本市场内月度市场超额收益$R_{m,t}$的均值。在计算行业风险时,假定整个证券市场内所有行业的超额收益是完全相关的,构成一个由所有行业组成的"无分散的组合",那么这个特殊组合的方差为$\left(\sum w_{j,r} \cdot \sigma_{i,t}\right)^2$。其中,$\sigma_{i,t}$为行业超额收益的标准差。那么,行业风险就等于"无分散组合"组合方差和市场组合方差的差额:

$$IND = \sigma_{\varepsilon,t}^2 = \left(\sum_{i=1}^{n} w_{i,t} \cdot \sigma_{i,t}\right)^2 - \mathrm{Var}(R_{m,t}) \tag{7.3}$$

其中,行业超额收益由行业内所通过企业的个股超额收益的加权平均计算而得:

$$R_{i,t} = \sum_{i=1}^{n} w_{ji,t} \cdot R_{ji,t} \tag{7.4}$$

其中，$R_{ji,t}$ 为行业 i 内的企业 j 的个股超额收益，而 $w_{ji,t}$ 为个股 j 在行业内的权重。基于上述研究思路，仍然假设行业 i 的所有企业的收益波动完全相关，构造出这个行业的"无分散的组合"。那么，该组合的方差为 $\left(\sum w_{ji,t}\cdot\sigma_{ji,t}\right)^2$，其中，$\sigma_{ji,t}$ 为行业 i 内的公司 j 的标准差。那么，行业 i 内加权平均特质风险为：

$$\sigma_{\varepsilon i,t}^2 = \left(\sum_{i=1}^{n} w_{j,t}\cdot\sigma_{ji,t}\right)^2 - \mathrm{Var}(R_{i,t}) \tag{7.5}$$

其中，式(7.5)为行业的加权公司特质风险，将 $\sigma e_{i,t}$ 在证券市场内的行业权重再次加权平均，即得到整个证券市场的平均公司特质风险水平，然后减去市场风险即可得到市场平均特质风险。为了便于计算，关于市场风险的计算采用指数的标准差($R_{m,t}^{index}$)：

$$FIRM = \sigma_{\eta,t} = \left(\sum_{i=1}^{n} w_{i,t}\cdot\sigma_{\varepsilon i,t}\right)^2 - Var(R_{m,t}^{index}) \tag{7.6}$$

对公司特质波动（FIRM）的计算，样本期为1995年5月30日—2013年5月30日所有沪深两市A股。其中，根据下列原则予以剔除观测值：首先，所有被ST和PT类的个股交易数据；其次，上市年龄过短，不超过3个月；再次，交易期内上市公司个数少于3家；最后，月度交易不足7日。行业分类按照2001年中国证监会《上市公司分类指引》中的56个大类行业划分，根据上述标准，共选取52个行业，其中，沪市38个行业，深市38个行业。个股超额收益 $R_{ji,t}=Ln(P_{ji,t}/P_{ji,t-1})-R_f$，$P_{ji,t}$ 为个股的收盘价；R_f 为无风险收益率，采用同期银行人民币一年存款基准利率，并折算成日收益率。无风险收益率从1995年6月1日—2010年5月30日，共调整20次。计算权重分别采用总市值、A股市值和等权重加权平均。所有数据来自Wind数据库和国泰安数据库（CS-MAR）。

2. 信用规模变量

本书采用实际金融机构贷款余额（CREDI）作为变量，衡量公司特质风险变化对信贷市场的影响。该指标反映特质风险影响宏观经济产出的信贷渠道效应。该数据来自CCER数据库和国研网，考虑到通货膨胀率带来的贬值效应，故将该数据除以消费者定基价格指数（CPI）。本书采用CPI作为总量指标，包括了食品、烟酒及用品、家庭设备用品及服务、交通和通信等八个分类体系,经过加权平均后所体现的总体价格水平的变化情况。CPI数据来源于国家统计局和CEIC数据库。

3. 经济增长率

经济增长指标缺乏GDP的月度数据,同时,宏观经济增长涉及多方面的发展状况,如工业生产、就业、投资、消费、外贸、税收、企业利润以及居民收入等方面因素。为了综合反映经济社会发展状况,此处采用工业一致合成指数CSI,该指数以工业企业增加值的变化率作为基准,通过时差相关分析、K–L信息量、景气指数分析法筛选出来的数值与宏观周期波动具有一致性,所以被称之为工业一致合成指数。其中,包括工业企业增加值增速、固定资产投资完成额、货币供给、发电量产量、产品销售额等指标,并计算出与宏观周期波动状况一致的合成指数。该指数由国家统计局制定并统一公布。

二、研究假设

(一)结构向量自回归模型(SVAR)

Sims提出的向量自回归模型(vector autoregressive model,VAR)采用多方程联立的形式。在模型的每一个方程中,内生变量对模型的全部内生变量的滞后项进行回归,估计出全部内生变量的动态关系,提供了一个刻画多元时间序列动态特性以及分析随机扰动对变量系统动态冲击的简单框架。但这种VAR模型不能反映变量之间当期相关性的确切形式,并且由于这些当期相关性隐藏在误差项的相关结构中,其经济含义难以解释。Bernanke和Sims提出了结构向量自回归模型(SVAR),可以通过建立非递归形式的短期约束,在同一模型中识别多个变量的结构冲击。含有k个变量的p阶结构向量自回归模型SVAR(p)一般矩阵形式可表示为:

$$B_0 \cdot y_t = \Gamma_1 \cdot y_{t-1} + \Gamma_2 \cdot y_{t-2} + \cdots + \Gamma_p \cdot y_{t-p} + u_t \tag{7.7}$$

$$B_0 = \begin{bmatrix} 1 & -b_{12} & \cdots & -b_{1k} \\ -b_{21} & 1 & \cdots & -b_{2k} \\ \vdots & \vdots & \ddots & \vdots \\ -b_{k1} & & \cdots & 1 \end{bmatrix}, \quad y_{t-j} = \begin{bmatrix} y_{1t-j} \\ y_{2t-j} \\ \vdots \\ y_{kt-j} \end{bmatrix}, j = 0,1,2,\cdots p$$

$$\Gamma_0 = \begin{bmatrix} \gamma_{11} & \gamma_{12} & \cdots & \gamma_{1k} \\ \gamma_{21} & 1 & \cdots & -b_{2k} \\ \vdots & \vdots & \ddots & \vdots \\ \gamma_{k1} & \gamma_{k2} & \cdots & \gamma_{kk} \end{bmatrix}, \ \mathbf{u}_t = \begin{bmatrix} u_{1t} \\ u_{2t} \\ \vdots \\ u_{kt} \end{bmatrix}, i = 0, 1, 2, \cdots, p$$

$$(7.8)$$

根据上述的结构向量自回归模型的基本模式的要求,需要包括4个内生变量,其中3个为宏观经济变量:经济增长指标、通货膨胀指标和信贷规模指标。市场平均公司特质风险为证券市场变量。此处的SVAR模型中,定义如下假设:第一,假定一致合成指数CSI为前定变量,同期受到金融机构贷款"新的信息"的影响,这种"新的信息"与市场平均公司特质风险有关。假定公司特质风险对模型中其他变量反映存在黏性,因此,公司特质波动受到自身冲击的同期影响。第二,假定公司特质风险和金融机构贷款之间存在相互作用:一方面,公司特质风险的变化使得市场投资者对于企业未来价值估值的准确性下降,其结果是投资者对企业的风险补偿溢价大幅提高,导致企业的资本成本不断上升,企业资产现值则大幅下跌。依照这一逻辑,企业在信贷市场上可用于抵押的净资产值或者企业担保资产价值大幅下滑,直接影响企业从银行获得信贷资金。另一方面,金融机构信贷的可获得性通过公司净资产值的变化反过来影响公司特质风险的变化。企业在信贷市场上的可获得性,能够大大降低自身的财务风险,其现金流的波动大幅下降,从根本上降低了公司特质风险变化的幅度。

相比于无约束VAR模型而言,结构VAR模型不仅考虑了变量间的内生性问题,而且包含了内生变量之间的当期关系。个股波动经过"非模型测度法"分解为三个层面波动,即市场层面波动、行业层面波动和公司特质波动,各自所包含的信息本质不同,为了综合考察个股波动对宏观经济稳定、信贷市场变化的影响,将这三个层面波动变量纳入体系。在目标体系中,认为公司特质波动对于宏观经济稳定的影响主要通过信贷渠道发生,因此在目标体系中主要设置了公司特质风险FIRM、一致合成指数CSI和信贷规模CRE-DI,并考察三者之间的内生性问题。

(二)模型的设定

一般而言,在进行向量自回归检验过程中,需要变量平稳,但在SVAR模型中的变量是否需要平稳,学者也有争论。Sims和Sims等人认为对非平稳变量进行差分后再将其纳入SVAR模型中将会丢失数据中的互动信息,因此,他们建议即使在变量存在单位根的情况下也不使用差分形式,仍然可以将非平稳的一阶单整序列放入SVAR模型中。但在实际应用中,标准的统计推断要求分析的时间序列为平稳序列,如果使用非平稳时间序列,将会对统计推断造成影响。张成思认为,如果分析变量间存在长期均衡关系,则可直接使用非平稳序列,如果分析短期互动关系则可选择平稳序列。考虑到资产价格波动与宏观经济之间的关系主要表现在长期关系上,此处选择上述变量的水平变量构建SVAR模型。由于SVAR施加了短期约束,利用VAR模型的残差协方差矩阵的Choleski分解来正交化VAR的"新的信息",这种方法依赖于模型中变量的排序,不同的变量排序产生不同的冲击影响。按照Bjomland和Jacobsen、Assenmacher和Gerlach的方法,此处将一致合成指数CSI、信贷规模变量CREDI排在序列的最前面,公司特质风险排在后面,具体排序为:

$$y_t = (CSI_t, CREDI_t, FIRM_t) \tag{7.9}$$

为了验证模型的稳健性,后面还将通过采取不同的变量排序,通过比较来验证模型的结果稳健性。并综合考虑AIC准则和SC准则,最终选择VAR模型的最后项为1,在对VAR模型的滞后结构进行AR单位根检验的结果表明所有根模的倒数均位于单位元之内,说明滞后阶数选择合理。本书中的SVAR模型可以表述为:

$$B_0 \cdot y_t = b^* + B_1 \cdot y_{t-1} + u_t \tag{7.10}$$

其中,y_t为(3×1)维内生变量向量;B_0为可逆(3×3)维结构系数矩阵,表示变量间的当期关系;B_1表示为(3×3)维反馈系数矩阵,代表变量滞后期与当期间的关系;u_t为(3×1)维随机扰动项向量,是白"噪声"向量;b^*为常数项。

(三)模型的识别

SVAR模型和VAR模型之所以不同,在于SVAR模型中包含了变量间的当期结构性关系,这种关系是通过残差项u_t相互传递,为了能够对式(7.10)估计内生性参数,需要将其转化为VAR的简约形式:

$$y_t = a^* + A_1 \cdot y_{t-1} + \varepsilon_t \tag{7.11}$$

其中,A_1为(3×3)维系数矩阵;e_t为(3×1)随机扰动项向量,且$E(\varepsilon_t \cdot \varepsilon_t^`)$为(3×3)维对称正半定矩阵。根据式(7.10)和(7.11)之间随机误差项的关系,即$u_t = B_0 \cdot \varepsilon_t$,因为$E(\varepsilon_t \cdot \varepsilon_t^`)$为对称半正定矩阵,因此$u_t$同样是对称半正定矩阵。为了完全识别SVAR(1),需要对B_0施加约束条件,这种约束条件是以公司特质风险对经济增长率的影响和传导过程为基础的。一般而言,对于具有k个内生解释变量的SVAR模型,需要对B_0施加$k\cdot(k-1)/2$个约束条件才能恰好识别出所有参数。

第二节　研究设计与实证分析

一、研究设计

(一)时间序列分析

本书首先用Eviews6.0对公司特质风险(FIRM)、信贷规模变量(CREDI)和工业一致合成指数(CSI)三个变量进行单位根检验,检验方法采用ADF方法。各变量的单位根检验结果如下表所示。

表7.1　各变量的单位根检验

变量	ADF检验值	临界值	概率	平稳性
CSI	−2.6712	−2.5758	0.0812	平稳
CREDI	−11.9096	−3.4669	0.0000	平稳
FIRM	−5.9092	−3.4669	0.0000	平稳

本书采用Johansen检验法对3个指标进行变量协整关系检验。在检验过程中,需要对变量的时间趋势做出线性假定,即各协整向量中含有截距但没有线性趋势。另外,检验过程需要对滞后阶数进行估计,此处按照Elbourne的方法,选取2阶滞后参数进行估计。表7.2为各变量的协整关系检验结果。

表7.2　各变量的协整关系检验

协整向量最大值	特征值	迹统计量	5%临界值	最大特征值	5%临界值	概率值
0	0.154	59.150	29.797	29.632	21.131	0.002
1	0.125	29.518	15.494	23.709	14.264	0.001
2	0.032	5.808	3.841	5.808	3.841	0.015

表7.2的结果表明,无论迹统计量还是最大特征值,FIRM、CREDI和CSI之间存在协整关系。根据Sims的推论,当内生变量间存在协整关系时,即便采用水平变量建立VAR模型,也不会出现识别错误,并且最小二乘法的结果都是一致估计。因此,此处采用水平值对三个主要变量间的内生性关系进

行估计。

(二)模型参数估计

对于本书中的三个主要变量构成的向量自回归方程,估计公司特质风险对信贷规模指标,宏观经济波动的影响,关键是如何设定三个内生变量之间的同期相关矩阵 B_0。根据 Elbourne、Kim 和 Roubini 的方法,设定矩阵 B_0 为:

$$\begin{bmatrix} u_{FIRM} \\ u_{CREDI} \\ u_{CSI} \end{bmatrix} = B_0 \cdot \begin{bmatrix} \varepsilon_{FIRM} \\ \varepsilon_{CREDI} \\ \varepsilon_{CSI} \end{bmatrix} = \begin{bmatrix} 1 & b_{12} & b_{13} \\ b_{21} & 1 & b_{23} \\ b_{31} & b_{32} & 1 \end{bmatrix} \cdot \begin{bmatrix} \varepsilon_{FIRM} \\ \varepsilon_{CREDI} \\ \varepsilon_{CSI} \end{bmatrix} \tag{7.12}$$

其中,u_{FIRM}、u_{CREDI}、u_{CSI} 分别为三个变量在 SVAR 模型中的残差项;而 ε_{FIRM}、ε_{CREDI}、ε_{CSI} 则是指三个变量在简化的 VAR 模型中的残差项。向量矩阵 B_0 参数的约束分为短期约束和长期约束。长期约束一般是指零约束,是指一个变量对另一个变量的结构冲击响应为0,而短期约束则是指变量之间的结构冲击响应不为0。虽然主要变量间均存在长期关系,但短期内的结构冲击对变量的变化构成显著的影响,因此,对于该矩阵应施加短期约束。在式(7.12)中的第1行,银行信贷行为的变化取决于公司净资产值的变化。当公司资产净值出现波动时,信贷市场行为的不确定性逐渐提高,导致企业现金流的波动性大幅增加。因此,信贷行为的变化在当期对于公司特质波动没有影响,两者的当期关系应该为零,则此处可以设定 $b_{12}=0$。而公司特质风险对工业一致合成指数 CSI 的影响是通过公司资产净值波动引起的,净资产的变化导致信贷规模的波动。最终,现金流的变化带来的投融资行为导致公司特质风险出现大幅波动。长期以来,尽管有学者认为公司层面经营状况与宏观因素密切相关,但宏观经济对于公司特质波动没有当期影响。此处设定 $b_{13}=0$。而在(3)式的第2行,根据 Friedman、Phelps 的不完全信息理论以及 Akerb 的效率工资理论,价格存在黏性。因此,信贷规模指数 CREDI 对一致合成指数 CSI 只存在滞后效应,因此 $b_{23}=0$。

在模型(3)中满足可识别条件的情况下,我们可以使用回归模型,并估计得到 SVAR 模型的所有未知参数,从而可得到矩阵 B_0、u_t、e_t 的估计结果。首先,通过建立最小二乘回归模型,得到公司特质风险对实体经济中信贷规模变量的当期关系为 $b_{21}=-0.1194$,表明两者间呈现负相关关系。在当期关系中,公司特质风险作为资本市场股价波动的重要组成部分,对实体经济存在"金融摩擦"。特质波动的变化代表企业未来价值的不确定性在资本市场的体现,使得市场投资者的风险补偿要求提高。因此,公司特质风险幅度越大,企业的资本成本越高,尽管影响的是权益资本成本,但这种权益资本成本和债务资本成本之间存在关联性。因此,导致信贷市场的融资成本不断上升,最终导致信贷规模下降。尤其在我国信贷市场信息不对称状况明显,信贷配给严重的情况下更是如此。其次,公司特质风险FIRM对工业一致合成指数CSI的影响,估计IDIO对CSI的系数为$b_{31}=-0.2763$,意味着当市场平均公司特质波动上升一个百分点时,CSI指数则下降0.2763个百分点,两者呈负相关性。该系数与Portes和Ozenbas的观点一致,他们认为,在美国证券市场上公司特质风险的上升趋势能够解释40%的宏观经济波动下降原因。也说明在我国证券市场上,公司特质风险在长期内是影响宏观经济增长的重要因素。

本书利用SVAR的目的是从各个内生变量间的脉冲反映函数之中的动态关系,并进一步发现信息传递的方式和特征,尤其是公司特质波动通过信贷市场对宏观经济变量的影响。而脉冲响应函数是分析一个误差项发生改变,或模型受到某种冲击时对系统的动态影响,用以描绘在扰动项上施加冲击,对内生变量当前值和未来值所带来的影响。在SVAR中,通过结构脉冲响应函数的分解可以得到系统中各个内生变量对自身以及其他内生变量单位变动的反应。根据本书的研究目的,主要考察公司特质波动对信贷规模以及宏观经济稳定变量的动态影响。

在VAR模型中,第j个变量的冲击不仅直接影响第i个变量,并且通过VAR模型的动态(滞后)结构传导给所有的其他内生变量。然后计算SVAR模型中的经济变量对经济冲击的脉冲响应函数。在SVAR模型中,脉冲响应函数描绘了在一个扰动项上加上一次性的冲击,对于内生变量的当前值和未来值所带来的影响。例如,首先考虑公司特质波动对于宏观经济变量冲击的反映函数,对于VAR模型而言,脉冲响应函数为$\partial y_{t+s}/\partial \varepsilon_{1t}$,而在SVAR模型中,其脉冲响应函数为$\partial y_{t+s}/\partial u_{1t}$,其中,s为冲击作用的时间滞后间隔。我们在这里选取滞后长度为10个月,通过具体计算可以得到公司特质波动分别对信贷规模和宏观经济变量的相应轨迹。

1. 公司特质波动对信贷规模的脉冲反应函数

图7.2中分别显示了公司特质波动对信贷规模的脉冲响应函数图和积累响应函数图。当公司特质波动自身结构信息的一个单位标准差扰动时(1%,为正向总冲击,下同),信贷市场规模D(CREDI)(对数形式)在当期产

生一个负向的响应,为-0.15个百分点,第二期产生-1.012个百分点的负向响应,在第三期这种负向响应达到最大值,为-1.174个百分点,此后逐步下降,到第十期以后接近零。通过积累脉冲响应图可以看到,从第十期以后逐步稳定在4.5个百分点左右。说明公司特质波动对于信贷规模的冲击具有长期性。通过两者的脉冲反映函数,我们可以清楚地发现,在我国证券市场上公司特质波动的上升,意味着公司层面特质信息不确定性的上升,而这种信息不确定性加剧了信贷市场上银行等金融机构观察公司内部经营状况的信息不确定性增加。这种状况影响着企业的资产净值的改变,企业若凭借流动资产或者抵押品获得银行信用,从公司的资产负债表来看就会加重负担,偿还能力变差,要想获得银行贷款就越困难。Jiang 等人认为公司特质风险在某种意义上代表着公司经营状况的信息,他们发现公司特质波动和公司经营现金流波动有着密不可分的关系,即当公司特质波动越大时,公司经营现金流波动性也越大,这意味着公司经营稳定性较差。因此,其资产净值减少或者流动资产状况较差。伴随着这种金融摩擦的上升,企业外部融资升水增加,迫使企业的融资顺序发生改变,逐步转向内部融资,因此信贷规模开始下降,而且这种状况具有持久性。

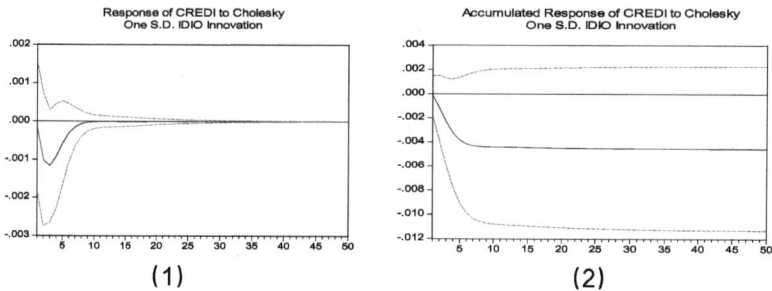

图7.2　公司特质波动对信贷规模的脉冲响应函数和积累响应函数

2. 信贷规模对宏观经济稳定的脉冲响应函数

在图7.3(2)中,当信贷规模自身结构信息的一个单位标准差扰动时(1%,为正向总冲击,下同),宏观经济稳定变量D(GYZ)(对数形式)在当期产生一个负的响应,为2.4个百分点,从第二期开始响应由负转正,为1.7个百分点,在第八期响应值达到最大值9.97个百分点,此后开始逐步下降并趋近零。而通过积累脉冲响应图可以看到,从第十五期以后逐步稳定在15.2个百分点左右。说明信贷规模的增加对于宏观经济在短期内具有较强的提升作用。在其他相关文献中,对于信贷规模与经济增长的研究很多,具有代表性的有Bernanke、Oliner等人的观点,他们将其看作信贷渠道,认为其在货币政策传导机制中发挥着重要的作用,通过该渠道的传导,货币政策能够调节企业的融资宽度和深度。国内学者也承认信贷渠道对我国经济发展的重要性,而且在实务界,信贷规模也一直是我国最重要的货币政策的中介目标。但信贷规模能够影响宏观经济增长,从微观上看,主要在于企业能否具有获得授信从事投资的能力,这种能力在某一方面取决于其资产负债表质量的高低,如果资产负债表质量越高,则意味着资产净值愈高,这样越容易获得银行贷款,从而扩大投资增加产出。

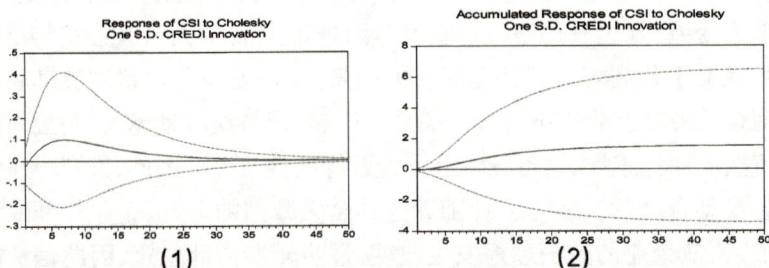

图7.3　信贷规模对一致合成指数(CSI)的脉冲响应函数和积累响应函数

3.公司特质波动对宏观经济稳定的脉冲响应函数

图7.4中,当公司特质波动自身结构信息的一个单位标准差扰动时(1%,为正向总冲击,下同),宏观经济稳定变量D(GYZ)(对数形式)在当期产生0.527个百分点的正响应,第二期响应由正变负,响应值为-1.77个百分点。在第七期该负响应值达到最大值,为-16.41个百分点,此后开始逐步下降,从第十五期开始逐步趋近于零。通过积累脉冲响应图可以看到,从第十五期以后逐步稳定在24.89个百分点左右。由此看出,公司特质波动和宏观经济变量CSI具有明显的负相关性,而且这种冲击响应具有持久性。另外,结合图7.3和图7.4,也可以得知,这种负向冲击效应是通过信贷市场行为的收缩而产生的。这一结果也印证了Portes和Ozenbas的观点,他们认为公司特质波动在本质上代表着公司层面信息的不确定性程度,这种不确定性程度的改变无疑对信贷市场存在的信息不对称产生影响,就此对公司在融资过程中的外部融资升水的改变起到重要的作用,迫使公司融资行为发生改变,而导致信贷市场规模变化,并最终影响宏观经济增长。

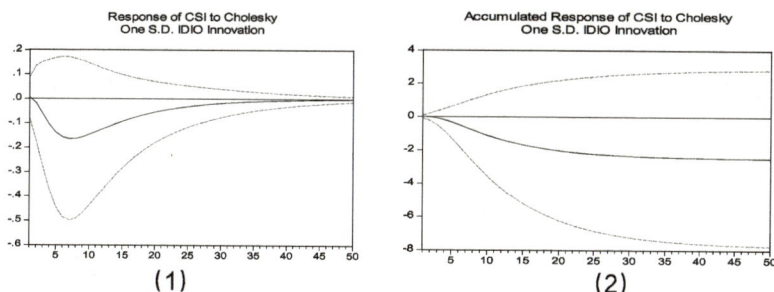

图7.4　公司特质波动对一致合成指数(CSI)的脉冲响应函数和积累响应函数

二、实证分析

本书在 Portes 和 Ozenbas 的理论上验证了公司特质波动对宏观经济稳定的影响,在这一启示下,采用结构向量自回归计量方法,以我国证券市场 A 股收益数据和相关的宏观经济变量,研究了公司特质波动、信贷市场规模和宏观经济稳定变量三者之间的因果关系。实证结果发现:第一,公司特质波动水平的变动是引起信贷规模发生变化的一个重要因素,无论从影响程度和持续时间来讲,都非常重要,公司特质波动与信贷规模之间是显著的负向关系,当公司特质波动越大时,信贷规模就会下降。这给我们的启示是公司特质波动在其信息内涵上,并非代表公司特质信息纳入股价的程度,而是衡量信息不确定性程度的指代变量。当公司特质波动水平越高时,这种信息不确定性程度越高,传递到信贷市场上表示其信息不对称程度也越高,最终迫使公司改变融资途径,信贷市场行为则会发生改变,这一实证结论支持了 Hsin 的观点。第二,公司特质波动与宏观经济波动之间呈现明显的负相关性。这种相关性是通过信贷渠道产生的,即当公司特质波动的增加迫使公司外部融资升水增加,制约了外部融资规模,从而导致信贷市场萎缩,降低了宏观经济波动程度。

作为股价波动的重要组成部分,本书的研究结果从一个层面证实资产价格波动的确能够影响宏观经济稳定。但据已有的文献资料显示,资产价格尤其是股票价格波动,除了公司融资渠道,更多是通过公司投资行为对宏观经济稳定产生作用,而资产价格波动是通过信息机制来影响上市公司投资规模。那么,在这里要提出一个疑问,即公司特质波动的变化是否能够影响公司投资行为,其影响机制和渠道是什么?

第八章　真实盈余管理和环境不确定性

第一节　理论分析与研究假设

一、理论分析

目前,学术界关于盈余管理行为的研究汗牛充栋,但大多基于应计盈余管理行为,真实盈余管理则是近几年才广受关注的。所谓应计盈余管理,是利用会计准则判断的主观空间,如会计政策选择和会计估计的变更等行为,操纵公司盈余水平,掩饰公司业绩真相;而真实盈余管理则是通过调整公司实际的经营行为,如投融资决策、生产销售、研发支出等行为,达到操纵公司盈余的目的。两种盈余管理,尽管目的相同,但行为本身的差异性导致的经济后果截然不同。一方面,由于应计盈余管理仅仅是基于会计政策和估计的操纵行为,不会影响企业的现金流,只能改变会计盈余在各期的分布,但盈余总额不会因此而发生改变;但真实盈余管理改变了公司的实际经营活动的轨迹,不仅影响到会计盈余在各期的分布,更影响到经营活动所产生的现金流,简而言之,它对公司价值产生了实质性的负面作用。另一方面,随着市场监管力量的日益加强和会计制度的日益完善,应计盈余管理的操纵空间日益狭小,但真实盈余管理是基于公司实际的经营活动而产生的,与其正常交易行为难以严格区分,更加隐蔽,越来越受到管理层的青睐,在应计管理和真实管理之间呈现出一个相机抉择的现象,成为市场监管的重点和难点。

已有研究表明,盈余管理对于会计信息质量存在密切的影响,但已有的文献研究均基于应计管理。陆瑶和沈小力认为,公司的应计管理水平与信息质量之间呈显著的负相关性,即应计管理程度越高,公司信息质量越低。同时,会计信息质量也是应计管理行为存在的一个必要条件,即管理层通过降低信息透明度配合盈余管理的实施,而当会计信息质量越高时,管理层进行应计管理的可能性越小。但真实盈余管理和公司信息质量的关系尚无人研究。一方面,随着市场信息环境的改善,为了逃避更为严厉的市场监管,管理者越来越倾向于真实盈余管理;另一方面,真实管理行为改变了公司的真实经营活动的轨迹,公司外部很难感知相关信息,其隐蔽性很强,对于市场信息环境则存在负面影响。因此,真实盈余管理和会计信息质量之间的相关性成为本章要探讨的第一个问题。

另外,盈余管理行为和环境不确定性之间同样存在密切的关系:一方面,应计管理的经济后果是公司盈余的波动性增大和会计信息质量的下滑,这些都是环境不确定性上升的重要原因。另一方面,企业所处环境不确定性的变化是公司管理层进行盈余管理的重要原因。即环境不确定性增加时,公司的盈余波动上升,迫使管理者通过盈余管理降低其波动性。以上研究仅限于应计盈余管理。一方面,真实盈余管理对于企业现金流、公司价值产生实质性的影响;另一方面,真实盈余管理也是造成企业与外界之间信息不对称性上升的重要因素。那么,真实盈余管理和环境不确定性存在什么样的联系,成为本章要研究的第二个问题。

本章研究的特色主要体现在:首先,首次针对真实盈余管理行为和公司信息质量的关系进行深入分析。结论认为,正向管理过程中,两者间呈显著的负相关性;而在负向管理过程中,两者的负相关性则消失,这与应计盈余管理存在重要的区别,也是本书的创新之处。其次,本书首次就真实盈余管理行为对于环境不确定性的影响机制进行分析,研究结论认为,不论正负向管理,两者间均存在正相关性,表明真实盈余管理行为增加了环境不确定性,导致公司价值的降低。最后,真实盈余管理与环境不确定性的相关性随着公司信息质量的上升而减弱。

二、研究假设

(一)真实盈余管理对公司信息质量的影响

公司信息向外部市场传递的渠道有两个:公开信息和私有信息,公开信息不仅可以利用公共渠道,如上市公司财务报告等渠道获得,外部投资者也无需拥有专业知识便可获知其对于公司价值的影响,而私有信息则是由于信息不对称所导致的,仅为少数人获知的相关信息。这种获知,不仅是信息本身,还包括信息对于公司未来价值的作用,即便有些信息可以通过公开渠道获得,但在不具备较强专业能力的条件下,仍无法理解其对于公司价值的影响,这种信息仍然称之为私有信息。对于公司信息质量的界定,尽管学界多有争议,但一般认为应包括上述两者,即公开信息传播效率和私有信息交易效率,两者效率越高则公司信息质量越高。同应计管理相同,真实盈余管理行为也分为正向管理和负向管理,正向管理是指调高盈余,而负向管理则是调低公司盈余。在不同的方向下,真实盈余管理对于公司信息质量的作用也不相同。

一方面,不论何种方向,真实盈余管理对于公开信息传播渠道的影响都是负面的。因为它改变了企业的正常经营活动轨迹,并且它与企业正常的经营活动难以区分,具有较强的隐蔽性,对于公司现金流的分布和总量产生实质性的影响,尽管公司的财务报告披露所反映的经营成本、费用、业绩反映的是企业真实的生产经营活动状态,但这种状态则是偏离了其本身正常经营轨迹,它所传递的信息已经偏离了公司真实的经营能力,增加了公司与市场投资者之间的信息不对称性,影响了财务报告反映企业未来价值的可靠性,降低了公开信息传播效率。

另一方面,对于私有信息套利的影响则取决于管理方向的不同。私有信息的传播是通过套利交易进行的,取决于对私有信息套利收益和私有信息获取的成本进行衡量,如果套利收益远远大于套利成本,则私有信息交易越频繁,私有信息交易效率越高。反之,私有信息套利交易的活跃度越小。在正向管理过程中,公司迫于"再融资"、市场资格等目的,刻意调高当期的公司盈余水平,在此背景下,管理层倾向于封锁有关公司经营状况的真实信息。更为重要的是,我国市场中存在严重的卖空限制。尽管我国于2010年3月31日推出融资融券交易标志着证券市场正式引入卖空机制,但由于操作模式、转融交易的限制(卖空券必须是券商自有券)以及券商融券资质的限制,融券效率较低,截至2014年12月31日,市场融资交易总额在10万亿左右,而融券交易余额82亿元左右,所占比重不到1%。因此,本书认为该制度的卖空作用较小,故未考虑该因素。投资者在明知道公司股价高于公司实际价值,或者公司未来盈利前景看淡的情况下,却无法通过卖空的方式获得私有信息套利收益,投资者的套利行为实际上被阻断,私有信息无法通过交易行为传播,私有信息交易效率较低。因此,在正向管理中,真实盈余管理的程度越高,企业的公开信息传播效率和私有信息交易效率均较低,导致公司信息质量下降,两者具有负相关性。在负向管理过程中,虽然真实盈余管理刻意调低了公司当前利润水平,导致公司的会计盈余信息的稳健性和财务报告的可靠性受到影响,致使公开信息传播效率下降。但管理层为了维护公司自身"声誉"等目的,更愿意向市场投资者传递有关公司未来业绩和公司价值的"真实而积极的信号",树立市场投资者对公司的信心,例如通过管理层、大股东的增持行为有所表现。更为重要的是,知情交易者通过私有信息发现公司股价明显被低估,负向管理程度越高,私有信息套利交易的潜在收益则越高。因此,私有信息交易的活跃度大大提高,私有信息交易效率大幅度上升。此时,公开信息效率和私有信息效率的变化方向相反,导致真实盈余管理行为和公司信息质量之间的关系反而变得模糊甚至不相关。简而言之,真实管理行为和公司信息质量的内在逻辑在于:真实盈余管理行为对于公司信息质量的影响基于两种渠道,公开信息效率和私有信息交易效率。在不同的管理方向中,真实管理和公司信息质量的关系也不尽相同:正向管理过程中,真实管理行为导致公司信息质量下降,而在负相关过程中,则表现不明显。基于此,本书提出假说12:

假说12:在负向管理中,真实盈余管理程度与公司信息质量相关性并不显著。在正向管理中,真实盈余管理程度与公司信息质量呈负相关性。

(二)真实盈余管理对环境不确定性的影响

申慧慧认为环境不确定性迫使管理层存在应计盈余管理动机。同样,环境不确定性与真实盈余管理行为之间也存在密切的逻辑关系。环境不确定性被学者定义为"市场交易环境变化的不可预测性",它描述了公司所面临的环境要素的不确定性导致的经营活动出现波动。Rainer和Boris将这种不确定性分为两种,即客观环境不确定性和感知环境不确定性。客观环境不确定性是指企业所处的外部环境,如顾客、供应商、竞争者等相关利益者不可预测的行为对公司活动产生的影响,但这种影响具有随机性,难以预测;感知环境不确定性则从信息不确定性的角度出发,认为由于管理层缺乏相关信息,难以准确掌握企业当前及未来状态,同样难以确认管理层决策的后果,Milliken将这种主观不确定性称之为感知不确定性。基于感知环境不确定性的观点认为环境不确定性是由信息的不确定性所导致的。当市场中的信息不对称性较高时,管理层缺乏相关信息,难以准确判断企业当前及未来的状态,其自身存在的有限理性和信息感知能力的差异,难以确认企业决策的后果,不能准确判断公司未来业绩,难以应对外部环境的变化,是一个"主观见之于客观的过程"。真实盈余管理行为对于企业的经营活动具有实质性结果,而这种结果对于企业的环境不确定性存在直接的影响:首先,真实管理行为的结果造成企业经营现金流的波动性增加,使得企业的产品市场竞争地位下降,与产业、经济、技术、竞争对手、顾客等环境有关的具有预测性和稳定性方面的相关认知能力下降,管理层对于企业决策行为以及决策成功概率的估算变得更加困难,从而导致企业的环境不确定性上升,他们仅仅分析了产品市场竞争能力与公司特质风险的关系,并没有从环境不确定性的角度论述两者之间的因果关系。其次,真实管理活动增加了公司与市场之间的信息不对称性,使得管理层在环境不确定的情况下,搜寻信息和利用信息判断企业未来发展前景的效率下降,决策的精度就会越来越低,导致管理层对于企业所处环境的感知能力减弱。最后,真实管理活动所造成的信息不对称性对于环境不确定性存在一个反馈机制,即外部投资者对公司内部经营状态的判断能力下降,导致企业的融资成本不断攀升,最终导致企业经营环境的动荡性大幅提升。

假说13:真实盈余管理与公司环境不确定性呈显著的正相关性。

据上述分析,真实盈余管理行为对于企业环境不确定性存在重要影响,而两者均与公司信息质量有关。因此,有必要分析公司信息质量对于真实盈余管理与企业环境不确定性相关性的影响。首先,已有研究表明,公司信息质量的改善,能够提升管理层对于企业环境因素的感知能力,降低企业环境不确定性程度,有助于改善真实盈余管理对于环境不确定性的负相关性。首先,随着信息披露质量和市场透明度的提高,市场投资者、监管层能够通过丰富的会计信息"读懂""看透"管理层的真实盈余管理行为,如Hribar的研究发现,随着会计准则的日益严格,由真实管理行为引起的超额盈余,其市场反应往往会大打折扣。其结果是投资者能够对企业未来的盈利前景做出正确判断和理性评价,降低了投资者对企业融资所要求的风险溢价,资本成本的波动性下降,有助于改善企业的环境不确定性。其次,公司信息质量的提高有助于减缓管理层进行真实盈余管理行为的动机。例如,Markarian等人的研究发现,当公司透明度越高时,高管薪酬委员会通过研发费用支出与CEO年度薪酬之间的显著正相关性,阻止CEO通过降低研发费用实施的真实盈余管理行为。最后,已有文献表明,机构投资者使得公司信息传播的透明度增加,迫使管理层通过降低研发费用、经营活动等操控盈余水平的动机。因此,管理层的真实盈余管理行为与企业的环境不确定性之间存在密切的相关性。正是通过信息不对称的作用而发生联系,则随着公司信息质量的提升,改善了两者间的相关性。基于此,本书提出如下假说。

假说14:当公司信息质量提高时,真实盈余管理与公司环境不确定性的相关性会减弱;反之,两者的相关性增强。真实盈余管理与公司环境不确定性的相关性见图8.1。

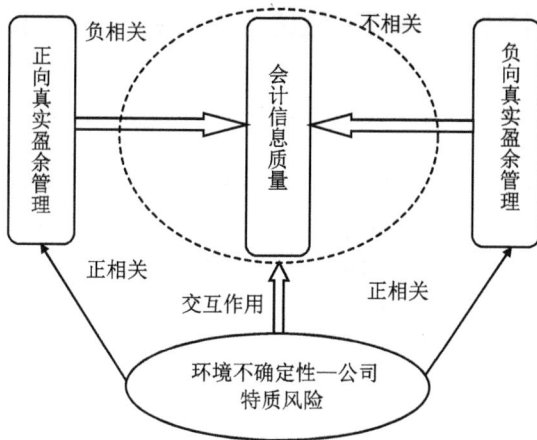

图8.1 真实盈余管理与公司环境不确定性的相关性

第二节 研究设计与实证分析

一、研究设计

(一)公司信息质量

本书根据深圳证券交易所的《上市公司信息披露质量考核办法》(以下简称《考核办法》)每年所发布的信息披露质量得分衡量公司信息质量。该数据从2001年开始发布,从信息披露的及时性、准确性、完整性和合法性四个角度对深市A股上市公司的信息质量进行分级考核,并形成量化得分,为国内市场的公司信息质量研究提供了极大的便利。《考核办法》对于上市公司的考核标准在2001—2010年间分为优秀、良好、合格和不合格四个等级,从2011年后依次改为A、B、C、D四个层次,并一一对应。本书将信息披露质量得分调整为1、2、3、4,分值越高,表明公司的信息质量越好。

(二)环境不确定性

已有研究表明,公司特质风险与产品市场竞争、公司成熟度、多元化经营、公司信息环境等因素有关,表明特质风险与企业的经营环境存在密切关系。因此,Panousi和徐倩利用公司特质波动反映企业环境的波动性,本书也采用该变量作为企业环境不确定性的衡量指标。公司特质风险的测度方法分为两种:基于CAPM模型的间接分离法和基于F-F三因素模型的直接分离法,前者主要对整个证券市场内的平均公司特质风险进行测度,后者主要测

度个股公司特质风险。本书采用直接分离法,基于F-F三因素模型,计算其残差:

$$R_{it} - R_{ft} = \alpha_{it} + \beta_{it} \cdot (R_{mt} - R_{ft}) + s_{it} \cdot SMB_{it} + h_{it} \cdot HML_{it} + \varepsilon_{it} \tag{8.1}$$

其中,R_{it}-R_{ft}为个股的超额收益,R_{mt}-R_{ft}为市场组合的超额收益部分;SMB代表规模因子,即小公司构成的投资组合与大公司构成的投资组合的收益差;HML则代表了价值因子,即高B/M比值构成的投资组合与低B/M的投资组合的收益差;α_{it}代表截距项;β_{it}、s_{it}、h_{it}则分别代表R_{mt}-R_{ft}、SMB、HML的敏感系数,而ε_{it}代表了计量模型的残差项,将股票i的公司特质风险(FIRM)定义为:

$$FIRM = \sqrt{var(\varepsilon_{it})} \tag{8.2}$$

(三)真实盈余管理变量

蔡春等认为,真实盈余管理的主要手段包括销售操控、费用操控、生产操控、销售资产和回购股票五种手段。但对于销售资产行为和股票回购行为是否具有盈余管理特征,一直存在较大争议,目前大多数文献通过前三种行为,即销售操控、费用操控和生产操控测度公司真实盈余管理的程度。因此,本书采用Roychowdhury的思路,针对经营活动现金流、生产成本和酌量性费用,采用Dechow的方法通过截面回归获得各自的异常值,从而衡量真实经营活动水平。具体方法如下:

1. 销售操控指标

销售操控是指公司通过赊销和折扣的方式扩大销售规模,虚增公司利润,但其代价是公司经营活动现金流的异常降低,相反,减少正常的赊销和折扣,以压低公司利润水平,所带来的公司异常经营现金流的提高。根据Roychowdhury的方法,按照式(8.3)进行回归:

$$cfo_t / A_{t-1} = \alpha_0 + \alpha_1 \cdot 1/A_{t-1} + \alpha_2 \cdot sale_t / A_{t-1}$$
$$+ \alpha_3 \cdot \Delta sale_t / A_{t-1} + \varepsilon_t \tag{8.3}$$

其中,cfo_t为上市公司第t期的经营活动现金净流量,A_t为上市公司第t期期末总资产,$sale_t$为第t期的销售收入,而$\Delta sale_t$则为t期与$t-1$期销售收入的差额,通过OLS回归得到截距项α_0以及α_1~α_3系数项,所得OLS回归的残差,可作为异常性经营现金流($ap\_cfo = \varepsilon_t$)。

2. 生产成本操控

生产成本操控是指管理层通过生产规模的变化,导致单位产品的固定

费用乃至生产成本变化,从而导致能够调整企业利润。本书根据Roychowd-hury的方法,对式(8.4)进行回归:

$$\frac{pro_t}{A_{t-1}} = \beta_0 + \beta_1 \cdot \frac{1}{A_{t-1}} + \beta_2 \cdot \frac{sale_t}{A_{t-1}}$$

$$+ \beta_3 \cdot \frac{\Delta sale_t}{A_{t-1}} + \beta_4 \cdot \frac{\Delta sale_{t-1}}{A_{t-1}} + \varepsilon_t$$

$$(8.4)$$

其中,pro_t为公司生产成本,主要包括销售产品成本和存货两个部分。$\Delta sale_{t-1}$为$t-1$与$t-2$期的销售收入差额,其余变量同式(8.4)。根据式(8.4)进行OLS估计出相关系数$\beta_0 \sim \beta_4$,并得到残差,即为生产成本操控变量——异常生产成本($ap\_pro_t = \varepsilon_t$)。

3. 酌量性费用操控

企业管理层通过对异常营业费用和管理费用的操纵,如研发支出、广告费、维修费用的人为改变从而调整企业利润,削减这三类费用支出就可以提高企业当期利润,反之则降低企业当期利润。同样,根据Roychowdhury的方法,对式(8.5)进行回归:

$$\frac{dis_t}{A_{t-1}} = \theta_0 + \theta_1 \cdot \frac{1}{A_{t-1}} + \theta_2 \cdot \frac{sale_{t-1}}{A_{t-1}} + \varepsilon_t$$

$$(8.5)$$

其中,$sale_{t-1}$为第$t-1$期的销售收入,其余变量同式(8.3),回归所得残差,即为酌量性费用操控指标——异常性酌量性费用($ap\_dis_t = \varepsilon_t$)。

4. 操控综合性指标

一般而言,管理层倾向于利用多种手段同时进行真实盈余管理活动,因此,本书采用Cohen的方法构建一个综合变量指标(ap_srm)以反映综合真实盈余管理程度:

$$ap\_srm = -ap\_cfo + ap\_pro - ap\_dis$$

$$(8.6)$$

当$ap\_cfo<0$、$ap\_pro>0$、$ap\_dis<0$和$ap\_srm>0$时,为正向管理,即上市公司调高利润;反之,表明公司调低利润,为负向管理。

(四)检验模型

为了检验真实盈余管理行为分别在正负管理过程中对公司信息质量的影响,即本书假设12,设定模型(8.7):

$$score_{i,t} = \beta_0 + \beta_1 \cdot Control_{i,t} + \sum \theta_n \cdot ind_n + \sum \eta_k \cdot ind_k + \varepsilon_t$$

$$(8.7)$$

模型(8.7)中的被解释变量为公司信息质量($score_{i,t}$),它是根据《考核办

法》中的信息披露得分整理得出。解释变量为真实盈余管理变量($|re_{it-1}|$),本书分别采用异常现金净流量(ap_cfo)、异常生产成本(ap_pro)和异常操控性费用(ap_dis)以及异常综合指标(ap_srm)的绝对值衡量。这里之所以采用滞后一期变量,主要基于两点考虑:第一,真实盈余管理行为改变了企业的经营轨迹,对于企业未来盈利能力形成影响,两者之间存在滞后性。第二,消除了模型中的内生性影响。因此,对于解释变量进行滞后一期处理。依据本书假设12,真实盈余管理变量($|re_{it}|$)的系数β_1在正向管理方向中显著为正,而在负向管理过程中则表现不显著。控制变量主要包括公司资产负债率(ral)、公司流动性比例(crr)、交易换手率($turn$)、公司规模($scale$)、净资产收益率(roe)、公司年龄(age)、机构持股比例($inshare$)、账面市值比(bm)、托宾Q值($tobin$)、董事会规模($board$)。行业虚拟变量(ind)是指行业分类,以2001年中国证监会公布的《上市公司行业分类指引》中的行业门类为标准,属于该行业为1,否则为0;year是指年度虚拟变量,凡当年变量记为1,否则为0。

为了验证真实盈余管理行为对于环境不确定性的影响,即假设13,设定模型(8.8):

$$FIRM_{i,t} = \beta_0 + \beta_1 \cdot \left| re_{i,t} \right| + \beta_2 \cdot Control_{i,t}$$
$$+ \sum \theta_n \cdot ind_n + \sum \eta_m \cdot ind_m + \varepsilon_t \qquad (8.8)$$

模型(8.8)中,被解释变量为环境不确定性指标——公司特质风险($FIRM_{it}$),解释变量仍为上述四个真实盈余管理指标($|re_{i,t}|$),此处不再一一列出。根据假设13,真实盈余管理变量($|re_{i,t}|$)的系数(β_1)符号应显著为正。控制变量($Control_{it}$)、行业(ind)和年度($year$)虚拟变量均同模型(8.7)。

为了验证假设14,在模型(8.8)的基础上,设定模型(8.9)。其中,被解释变量仍为环境不确定性变量($FIRM_{it}$),解释变量为真实盈余管理变量($|re_{it-1}|$),此外,新加入公司信息质量变量($score_{it}$),公司信息质量与真实盈余管理的交互项($|re_{it-1}|*score_{it}$),检验上述两变量对于环境不确定性的联合影响。与模型(8.7)类似,为了尽量消除被解释变量和解释变量之间的内生性问题,第一,对于真实盈余管理变量,真实管理与公司信息质量的交互项进行滞后一期处理。第二,本书采取两阶段回归,第一阶段采用模型(8.7),第二阶段为设定模型(8.9):

$$FIRM_{i,t} = \beta_0 + \beta_1 \cdot |re_{i,t-1}| + \beta_2 \cdot |re_{i,t-1}| \cdot score_{i,t} + \beta_3 \cdot score_{i,t}$$
$$+ \beta_4 \cdot Control_{i,t} + \sum \theta_n \cdot IND_n + \sum \eta_m \cdot year_m + \varepsilon_t \qquad (8.9)$$

根据本书假设14,滞后一期真实盈余管理变量系数(β_1)的符号应显著为正;公司信息质量变量系数(β_3)应显著为负,而交互项系数(β_2)的符号应显著为负。控制变量选取同上,变量符号与定义见表8.1。

表8.1　变量符号与定义

	符号	变量名称	变量内涵
被解释变量	score	公司信息质量	由深圳证券交易所发布《上市公司信息披露工作考核办法》中的数据整理而得
	FIRM	公司特质波动	由F-F三因素模型的残差计算所得
解释变量	|re|	真实盈余管理变量	由异常经营性现金净流量(ap_cfo),异常生产成本(ap_pro)和异常操控性费用(ap_dis),异常综合指标(ap_srm)的绝对值构成
	|ap_cfo|	异常经营性现金流	真实盈余管理的衡量指标,由Dechow模型估计正常经营现金流,再估算其异常值,并取绝对值
	|ap_pro|	异常生产成本	真实盈余管理的衡量指标,由Dechow模型估计正常生产成本,再估算出异常值,并取绝对值
	|ap_dis|	异常操控性费用	真实盈余管理的衡量指标,由Dechow模型估计正常操控性费用,再估算异常值,并取绝对值
	|ap_srm|	真实管理综合变量	计算公式如下:ap_srm=-ap_cfo+ap_pro-ap_dis
控制变量	crr	流动性比例	当年度流动资产与总资产之比
	turn	换手率	成交量与股票发行量之比
	scale	公司规模	上年年末公司资产总值的对数
	ral	资产负债率	当年度总负债与总资产的比值计算所得
	roe	净资产收益率	由当年年度利润与净资产之比得出
	age	公司年龄	从公司上市至样本期的年数计算所得
	bm	账面市值比	公司的股东权益除以公司市值
	tobin	托宾Q值	(年末流通股市值+非流通股市值+长期负债合计+短期负债合计)/年末总资产
	board	董事会规模	当年公司董事会成员数量
	year	样本期间年份	按照样本涉及年份N,设立N-1
	ind	公司所属行业	按照2001年证监会行业分类指引,按照行业大类分类,共13个虚拟变量

二、实证分析

(一)样本来源与数据统计描述

本研究以2005—2014年深市A股信息披露质量考评的公司为基础,获得4877个观测值,剔除金融保险类上市公司、ST和PT类的上市公司以及交易数据或者财务数据缺失的公司数据,共得到有效观测值3950个。例如,计算公司特质波动(FIRM)时,剔除年交易日不足120日的公司数据。为了控制极端值的影响,本书在1%的水平上对样本进行缩尾处理(Winsorize)。除公司信息质量变量来源于深交所网站外,其他均来源于国泰安金融数据库。

表8.2列出模型(8.7)、(8.8)、(8.9)中的被解释变量和解释变量以及控制变量的统计性描述结果。信息披露质量得分(score)均值为2.97,小于中位数3,呈左偏,标准差为0.657,表明样本公司的信息质量较低,并且差异性较大。公司特质波动(FIRM)均值为0.049,中位数为0.041,呈右偏,标准差为0.018,表明该样本变量的差异性不大,但普遍较高,反映出上市公司经营环境的复杂性和动荡性具有一致性。四个真实管理变量绝对值,即异常现金流(lap_cfol)、异常生产操控(lap_prol)、异常费用操控(lap_disl)和综合异常变量(lap_srml)的平均值分别为0.044、0.062、0.025、0.078,中位数分别为0.031、0.039、0.017、0.053,和公司特质风险(firm)类似,均呈左偏;并且四个变量的标准差分别为0.039、0.078、0.027、0.081,四个变量绝对值的差异性均较小,表明真实管理变量和公司特质风险之间应该存在相关性。资产负债率(ral)的平均值为51.14,标准差为0.22,说明样本的杠杆比例差异性较小;净资产收益率(roe)的标准差为0.461,均值为0.22,大于中位数0.14,表明样本的盈利能力较强,并且差异性较小;流动性比例(crr)的平均值为1.49,大于其中位数1.145,呈右偏,标准差为1.49,也说明该变量差异性较高;公司规模变量(scale)的标准差为0.55,表明其差异性较小;公司年龄(age)的均值小于中位数,并且标准差为1.64,表明样本公司上市时间均较短。账面市值比(bm)、机构投资者(tobin)和董事会规模(board)的均值均不同程度呈现出左偏,但差异程度较低。

表8.2　变量的统计描述

变量名称	数量	平均值	最大值	3/4分位数	中位数	1/4分位数	最小值	标准差
score	3111	2.79	4	3	3	2	1	0.657
FIRM	3769	0.049	0.118	0.059	0.041	0.031	0.02	0.018
lap_cfo|	3372	0.044	0.144	0.063	0.031	0.013	0.0023	0.039
lap_pro|	3261	0.062	0.501	0.076	0.038	0.015	0.0004	0.078
lap_dis|	2781	0.025	0.141	0.031	0.017	0.0076	0.0002	0.027
lap_srm|	2707	0.078	0.401	0.102	0.053	0.024	0.00004	0.081
ra|	3787	51.14	99.81	65.08	52.96	37.57	0	0.22
roe	3787	0.22	2.1	0.35	0.14	0.03	−1.2	0.461
crr	3910	1.49	8.94	1.631	1.145	0.792	0.128	1.34
turn	3865	524.9	1755.5	710.34	418.14	234.76	51.42	3.5
scale	3915	9.39	10.63	9.72	9.38	9.03	7.98	0.55
age	3875	11.64	23	14	13	9	1	1.64
bm	3771	1.171	4.915	1.67	0.893	0.489	0.086	0.945
tobin	3771	1.71	11.55	2.044	1.119	0.638	0.203	1.85
board	3860	9.222	15	10	9	8	5	2

注:上表所有连续变量均进行1%水平的Winsorize缩尾处理。

表8.3报告了主要变量间的相关系数分析(右上半部为spearman检验,左下半部为pearson检验)。公司信息质量(score)和公司特质波动(FIRM)之间相关系数分别为−0.183和−0.21,显著为负,表明环境不确定性和公司信息质量之间呈显著的负相关性。而公司特质波动(FIRM)与四个真实管理变量绝对值,即异常现金流(lap_cfo|)、异常酌量性费用(lap_dis|)、异常生产成本(lap_pro|)和异常综合变量(lap_srm|)的相关系数均显著为正,说明两者真实管理行为对环境不确定性存在负面效应。公司信息质量(score)与异常现金流(lap_cfo|)的相关系数分别为−0.013和−0.009,且不显著;与异常生产成本(lap_pro|)的相关系数分别为0.005和−0.017,也不显著;与异常酌量性费用(lap_dis|)的相关系数分别为−0.056和−0.072,具有显著性;与异常综合性变量(lap_srm|)的相关系数分别为−0.014和−0.01,不具显著性,表明公司特质风险与真实管理变量的相关性虽然均为负值,但并不稳定,本书认为两者间的关系也取决于管理方向的变化。各个真实管理变量之间的相关系数均呈显著性:异常现金流(lap_cfo|)与异常生产成本(lap_pro|)的相关系数分别为−

0.080和-0.083,表明销售操控行为和生产成本行为对于公司现金流的影响是反向;异常现金流(lap_cfol)与异常酌量性费用(lap_disl)的相关系数分别为0.068和0.083,表明销售操控行为和费用操控行为对于公司的现金流的影响相同,两者间具有相互促进的作用;异常生产成本(lap_prol)与异常酌量性费用(lap_disl)的相关系数分别为-0.194和-0.218,表明生产成本操控和费用操控对于公司现金流的影响不同;而异常综合变量(lap_srml)与异常生产成本(lap_prol)相同,而与异常现金流(lap_cfol)与异常酌量性费用(lap_disl)相反。

表8.3 主要变量间的相关系数分析

	score	FIRM	lap_cfol	lap_prol	lap_disl	lap_srml
score	–	-0.183***	-0.012	0.005	-0.056***	-0.014
FIRM	-0.210***	–	0.018***	0.071***	0.055***	0.075***
lap_cfol	-0.010	0.019***	–	-0.080***	0.068***	-0.144***
lap_prol	-0.017	0.116***	-0.083***	–	-0.194***	0.840***
lap_disl	-0.072***	0.108***	0.083***	-0.218***	–	-0.417***
lap_srml	-0.011	0.120***	-0.151***	0.909***	-0.471***	–

注:表8.3中右上半部分为Spearman检验,左下半部分为Pearson检验;***、**、*分别代表在1%、5%、10%水平上具有显著性;上表所有连续变量均进行1%水平的Winsorize缩尾处理。

(二)真实盈余管理对公司信息质量的影响

通过表8.4,我们可知:在正向管理过程中,四个真实盈余管理变量的系数(β_1)均在10%的水平以上显著为负。表明由于真实盈余管理行为存在的隐秘性特征,以及对企业经济活动产生的实质性后果,导致企业与外部投资者的信息不对称性进一步上升,公开信息渠道难以反映出公司真实的价值所在,公司信息传播效率下降。同时,公司管理者操纵正向管理的目的大多是为了维护上市资质,或再融资等行为,一旦市场投资者了解企业经营能力的"真相",将使其处于不利地位,此时,管理层尽量封锁公司的内部信息。对于私有信息交易而言,信息搜寻的套利成本大幅上升。但更为重要的是,由于市场卖空手段的缺乏和种种限制,当前市场做空套利交易频率和规模仍然很小,表明私有信息套利收益存在制度性的限制。由于私有信息套利成本和套利收益的不匹配,导致私有信息套利交易效率仍然较低。因此,在正向管理越高时,无论公开信息渠道,还是私有信息套利交易效率都较低。

在负向管理过程中,四个真实盈余管理变量的相关系数(β_1)均不显著,

并且,除了异常现金流变量(lap_cfo|)的系数符号为负以外,另外三个变量的系数符号均为正值。表明对于公开信息渠道,真实管理的影响和正向管理过程相同,降低了公开信息传播效率。而对于私有信息交易而言,管理层出于种种目的,通过真实的经营行为调低了公司盈余水平,行为本身对于公司在市场和行业中的地位是一种"伤害"。为了减少这种负面影响,维护公司的"市场信誉",企业更愿意通过各种非公开方式向市场投资者传达真实的信息。那么,私有信息套利成本无形中下降。另外,私有信息的拥有者可以通过做多的方式寻求丰厚的价值洼地回报。因此,其私有信息交易频率和规模大幅提升,私有信息交易效率得到充分体现。负向管理对于两种渠道所产生的效应截然相反,这种反向效应的叠加,导致负向真实管理和公司信息质量之间的相关性表现不显著。表8.4的数据充分证明了假说12。

表8.4　真实盈余管理对公司信息质量的影响

score	(1)		(2)		(3)		(4)	
	正向	负向	正向	负向	正向	负向	正向	负向
$lap\_cfo_{i,t-1}$	−0.31*** (−3.00)	−0.12 (−0.28)						
$lap\_pro_{i,t-1}$			−0.553** (−2.47)	0.215 (0.84)				
$lap\_dis_{i,t-1}$					−0.53* (−1.75)	0.46 (0.60)		
$lap\_srm_{i,t-1}$							−0.497** (−2.03)	0.361 (1.32)
$roe_{i,t}$	0.224*** (3.97)	0.270*** (4.90)	0.230*** (4.20)	0.289*** (5.67)	0.323*** (6.21)	0.312*** (4.46)	0.326*** (5.64)	0.288*** (4.97)
$ral_{i,t}$	−0.006 (−0.33)	−0.006*** (−2.86)	−0.005 (−0.77)	−0.004*** (−2.75)	0.007 (0.43)	−0.008*** (−3.37)	−0.005 (0.29)	−0.005*** (−2.70)
$turn_{i,t}$	0.004 (0.65)	0.003 (0.42)	0.001* (1.69)	−0.007 (−1.12)	0.005 (0.94)	−0.001* (−1.67)	0.008* (1.74)	−0.002** (−2.20)
$scale_{i,t}$	0.127 (1.21)	0.232** (2.09)	0.154 (1.49)	0.095 (0.94)	−0.059** (−0.51)	0.156 (1.04)	0.003 (0.02)	0.125 (1.01)
$crr_{i,t}$	0.025 (1.12)	−0.027 (−0.97)	0.044* (1.77)	−0.007 (−0.30)	0.028 (1.17)	−0.015 (−0.27)	0.064** (2.33)	−0.018 (−0.68)
$age_{i,t}$	0.011** (2.13)	0.018* (1.79)	0.024*** (2.83)	0.012 (1.37)	0.022*** (2.66)	0.019* (1.77)	0.027*** (2.88)	0.023** (2.42)
$bm_{i,t}$	−0.036 (−1.41)	0.008** (2.24)	−0.035 (−1.39)	−0.012 (−0.40)	−0.029 (−1.14)	0.012* (1.71)	−0.028 (−1.05)	0.005** (2.01)
$tobin_{i,t}$	−0.024* (−1.69)	0.001 (0.09)	−0.028* (−1.66)	−0.023 (−1.57)	−0.034* (−1.90)	−0.014 (−0.50)	−0.031* (−1.68)	−0.015 (−0.92)

score	(1)		(2)		(3)		(4)	
	正向	负向	正向	负向	正向	负向	正向	负向
$board_{i,t}$	0.028*	0.017	0.033**	0.006	0.023*	−0.009	0.038***	0.005
	(1.70)	(1.17)	(2.29)	(0.04)	(1.86)	(−0.51)	(2.64)	(0.30)
_cons	0.372**	0.594**	0.751*	0.354**	0.463***	0.239*	0.690**	0.682*
	(2.50)	(2.62)	(1.82)	(2.22)	(3.35)	(1.75)	(2.13)	(1.81)
year	控制	控制	控制	控制	控制	控制	控制	控制
ind	控制	控制	控制	控制	控制	控制	控制	控制
obs	1470	1363	1571	1499	1639	981	1384	1173
F检验	2.55	2.12	2.13	2.57	2.71	2.30	2.20	2.70

注:***、**、*分别代表在1%、5%、10%水平上的显著性;根据VIFs膨胀因子系数,不存在共线性问题。

(三)真实盈余管理对环境不确定性的影响

通过表8.5,我们可知:首先,式(1)—(4)报告了异常现金流变量(lap_cfol)、异常生产成本(lap_prol)、异常酌量性费用(lap_disl)以及综合异常变量(lap_srml)与环境不确定性变量(FIRM)之间的相关性。其中,各式的左列为在没有公司信息质量($scroe_{i,t}$)和交互项($|re_{i,t-1}| \cdot score_{i,t}$)的条件下,对环境不确定性的影响,结果显示,在考虑了控制变量的基础上,相关系数(β_1)均在5%的水平上显著为正。而各式的右列,在加入交互项变量($|rel \cdot score$)和公司特质风险变量($score$)后,真实盈余管理变量的相关系数依然显著为正,表明管理层的真实盈余管理行为是导致企业环境不确定性变化的一个重要因素。因此,检验结果支持本书的假设13。其次,在式(1)—(4)的右列加入的公司信息质量($scroe_{i,t}$)之后,该变量的相关系数(β_3)显著为负,说明当市场的信息环境变得恶劣时,公司管理层对于周边环境要素的主观感知能力也大幅下降,同样该变量也是影响企业环境不确定性的一个重要因素。最后,交互项系数($|rel \cdot score$)的相关系数(β_2)均在5%的水平上显著为负,表明随着公司信息质量的上升,真实盈余管理变量与环境不确定性的相关性下降。结合模型(8.7)的检验结论,表明真实盈余管理行为的结果导致公司信息质量下降,间接导致企业环境不确定性上升,实证结论完全支持本书提出的假说14。

表8.5　真实盈余管理行为对于环境不确定性的影响

FIRM	(1)		(2)		(3)		(4)	
$|ap\_cfo_{i,t-1}|$	0.019** (2.31)	0.009*** (3.84)						
$|ap\_cfo_{i,t-1}|$ ·score		−0.031*** (−4.12)						
$|ap\_pro_{i,t-1}|$			0.010*** (2.65)	0.004*** (3.28)				
$|ap\_pro_{i,t-1}|$ ·$score_{i,t}$				−0.012*** (−2.89)				
$|ap\_dis_{i,t-1}|$					0.040*** (2.97)	0.011*** (2.76)		
$|ap\_dis_{i,t-1}|$ ·$score_{i,t}$						−0.038** (−2.82)		
$|ap\_srm_{i,t-1}|$							0.012*** (2.89)	0.004*** (3.03)
$|ap\_srm_{i,t-1}|$ ·$score_{i,t}$								−0.013*** (−2.88)
$scroe_{i,t}$		−0.010* (−1.88)		−0.056*** (−2.65)		−0.065** (−1.97)		−0.038** (−2.23)
$roe_{i,t}$	−0.002 (−0.33)	−0.002 (−0.16)	−0.002 (−0.28)	0.015*** (2.59)	−0.001 (−0.05)	0.002** (2.01)	−0.007 (−0.78)	0.012** (2.06)
$ral_{i,t}$	0.002*** (7.04)	0.003** (2.01)	0.002*** (6.68)	0.002*** (3.50)	0.002*** (6.21)	0.004* (1.86)	0.002*** (6.28)	0.002*** (2.76)
$turn_{i,t}$	0.002*** (16.51)	0.001*** (14.25)	0.002*** (17.17)	0.002*** (14.55)	0.002*** (15.25)	0.002*** (12.39)	0.002*** (15.31)	0.001*** (12.64)
$scale_{i,t}$	0.004** (2.45)	0.007** (2.17)	0.003* (1.79)	0.007*** (3.08)	0.004** (2.45)	0.006** (2.40)	0.004** (2.39)	0.005** (2.35)
$crr_{i,t}$	−0.004 (−1.33)	−0.003 (−0.77)	−0.002 (−0.49)	0.001 (0.34)	−0.002 (−1.02)	0.001 (0.85)	−0.003 (−0.80)	0.002 (0.32)
$age_{i,t}$	0.008*** (6.07)	0.002** (2.25)	0.008*** (6.45)	0.001** (2.38)	0.001*** (4.28)	0.001* (1.77)	0.006*** (4.01)	0.003* (1.66)
$bm_{i,t}$	−0.004*** (−9.15)	−0.005*** (−3.17)	−0.004*** (−9.21)	−0.006*** (−9.29)	−0.004*** (−9.52)	−0.006*** (−8.05)	−0.005*** (−9.42)	−0.005*** (−9.49)
$tobin_{i,t}$	0.002*** (11.47)	0.003*** (3.15)	0.002*** (10.61)	0.001** (2.53)	0.003*** (11.18)	0.002** (2.42)	0.003*** (11.40)	0.003*** (6.50)
$Board_{i,t}$	−0.0001 (−0.79)	−0.0004 (−0.46)	−0.0001 (−0.60)	0.0008 (0.79)	−0.0002 (−0.86)	0.0013* (1.65)	−0.0025 (−1.04)	0.0004 (0.99)
_cons	0.013* (1.92)	0.017** (2.19)	0.057** (2.41)	0.116** (2.53)	0.018** (2.13)	0.142** (1.98)	0.017** (2.08)	0.084* (1.85)
Year	控制	控制	控制	控制	控制	控制	控制	控制

续表

FIRM	(1)		(2)		(3)		(4)	
Ind	控制	控制	控制	控制	控制	控制	控制	控制
Obs	3128	2729	3059	2699	2612	2265	2549	2271
F检验	2.56	2.27	2.71	2.33	2.28	2.06	2.49	2.21

注：***、**、*分别代表在1%、5%、10%水平上的显著性；根据VIFs膨胀因子系数，不存在共线性问题。

考虑到真实盈余管理行为和公司信息质量的相关性在正向管理过程中显著为负，而负向管理中则不存在显著性，那么在不同的管理方向下，公司信息质量的变化对于真实管理和环境不确定性之间相关性的影响是否作用不同？基于检验的严谨性，本书分别在正负管理过程中，再次考察三者之间的关系，通过表8.6我们可知：首先，除了在式（1）中，在考察异常现金流（$lap\_cfo_{i,t-1}$）和环境不确定性（$FIRM$）的关系时，公司信息质量（$scroe_{i,t}$）的相关系数（β_3）不显著以外（但系数符号仍然为负），其余情况下的公司信息质量（$scroe_{i,t}$）的符号均显著为负。其次，真实盈余管理变量（lrel）的相关系数（β_1），无论正负向，均显著为正，表明真实盈余管理行为无论在何种情况下都是导致环境不确定性变化的重要因素。最后，最为重要的是，从式（1）—（4）中的交互项（lrel*score）的相关系数（β_2），无论正负向，均显著为负，表明公司信息质量的高低对于真实管理和环境不确定性的相关性存在重要的影响。因此，检验结果再次支持了本书提出的假说H2和H3。

表8.6 真实盈余管理行为对于环境不确定性的影响

firm	(1)		(2)		(3)		(4)	
	正向	负向	正向	负向	正向	负向	正向	负向
$\|lap\_cfo_{i,t-1}\|$	0.115***	0.058*						
	(3.48)	(1.64)						
$\|lap\_cfo_{i,t-1}\|$ ·$score_{i,t}$	−0.041***	−0.024**						
	(−3.62)	(−2.09)						
$\|lap\_pro_{i,t-1}\|$			0.044***	0.042**				
			(2.52)	(2.18)				
$\|lap\_pro_{i,t-1}\|$ ·$score_{i,t}$			−0.012**	−0.013**				
			(−2.05)	(−2.02)				
$\|lap\_dis_{i,t-1}\|$					0.138***	0.063**		
					(2.03)	(2.14)		
$\|lap\_dis_{i,t-1}\|$ ·$score_{i,t}$					−0.048*	−0.031*		
					(−1.69)	(−1.67)		

续表

firm	(1)		(2)		(3)		(4)	
	正向	负向	正向	负向	正向	负向	正向	负向
$|ap\_srm_{i,t-1}|$							0.035*	0.044**
							(1.82)	(2.16)
$|ap\_srm_{i,t-1}|$ $\cdot score_{i,t}$							-0.012*	-0.014**
							(-1.76)	(-2.18)
$score_{i,t}$	-0.041	-0.052**	-0.056*	-0.063*	-0.039*	-0.178***	-0.048*	-0.019*
	(-1.51)	(-2.03)	(-1.76)	(-1.74)	(-1.75)	(-3.67)	(-1.66)	(-1.74)
$roe_{i,t}$	-0.009	0.007	0.013*	0.017*	-0.026*	0.051***	0.012*	0.004
	(-0.47)	(0.04)	(1.58)	(1.72)	(-1.72)	(3.53)	(1.67)	(0.54)
$ral_{i,t}$	0.004*	0.002	0.003**	0.001	0.005***	-0.002*	0.001*	0.001
	(1.76)	(0.74)	(2.41)	(1.16)	(3.63)	(-1.79)	(1.87)	(1.53)
$turn_{i,t}$	0.021***	0.018***	0.024***	0.017***	0.029***	0.011***	0.016***	0.016***
	(10.70)	(8.58)	(11.67)	(8.70)	(12.68)	(4.94)	(9.03)	(7.99)
$scale_{i,t}$	0.046*	0.005*	0.004	0.007**	-0.007	0.003***	0.005	0.007*
	(1.71)	(1.91)	(1.50)	(2.33)	(-0.22)	(2.82)	(1.70)	(1.82)
$crr_{i,t}$	0.0004	-0.002**	0.002	0.002	-0.003*	0.001	0.007	-0.004
	(0.61)	(-2.15)	(0.43)	(0.45)	(-1.68)	(1.24)	(0.83)	(-0.39)
$age_{i,t}$	-0.001	-0.002	0.004**	0.001	-0.002*	0.004***	0.006	0.002
	(-0.52)	(-0.17)	(2.03)	(1.49)	(-1.74)	(3.15)	(1.03)	(0.23)
$bm_{i,t}$	-0.003	-0.005**	-0.016***	-0.014***	-0.032***	-0.072***	-0.051***	-0.040***
	(-1.44)	(-2.47)	(-7.95)	(-4.74)	(-3.30)	(-5.76)	(-7.23)	(-4.01)
$tobin_{i,t}$	0.003**	0.002*	0.004	0.006*	0.006***	-0.001	0.004***	0.003***
	(2.42)	(1.68)	(0.51)	(1.78)	(5.58)	(-1.59)	(5.01)	(4.12)
$Board_{i,t}$	-0.001	-0.001	0.001	0.001	-0.003**	0.005***	0.006	0.0012
	(-1.05)	(-0.09)	(1.61)	(0.66)	(-1.98)	(3.62)	(1.02)	(0.17)
$\_cons$	0.090*	0.085*	0.128*	0.026*	0.192*	0.364***	0.043**	0.103*
	(1.77)	(1.72)	(1.90)	(1.68)	(1.72)	(3.40)	(2.1)	(1.90)
year	控制	控制	控制	控制	控制	控制	控制	控制
ind	控制	控制	控制	控制	控制	控制	控制	控制
obs	1416	1313	1386	1313	1405	860	1183	1034
F检验	2.34	1.69	2.27	2.27	2.69	1.83	1.92	1.87

注：***、**、*分别代表在1%、5%、10%水平上的显著性；根据VIFs膨胀因子系数，不存在共线性问题。

(四)稳健性检验

为了提高本书结论的稳健性，我们对公式做了如下改进：

①由于Xu和Malkiel的计算方法所需参数较多，故不便在稳健性分析中采用Ferreira和Laux的因子模型进行测度：$FIRM_{it}=\sum_{t=1}^{T}\varepsilon_{it}^2+2\sum_{t=1}^{T}\varepsilon_{it}\varepsilon_{it-1}$。其中，$\varepsilon_{it}$为股票$i$的$t$交易日的市场超额收益，即$\varepsilon_{it}=r_{it}-r_{mt}$，而$r_{it}$为股票$i$的$t$交易

日的收益率，r_{mt} 为 t 交易日的市场收益率。本书采用上证指数进行计算。该计算公式存在一个优点，即考虑了个股特质收益的序列相关性，增加了公司特质风险测度的精确性，同时该式的计算较为简单。

②根据 Cohen 等人的方法，构建另外一个真实盈余管理的总度量指标：$ap\_srm1=ap\_pro-ap\_dis$；$ap\_srm2=-ap\_cfo-ap\_dis$。分别用 ap_srm1 和 ap_srm2 替换前文中的 ap_srm。

③鉴于本书通过公司特质风险的波动性衡量企业的环境不确定性，考虑到 2005—2007 年间的牛市对特质波动的影响，本书删除了 2005—2007 年三年的数据后再次进行实证检验，结论仍然比较稳健。真实盈余管理行为对于环境不确定性的影响（考虑交互项因素）见表8.7。

表8.7　真实盈余管理行为对于环境不确定性的影响（考虑交互项因素）

FIRM	(1)	(2)	(3)	(4)
$|ap\_cfo_{i,t-1}|$	0.048[*] (1.91)			
$|ap\_cfo_{i,t-1}|\cdot score$	-0.017[**] (-1.98)			
$|ap\_pro_{i,t-1}|$		0.037[***] (2.98)		
$|ap\_pro_{i,t-1}|\cdot score_{i,t}$		-0.01[***] (-2.33)		
$|ap\_dis_{i,t-1}|$			0.092[**] (2.13)	
$|ap\_dis_{i,t-1}|\cdot score_{i,t}$			-0.033[**] (-2.12)	
$|ap\_srm_{i,t-1}|$				0.029[**] (2.11)
$|ap\_srm_{i,t-1}|\cdot score_{i,t}$				-0.008[*] (-1.76)
$scroe_{i,t}$	-0.003 (-0.05)	-0.052[**] (-2.24)	-0.068[**] (-1.69)	-0.045[**] (-2.43)
$roe_{i,t}$	0.0005 (0.04)	0.013[**] (2.09)	0.02[*] (1.66)	0.013[**] (2.32)
$ral_{i,t}$	0.0002[*] (1.67)	0.0001[***] (2.82)	0.0005 (0.43)	0.0001[*] (1.65)
$turn_{i,t}$	0.0016[***] (12.01)	0.0016[***] (12.56)	0.0014[***] (10.14)	0.0015[***] (10.86)
$scale_{i,t}$	0.0083[*] (1.71)	0.0112[***] (4.19)	0.009[***] (2.85)	0.008[***] (3.17)
$crr_{i,t}$	-0.0005 (-0.85)	0.0007 (0.15)	0.0004 (0.43)	0.0002 (0.28)

续表

FIRM	(1)	(2)	(3)	(4)
$age_{i,t}$	−0.0026 (−0.08)	0.0027** (2.22)	0.0034* (1.71)	0.0023** (1.63)
$bm_{i,t}$	−0.0051*** (−3.16)	−0.0064*** (−9.93)	−0.0058*** (−6.58)	−0.0054*** (−8.36)
$tobin_{i,t}$	0.0030*** (3.64)	0.0029** (4.63)	0.0023** (2.35)	0.0038*** (6.63)
$Board_{i,t}$	−0.0002 (−0.2)	0.0006 (1.16)	0.0014 (1.32)	0.0006 (1.17)
_cons	0.030* (1.75)	0.039** (2.16)	0.091** (1.99)	0.051** (2.16)
year	控制	控制	控制	控制
ind	控制	控制	控制	控制
obs	2118	2138	1765	1730
F检验	2.51	2.48	2.24	2.28

(五)研究结论与进一步展望

本研究属于真实盈余管理的经济后果研究,到目前为止,该领域的研究仅局限于真实盈余管理对于公司价值和资本成本的影响。但真实管理行为对资本成本的影响依赖于公司信息环境以及信息质量的高低。真实盈余管理对于公司价值的影响依赖于公司经营环境不确定性的可预测性。因此,本书以2005—2014年的深市A股为样本,考察真实盈余管理与公司信息质量以及环境不确定性的关系。

研究发现,在正向管理过程中,真实盈余管理程度与公司信息质量呈显著负相关,而在负向管理过程中,两者的相关性并不显著。真实管理行为对于公司信息质量的影响是通过三个方面对两种信息渠道产生影响的。首先,真实管理的自身特质,如隐蔽性、实质性的经济后果等对公开信息渠道产生负面影响。其次,在不同方向中,管理层对公司内部信息的态度对私有信息套利成本产生不同的影响,如负向管理中,更倾向于散布公司真实信息,而正向管理更倾向于封锁信息。最后,在不同方向中,套利手段的便利程度对于私有信息套利收益产生不同的影响,如正向管理过程中,由于卖空手段的缺乏和限制,投资者无法获得套利收益,而在负向管理过程中则不存在这种限制。

不论正负向,真实盈余管理对于公司环境不确定性均具有显著的正相关性,但这种相关系数值在正向管理中较大,而在负向管理中较小。另外,真实盈余管理与环境不确定性的相关性随着公司信息质量的提高而下降，具有负面效应，但这种负面效应的边际效果在正向管理过程中较高，而在负向管理过程中较低。这说明在真实盈余管理对环境不确定性的影响过程中，公司信息质量具有较大作用。同时，它也解释了真实盈余管理和应计盈余管理之间具有的互补性关系的形成机制。该结论的政策启示在于，降低公司环境不确定性的重要途径在于提高公司信息传播效率，增加公司的信息透明度。

该研究仅对真实盈余管理和公司信息质量以及环境不确定性在不同管理方向下的相关性进行实证分析。基于此，本书提出两个研究方向：将来可以沿着公司信息质量和资本成本这个逻辑框架，在正向管理和负向管理两个方向中分析真实盈余管理行为对公司价值的影响机制，将它的经济后果研究进一步完善；学界对应计盈余管理行为和真实盈余管理行为的相互关系（替代关系还是互补关系）争论不断。本书认为，将来可以从环境不确定性的角度对两者的关系进行深入分析。

第九章　研究回顾与政策建议

第一节　研究回顾

自从Campbell等人将个股波动分解为市场层面波动、行业层面波动和公司特质波动,并且发现了"特质风险现象"以来,越来越多的学者将目光转向公司特质风险研究。研究的重点主要集中在公司特质风险的定价,公司特质风险的影响因素以及公司特质风险的经济后果几方面。对于公司特质风险的决定因素(信息内涵本质),存在"信息含量说"和"信息无关论"两种观点之争,这种争论从1986年出现,到2010年还没有定论。与此同时,国内学者针对公司特质风险的研究主要集中在资产定价上,而对于中国股票市场中公司特质风险的信息内涵、影响因素却鲜有涉及。

本书从中国股票市场制度建设的现实背景出发,从公司信息环境、机构投资者持股行为、所有权结构和产品市场竞争三个角度,对公司特质风险的影响因素进行深入分析,研究公司特质波动的信息内涵。

第一,从会计信息质量与公司特质风险的相关性、公司特质风险变动对于盈余系数的影响两个角度,对公司信息内涵进行实证分析和检验。本书的研究结论与Hsin的研究结果类似,表明公司特质风险与公司会计信息质量之间存在负相关性。同时,通过公司特质风险变动对于盈余系数的影响,发现公司特质风险变化反映了市场中"噪声"纳入股价行为,它与股价信息含量无关,支持"信息无关论"观点。该研究表明直接决定公司特质波动的变化因素主要有两个:一是公司层面信息不确定性对于公司特质风险的形成具有重要作用,这与Wei和Zhang关于公司层面现金流波动和盈余波动是影响公司特质波动变化的观点一致;二是公司层面信息不确定性是通过投资者的"噪声交易"行为传递给股票价格的。沿着这个思路,本书从机构投资者持股行为和公司治理结构两个角度解读公司特质风险的影响因素。

第二,从信息交易者的角度,探讨机构投资者的持股行为对公司特质风险的影响。当机构投资者的市场参与程度越深时,公司特质波动幅度逐步降低。公司会计信息质量上升时,有助于降低机构投资者持股行为与特质风险的负相关性,说明公司特质风险受到投资者的"噪声交易"行为影响,这与Brandt等人的研究结论一致。它同样说明,目前在中国股票市场中,机构投资者作为一支重要的理性投资者群体,对于稳定股价,实现价值投资,努力创造一个理性的投资氛围具有重要作用。同时,它也从另一个侧面为机构投资者与股价信息含量之间的关系提供了有力的支持。

第三,通过面板回归等方法,对公司治理与公司特质波动的相关性进行实证研究,分析所有权结构和产品市场竞争对于公司特质风险的影响。研究结论与Ferreira和Laux的研究结论一致,说明当所有权结构优化时,能够降低公司特质风险。与Gaspar和Massa的研究结论一样,产品市场竞争与特质风险之间存在显著的正相关性,但通过产品市场竞争与盈余波动和现金流波动的交互项系数,发现产品市场竞争程度的上升提高了公司层面信息不确定性,从而导致公司特质风险的上升。因此,该实证结论说明产品市场竞争是一种市场化的外部公司治理手段,在中国股票市场信息环境低劣的情况下,并不是有效的外部公司治理手段。

第四,针对真实盈余管理行为和公司信息质量的关系深入分析,发现在正向管理过程中,两者间呈显著的负相关性;而在负向管理过程中,两者的负相关性则消失,这与应计盈余管理存在重要的区别,也是本书的创新之处。本书首次就真实盈余管理行为对环境不确定性的影响机制进行分析,发现不论正、负向管理,两者间均存在正相关性,表明真实盈余管理行为增加了环境不确定性,导致公司价值的降低。真实盈余管理与环境不确定性的相关性随着公司信息质量的提高而减弱。

第五,本书在Portes和Ozenbas的相关研究的启示下,采用结构向量自回归计量方法,以我国证券市场A股收益数据和相关的宏观经济数据为变量,研究了公司特质波动、信贷市场规模和宏观经济稳定变量三者之间的关系。实证结果发现:一,公司特质波动水平的变动是引起信贷规模发生变化的一个重要因素,无论从影响程度,还是从持续时间来讲,都是非常重要的,公司特质波动与信贷规模之间是显著的负向关系。当公司特质波动变大时,信贷规模就会下降。这启示我们,公司特质波动在其信息内涵上,并非代表公司特质信息纳入股价的程度,而是衡量信息不确定性程度的指代变量。当公司特质波动水平越高时,这种信息不确定性程度越高,传递到信贷市场上表示其信息不对称程度越高,最终迫使公司改变融资途径,信贷市场行为则发生改变。二,公司特质波动与宏观经济波动之间呈现明显的负相关性。这种相关性是通过信贷渠道产生的,即当公司特质波动的增加迫使公司外部融资增加时,制约了外部融资规模,导致信贷市场萎缩,降低了宏观经济波动程度。

本书从个股波动问题出发,对于公司特质风险的度量方法进行详尽的阐述,分析其不足之处,并在借鉴前人相关文献的基础上,提出"非资产定价模型分解法"对中国股票市场上的平均公司特质风险进行测度和展开定量分析。然后,通过实证分析,分析市场平均公司特质风险与市场收益间的相关性。接着,结合现有的理论文献,从上市公司信息环境探讨公司特质风险的信息内涵,即是否代表股价信息含量,还是由投资者非理性的投资行为所推动产生。沿着这样的逻辑脉络,本书从机构投资者参与程度,所有权结构和产品市场竞争的角度,探讨公司特质风险所产生的影响机制。简而言之,在理论综述的基础上着眼于公司特质风险的测度、影响因素和所产生的经济后果出发,对个股风险的构成和形成进行分析和解释。这里进一步提出相应的政策结论和理论扩展,为我国微观金融学理论发展和资本市场制度建设提供有益的探讨。

有关公司特质风险的研究在金融学界是一个新兴领域,最早可追溯到Roll在美国金融学年会的主席致词。公司特质风险真正成为研究热点起始于Campbell等人针对美国股票市场,将股价波动分解为市场层面、行业层面和公司特质层面三个层面波动,并且发现"特质风险现象",引发大量学者的关注和研究。对于公司特质风险的研究,从早期的测度、定价以及影响因素等发展到经济后果等方面,新的理论、新的实证方法、新的思路不断出现,绝非本书所能概括。鉴于笔者的研究水平和努力程度,本书仍然存在诸多不足之处:

首先,通过本书的实证分析发现,市场平均特质风险与市场收益之间存在显著的正相关性,得到了与Xu和Maliekal相类似的结论,从一个侧面对本书的结论——公司特质风险与信息不确定性之间的关联提供了一种佐证,说明公司特质风险从某种意义上代表着公司个股波动中的信息风险程度。但是这种信息风险能否被市场收益所定价以及如何解释仍存在诸多争议。因此,从公司特质风险角度研究信息风险的定价性质是未来的研究展望之一。另外,周丹认为公司特质风险是表现公司个股价格偏差在横截面上的差异程度,这说明公司特质风险在横截面上与个股收益间是否还存在AHXZ所描述的"特质风险之谜"现象,仍具有争议。因此,从信息不确定性的角度研究公司特质风险与个股收益的横截面关系仍是进一步研究的展望之一。

其次,本书从会计信息质量和机构投资者行为两个角度分析公司特质风险的影响因素,并引入换手率作为投资者非理性行为的代理指标。对于这一指标的选取,本身仍然存在诸多争议,这是本书不足之处。另外,本书将机构投资者作为信息交易者的变量,考察机构投资者参与程度对公司特质风险的影响机制。但信息交易者的范围比较宽泛,除了机构投资者以外,还有证券分析师、内部交易者等等。不同类型的机构投资者,其交易习惯也各不相同。因此,他们的投资行为都会对公司特质风险产生不同程度的影响。不同类型的信息交易者对于公司特质风险的影响如何? 在数据条件逐渐允许的情况下,这也是未来的一个研究趋势。

最后,本书选取第一大股东持股行为、股权制衡度和国有股权比例三个变量来代表内部公司治理结构,选取产品市场竞争代表外部公司治理结构,研究公司治理结构对于公司特质风险的研究。但除此之外,董事会特征、治理会议、管理层激励、审计质量等等均能反映出公司治理机制,这些因素是否对于公司特质波动存在影响,这是今后要完善的工作之一。另外,中国股票市场上市的部分A股上市公司也被允许在境外上市(N股、S股和H股),形成双重上市。这样,对于公司来讲,不得不面临不同的监管环境,往往境外的监管力度和监督机制更为严格,这从一定程度上抑制了控股股东或者高管的机会主义。同时,国外投资者尤其是机构投资者的信息搜寻能力更强,能够利用他们的投资经验和专业能力搜集和加工与公司价值有关的信息。因此,双重上市的公司治理水平更高,信息质量更高,市场信息环境更为透明。在这样的背景下,双重上市行为对于公司特质风险会产生怎样的影响,其影响机制怎样,是下一步要研究的内容之一。

第二节　政策建议

我国的股票市场尚处于“转轨+新兴”的特殊制度背景下,公司特质风险作为个股波动的主要成分,与投资者行为、市场环境以及企业治理环境有显著的关系。本书以研究结论为背景,将公司特质风险作为环境不确定性的代理变量,考察真实盈余管理对环境不确定性和会计信息质量的影响,并扩展公司特质风险经济后果的研究。现提出如下政策建议:

一、强化投资者保护意识

我国的证券市场现处于新兴市场阶段,信息披露制度存在诸多漏洞,如庄家情结、政策市、过度投机等。基于此,我们提出如下建议:

首先,提高违规交易成本。现代法律体系由民事责任、刑事责任和行政责任构成,各自功能各异,但都具有惩罚、威慑和救治性质。法律的行政责任旨在惩罚一般违法行为人,法律的民事责任功能强调赔偿投资者交易过程中受到的损失,法律的刑事责任功能通过国家机关惩罚行使主体的法律责任。当中小股东的权益受到侵害后,可通过个人诉讼、股东代表诉讼、集体诉讼等方式追究相关当事人的责任。在法律制度供给层面,投资者比政府更关注自身的利益,民事责任对利益受害者而言更为重要。因此,应尽量增加对加害者的民事责任的追究力度。2003年,最高人民法院公布《关于审理证券市场因虚假陈述引发的民事赔偿案件的若干意见》,为投资者因虚假信息受到侵害提供了民事赔偿的法律救助手段。2003年之前,虚假信息陈述的加害人只需要承担行政责任和刑事责任,不需要对受到损失的投资者进行民事赔偿责任。该规定为虚假陈述受害人的因果关系提供了法律认定依据。在虚假陈述行为的内容、民事责任主体、因果关系认定、共同诉讼制度、赔偿金额确定、边防举证制度等方面取得了突破,降低了投资者的诉讼成本,极大提高了违法机构、个人的违法成本。尽管法律建设取得诸多突破,但在保护中小投资者合法权益方面存在众多不足之处。如被告被查处或判决的前置程序是投资者提请民事赔偿的前提,表面上杜绝了投资者"滥诉"的可能性,但实际上,将判断虚假陈述行为的权利由司法机关转移到行政机关,极大削弱了投资者进行诉讼的合法权利和索赔效率。同时,使得中小股东对企业不十分严重或比较隐蔽的侵权行为无能为力,如年报补丁、会计差错、反复的分配方案等。因此,《关于审理证券市场因虚假陈述引发的民事赔偿案件的若干意见》应逐步解除前置程序,将民事诉讼后的司法判决权利转交给地方法院裁定,避免行政机关的不作为,及时保护投资者的切身利益。另外,实现所有权结构的优化,尽量保证每一个投资者都处在平等的地位上,有平等获得投资收益的机会。如在目前的股票发行制度中的询价机制,主要面对机构和法人投资者,而鲜有顾及个人投资者的机会,因此,取消对机构、法人投资者在股票发行、配股中的特殊地位,有利于保证中小投资者的利益。

其次,加大监管体系的监督、执法权力。我国证券市场的监管体系是以中国证券监督管理委员会和深沪证券交易所为主体,证券业协会、证券公司、其他中介机构为辅助的集中统一监管体系。但我国证监会的监督权力较弱,如调查知情权、扣押权等十分有限,其监管威慑能力仍有待进一步提高。具体而言,建议中国证券监督管理委员会专门建立相应的投资者保护机构。开展投资者权益保护的宣传教育,受理投资者诉讼,并及时向监督管理部门反映相关问题。进一步完善有价证券和券商的信用评估制度机制,对券商的经营能力和财务状况等信息及时披露,以便投资者根据自身特点选择中介机构。构建对市场中可能存在风险因素进行有效预警。我国证券监管过程中存在监管滞后,往往强调事后管理,通过风险预警机制的完善,实施有效的事前监督和事中管理,可以有效控制市场风险的扩散。完善中国证券监督管理委员会的法律地位。证监会在证券市场的功能在于平衡投资者和市场参与者的各方利益,维护证券市场的有序运行。因此,需要进一步对中国证监会的监管内容、监管手段、执法权的合法性进行规范。同时,完善监管机构内部监督制度。所谓的内部监督是指由法律授权的国家机关对其自身和工作人员实施的监督,包括立法机关监督、司法机关监督和行政机关监督,保证证券监管人员遵守其内部规章,并对遵守规章制度的监管人员予以必要的奖励。另外,充分发挥自律组织的监管职能,例如证券业协会的组织结构的完善,提高证券市场从业人员和监管机构的沟通能力,等等。自律组织的完善和功能强化,有助于对证券市场进行事前防范和事中管理。

再次,加强国内市场监管和国际市场监管的协调,带动双边监管、区域性监管和国际性监管的协调机制。当前,随着"一带一路"的开展和国际市场的拓展,企业双重上市,同时在境内境外实施融资的行为逐渐普及。另外,投资者的国界壁垒、行业壁垒逐渐降低,投资行为的跨境、跨区域逐渐流行,随之而来的是金融风险、市场风险呈现出区域内、国际间的相互传染和流动。国家之间证券监管的协调和合作也必将成为一种必然的趋势。例如,针对同时在多个国家经营的上市公司,必须履行向不同国家监管机构披露相关信息的责任;国家之间、地区之间的监管机构相互之间也同样负有向对方进行信息充分披露的义务。欧洲国家之间在这一方面逐渐实现了信息充分披露,监管目标逐渐趋于一致,会计准则逐渐统一,使得信息在欧洲内部享有高度的透明度。例如,20世纪八十年代,加拿大成立国际证券业监管者合作中心,目前有100多个正式成员,并有发达国家组建技术委员会和新兴市场国家组建的发展委员会,大大加强了国际证券市场的监管范围和有效性。基于此,本书提出具体建议:在条件允许的情况下,我国监管机构与国内企业上市地国的监管机构,如新加坡、美国、英国等,建立起专门的机构,就上市公司的相关信息沟通建立常备机制。

最后,完善证券市场交易制度建设,构建混合交易模式。刘慧娟针对市场内不同投资者的交易需求多样化,建议改革当前的限价交易模式,推出以指令驱动为主、报价驱动为辅的市价委托模式。这样,可以推动一些交易不活跃、流动性差或者波动幅度较大的证券交易频率。随着新技术层出不穷,金融手段不断创新,证券市场出现全球化、国际化趋势,国内市场和国际市场的投资壁垒逐步被打破,建议适当延长日内的交易时间。因为随着证券市场的国际化,投资者交易的时间限制逐渐成为套利的重要障碍。目前,发达资本市场均实现24小时的交易制度,虽然国内资本市场照搬实施存在一定困难,但可以逐步过渡到取消午休制度,或者开设某些证券的盘后交易模式,以此吸引更多的交易者,增强证券的流动性。有计划的、适度对股市扩容可以增加股票供给,在一定程度上减少投资者的投机冲动,抑制股票价格的大幅频繁波动。同时,这种扩容方式应通过制度变革的方式进行,即逐步实质性由核准制向注册制转变,改变企业发行股票和寻求上市的路径依赖,真正做到以真实的信息披露为上市基础。

二、强化信息披露机制建设,完善公司治理机制

首先,继续加强信息披露内容的标准化。在当前上市公司普遍缺乏完善的监督代理契约机制,公司治理水平不高的条件下,信息披露是公司利益相关者获知和了解公司层面特质信息的有效途径。因此,应进一步提高上市公司信息披露制度的建设力度和监管水平。上市公司的信息披露应做到及时、全面、正确。刘勤认为,我国上市企业的信息披露存在若干问题,如重点不够突出,重要内容披露的深度和广度不够,导致一些重要的信息常常被有意无意遗漏;信息披露过程中存在很多信息"噪音",信息披露的有效性不足,例如年报准则中第一、第二、第六项内容在美国会计准则和香港会计准则没有对应项目,这不但造成信息披露成本上升,还容易误导投资者;信息披露报告中存在硬性约束有余,而弹性不足,例如年报中存在格式准则和内容合二为一,导致年报编制人员在编制过程中仅仅按照要求在科目上填空而已,没有涉及具体细节。上市企业在信息披露过程中,偏向于定性披露,定量披露信息不足,容易造成信息披露的模糊度较高。另外,信息披露的时效性较弱。因此,应完善信息披露的相应规则和制度。例如,以有效披露理念制定信息披露准则,增加上市企业的信息披露广度和深度。建议在修订信息披露准则过程中,引入有效披露理念,引导企业增加实质性披露内容,降低所谓表格性披露规则,让投资者获取更多的有效信息;适当增加定量信息披露比例,尽量向投资者提供更多的实质性内容;缩短信息披露时间,增强信息披露在资本市场中的时效性,如将年度披露时间缩短为两个月之内,

减少信息披露前的泄密和舞弊事件。建议将深圳证券交易所的《上市公司信息披露工作考核办法》这一制度性措施推广,并进一步深化,对上市企业信息披露的范围,如增加信息披露的自评内容、增加信息披露考核指标等,并建立信息披露质量得分,以此衡量企业的社会信用资质评级。

其次,对内幕交易人员建立严格的持股报告制度,严格禁止内幕交易行为。刘斌认为,所谓内部交易是指通过控股关系、职业关联、管理职位、交易关系等途径,获取企业经营、财务等能够影响其股票价格的未公开信息,并利用内幕信息套利获利的行为。该行为违反了资本市场中应有的诚实守信原则和公平交易原则,极大损害了其他投资者的合法利益。基于此,本书提出如下建议:第一,完善内幕信息的认定标准。当前,《中华人民共和国证券法》认定内幕信息需满足三个标准:相关性、重大性和未公开性,但三个原则的裁定权仍属于深沪两个证券交易所和证券监督机构,而投资者对于信息的界定所具有的权利较弱。因此,应该顺应发达资本市场对于内幕信息重大性认定的原则,采用"合理投资者标准"。第二,明确信息的公开性标准。当前规定认为,凡在法定报刊上公开的信息,以报刊登载时间作为信息公开时间,但这一做法否认了信息公开的最实质性标准,即市场投资者是否消化该信息? 因此,需要设立相应的消化等待期,让投资者逐渐获知并理解相应的重大信息,防止内部交易者利用公开的时间差套利。

再次,选择合适我国上市企业的跨境财务信息披露制度模式。企业编制财务报告和披露其他重要企业经营信息时,必须按照一定的会计准则进行,这将使得信息披露规则和披露内容变得规范和简单。由于大量企业在境外存在上市或者经营业务,因此,存在向双重披露信息的问题。不同国家、不同地区存在不同的会计准则,使得信息披露存在调整的问题,导致企业耗费披露成本。当前,国际上存在两种会计准则,其一是美国公认会计准则(USGAAP),其二是国际会计准则(IAS),两者都比较流行,在信息发布和处理上具有较好的效果。而我国的会计准则基本靠近后者,即国际会计准则(IAS),但仍有一定差异性。当境内公司在境外上市,或者境外企业在境内上市时,就会存在信息披露调整的问题。因此,在信息披露制度模式方面,选择适合的披露机制能够降低监管成本和企业经营成本。刘慧娟提出信息披露制度存在以下几种模式:一,选择模式,它规定企业在境外资本市场进行信息披露过程中,可以选择适合自身特点的会计信息披露制度。例如,香港联交所实行的就是这一制度。二,混合模式,即允许企业在境外资本市场中,按照其母国会计信息披露制度进行编写和披露,但需要在财务报告后面详细阐述其母国会计信息披露标准,以及和所在国的会计报告的区别之处。这种信息披露只能由专业性较强的机构来做出专业的判断,对于一般投资者而言,其适用性不大。三,单一模式,它规定企业在境内和境外进行信息披露时必须按照国际财务报告准则(IFRS)进行,不能采用其他方式进行财务信息的制作和披露。但这种方法多适用于国家化程度较高的资本市场。我国目前对会计信息披露制度模式没有明确规定,这对国内投资者在境外投资过程中的信息判读以及国内企业在境外上市融资过程中的信息披露造成一定的制度性障碍。本书建议,在我国资本市场成熟度不高,机构投资者和企业的金融素养不高的条件下,可以参照香港联交所的方法,采用选择性模式,即允许企业按照自身特点,有选择性地按照固定模式进行信息披露。

再次,真正实现上市公司分红制度。中国证券监督管理委员会颁布了强制上市公司分红的相应政策——《上市公司监管指引第3号——上市公司现金分红》(下文简称《第3号文》),但是该文件存在诸多漏洞,如上市企业一面恶意圈钱,一面高派现,破坏了资本市场的稳定,滋生恶意融资等现象。因此,本书建议将企业的分红制度与融资条件挂钩,将分红制度的形式监管转化为实质性监管。依据不同地区、行业、发展阶段的企业,根据其融资规模确定其分红水平。提高对"铁公鸡"公司的分红监管,例如监管部门定期约谈长期不分红公司的负责人,调查其不分红的实际原因,并向投资者做出合理解释和公示。对于连续3年以上不分红的上市企业警告,并施以一定程度的惩罚。尽管《第3号文》在上市企业有关利润分配政策的说明中表示,如有虚假或重大遗漏的,应按照《中华人民共和国证券法》第一百九十三条予以处罚,但该规定仅仅是对虚假陈述和重大遗漏进行处罚,而不是分红行为本身。本书建议如果符合分红条件的上市公司长期拒绝向投资者分红,可以采取民事、行政和刑事责任并举的方法,实现惩罚手段多样化,并加大处罚力度。另外,本书建议提高中小股东在分红决策过程中的决策权。尽管《第3号文》规定了上市企业应该就分红事宜同中小股东进行必要沟通,但这仅仅是一种软性约束,不具有强制力。就现金红利的需求度而言,中小股东的意愿远远超过大股东,但中小股东恰恰难以在股东大会上就分红决策发挥应有的作用。因此,本书建议行使类别股东投票权,让中小股东在股东大会上行使其分红表决权,提高其在上市公司中分红决策中的参与度。

最后,逐步取消征收红利税。发达资本市场大多对现金红利征税比例较小,如香港采取红利税另税负制度,美国于2003年采取红利税减半征收。

尽管我国于2015年6月也实行红利税减半征收,但由于税收制度的特殊性,存在重复征税、税负不公等现象。因此,本书依据曹骏飞的建议,建议逐步过渡到红利零征收政策,真正提高投资者的收益。

三、逐渐培育和发展成熟的机构投资者群体

已有研究表明,机构投资者拥有较强的资金规模和专业优势,以及广泛的信息渠道,对公司治理水平和市场信息质量的提高具有显著的推动作用,并有利于保护中小投资者利益。从书中的实证检验中,可以发现机构投资者有助于股价信息含量和股价稳定性的提高。因此,机构投资者对于资本市场的进一步成熟具有重要的作用。同样,机构投资者也具有一定的非理性行为,扰乱资本市场的正常运行。无论怎样,对于机构投资者的发展,我们应该持有理性的态度,一方面在规模和种类上大力发展机构投资者群体,发挥其理性投资行为的优势;另一方面,加强针对机构投资者的监管力度,改善监管方式,抑制其可能存在的非理性行为。本书具体建议如下:

首先,构建机构投资者分类发展制度。从公司治理的视角看,不同的机构投资者发挥不同作用。QFII和社保资金对于资本市场波动存在天然的风险厌恶,更加关注股票的长期价值,提倡价值投资理念。因此,合理发展上述机构投资者有助于稳定资本市场价格波动。而券商基金、私募基金更关注股票的成长性,适当引导上述机构投资者对新兴行业的投资行为,有助于实体经济的创新发展。

其次,构建特殊的合作机制,引导机构投资者和中小股东共同提升企业的公司治理水平。机构投资者对于中小股东的利益存在重要的信息效应和价值效应。在这一过程中,中小股东大部分时候处于"被施舍"的地位。建立合作机制,允许中小股东持有特殊投票权,直接参与股东大会的表决过程或者与机构投资者构建特殊的"换股"行为,允许中小股东直接参与董事会治理,而机构投资者从"换股"行为中获取适当的现金利益。如此一来,既可以降低机构投资者参与公司治理成本和可能的法律责任,又可以在一定程度上提高持股者收益。同时,有效地利用中小股东制衡大股东,提升公司治理效率。

最后,加强对机构投资者的监管和风险防范。建立有效的监管机制,防止机构投资者与企业管理层、控股股东之间的串谋行为。积极推动建立科学、高效的风险管理和风险控制制度,禁止利益输送和操纵市场等行为;积极推动完善机构投资者机理约束机制,切实改变少数机构投资者同质化和短期化倾向。

主要参考文献

[1] ANG A, HODRICK R J, XING Y, et al. The Cross-Section of Volatility and Expected Returns[J]. Journal of Finance, 2006, 61(1): 259-299.

[2] ANG A, HODRICK R J, XING Y, et al. High Idiosyncratic Volatility and Low Returns: International and Further U.S. Evidence [J]. Journal of Financial Economics, 2008, 91(1): 1-23.

[3] BALI T, CAKICI N, LEVY H. A Model-Independent Measure of Aggregate Idiosyncratic Risk[J]. Journal of Empirical Finance, 2008, 15(5): 878-896.

[4] BRANDT M, BRAV A, GRAHAM J, et al. The Idiosyncratic Volatility Puzzle: Time Trend or Speculative Episodes? [J]. Review of Financial Studies, 2010, 23(2): 863-899.

[5] BOEHME R, DANIELSEN B, KUMAR P, et al. Idiosyncratic Risk and the Cross-Section of Stock Returns: Merton (1987) Meets Miller (1977) [J]. Journal of Financial Markets, 2009, 12(3): 438-468.

[6] CAMPBELL J Y, LETTAU M, MALKIEL B G, et al. Have Individual Stocks Become More Volatile? An Empirical Exploration of Idiosyncratic Risk[J]. Journal of Finance, 2001, 56(1): 1-43.

[7] DANIEL K, HIRSHLEIFER D, SUBRAHMANYAM A. Overconfidence, Arbitrage, and Equilibrium Asset Pricing[J]. Journal of Finance, 2001, 56(3): 921-965.

[8] DUMEV A, MORCK R, YEUNG B. Capital Markets and Capital Allocation: Implications for Economies in Transition[J]. Economics of Transition, 2004, 12(4): 593-634.

[9] FAMA E, FRENCH K. The Cross-Section of Expected Stock Returns [J]. Journal of Finance, 1992, 47(2): 427-465.

[10] FERREIRA M A, LAUX P A. Corporate Governance, Idiosyncratic Risk, and Information Flow[J]. Journal of Finance, 2007, 6(2): 951-989.

[11] FINK J, FINK K E, GRULLON G, et al. What Drove The Increase in Idiosyncratic Volatility During the Internet Boom? [J]. Journal of Financial &

Quantitative Analysis,2010,45(5):1253-1278.

[12]FU F. Idiosyncratic Risk and the Cross-Section of Expected Stock Returns [J]. Journal of Financial Economics,2009,91(1):24-37.

[13]GOYAL A,SANTA-CLARA P. Does Idiosyncratic Risk Matters![J].Journal of Finance,2003,58(3):975-1007.

[14]GUO H,SAVICKAS R. Average Idiosyncratic Volatility in G7 Countries[J]. Review of Finance,2008,21(3):1259-1296.

[15]IRVINE P J, PONTIFF J.Idiosyncratic Return Volatility, Cash Flows, and Product Market Competition [J]. Review of Financial Studies, 2009, 222 (3):1149-1177.

[16]ORG Z. Firm-Specific Risk and Equity Market Development[J]. Journal of Financial Economic,2007,84(2):358-388.

[17]ROLL R. Squard[J]. Journal of Finance,1987,43(3):541-566.

[18]VOX V,DALY K. Volatility amongst Firms in the Dow Jones EurostoXX50 Index[J]. Applied Financial Economics,2008,18(7):569-582.

[19]WEI X,ZHANG C. Idiosyncratic Risk Does Not Matter:A Re-examination of the Relationship between Average Returns and Average Volatilities [J]. Journal of Banking and Finance,2005,29(3):603-621.

[20]XU Y,MALKIEL B. Investigating the Behaviour of Idiosyncratic Volatility [J]. Journal of Business,2003,76(3):613-644.

[21]ZHANG X. Information Uncertainty and Stock Returns [J]. Journal of Finance,2006,6(1):105-137.

[22]陈健.中国股市非系统风险被定价的实证研究[J].南方经济,2010(7):41-49.

[23]陈雨露,汪昌云.金融学文献通论·宏观金融卷[M].北京:中国人民大学出版社,2006.

[24]丛建波,祝滨滨.我国股市的特质波动风险分析[J].经济纵横,2009(5):85-87.

[25]冯用富,董艳,袁泽波,等.基于R^2的中国股市私有信息套利分析[J].经济研究,2009,44(8):50-59,98.

[26]花冯涛.公司特质风险、信息披露质量与盈余管理——基于深市A股市场的实证检验[J].山西财经大学学报,2016,38(3):79-89.

[27]花冯涛.公司特质风险能够影响企业的投资行为吗——基于融资约束

的视角[J].安徽师范大学学报(人文社科版),2018(1):108-118.

[28]花冯涛.机构投资者如何影响公司特质风险:刺激还是抑制?——基于通径分析的经验证据[J].上海财经大学学报,2018(1):43-56.

[29]花冯涛.真实盈余管理、公司信息质量和环境不确定性——基于深市A股的经验研究[J].中国经济问题,2017(3):123-135.

[30]花冯涛,王进波.公司特质风险、股价信息含量抑或信息不确定性——基于中国股市的经验证据[J].山西财经大学学报,2014,36(1):22-32.

[31]花冯涛,王进波,尚俊松.股权结构、产品市场竞争与公司特质风险——基于深沪A股的经验证据[J].山西财经大学学报,2017,39(10):100-112.

[32]黄波,李湛,顾孟迪.基于风险偏好资产定价模型的公司特质风险研究[J].管理世界,2006(11):119-127.

[33]申慧慧,吴联生.股权性质、环境不确定性与会计信息的治理效应[J].会计研究,2012(8):8-16.

[34]吴昊旻,谭伟荣,杨兴全.公司治理环境、产品市场竞争与股票特质性风险[J].会计论坛,2014,13(2):102-118.

[35]徐倩.不确定性、股权激励与非效率投资[J].会计研究,2014(3):41-48.

[36]游家兴,张俊生,江伟.制度建设、公司特质信息与股价波动的同步性——基于R^2研究的视角[J].经济学(季刊),2007(1):42-50.

[37]于李胜,王艳艳.信息不确定性与盈余公告后漂移现象(PEAD)——来自中国上市公司的经验证据[J].管理世界,2006(3):40-56.

[38]袁知柱,鞠晓峰.基于面板数据模型的股价波动非同步性方法测度股价信息含量的有效性检验[J].中国软科学,2009(3):16-28.

[39]周丹,郭万山.从股价偏差问题看金融研究方法的演进[J].经济学家,2010(10):97-104.